本书系浙江省哲学社会科学领军人才培育专项课题"浙学的创造性转化和创新性发展研究"（21QNYC02ZD）阶段性成果

本书由浙江省哲学社科重点研究基地浙江省社会科学院浙学研究中心资助出版

"浙学研究丛书"主编　何显明　陈　野

浙　学

综合研究系列

浙学研究年度报告
2020

浙江省社会科学院浙学研究中心　　张宏敏　编著
浙江省社会科学界联合会科研管理处

ZHEJIANG UNIVERSITY PRESS
浙江大学出版社
·杭州·

图书在版编目（CIP）数据

浙学研究年度报告. 2020 / 浙江省社会科学院浙学研究中心,浙江省社会科学界联合会科研管理处,张宏敏编著. —杭州：浙江大学出版社，2022.8
ISBN 978-7-308-22783-4

Ⅰ.①浙… Ⅱ.①浙… ②浙… ③张… Ⅲ.①儒学—哲学学派—研究报告—浙江—2020 Ⅳ.①B222.05

中国版本图书馆 CIP 数据核字(2022)第 111613 号

浙学研究年度报告(2020)

浙江省社会科学院浙学研究中心　　　　张宏敏　编著
浙江省社会科学界联合会科研管理处

责任编辑	吕倩岚
责任校对	吴　庆
封面设计	项梦怡
出版发行	浙江大学出版社
	（杭州市天目山路 148 号　邮政编码 310007）
	（网址：http://www.zjupress.com）
排　　版	浙江时代出版服务有限公司
印　　刷	广东虎彩云印刷有限公司绍兴分公司
开　　本	710mm×1000mm　1/16
印　　张	21.5
字　　数	315 千
版 印 次	2022 年 8 月第 1 版　2022 年 8 月第 1 次印刷
书　　号	ISBN 978-7-308-22783-4
定　　价	88.00 元

"浙学研究丛书"导言

浙江山川清丽,经济发达,人文鼎盛,地域文化传统源远流长。浙地学人在长久历史岁月里殚精竭虑、发微探真而成之学术思想精义,为本区域文化构建起丰富的内在层次。她以"浙学"的形态与名义,凭借理性思辨的学思与睿智,为浙江历史与当代发展注入了人文精神的厚重意蕴。

一、浙学的理论渊源与名义之辩

浙江省社会科学院哲学所资深研究员、著名浙学研究者吴光认为,浙学的理论源头,可从东汉王充算起。王充是浙江思想文化史上第一个建立系统哲学理论、形成思想体系的学者,他的"实事疾妄"学术宗旨代表了一种求真务实、批判创新的精神,而这正是浙学的基本精神。浙学形成于永嘉、永康、金华、四明之学异军突起的南宋。永嘉、永康之学给浙学打上了追求功利、讲求事功的思想烙印,金华、四明之学则分别传承了中原文献之学和江西陆学的精神传统。明代中后期,以王阳明为宗主的阳明学派遍及两浙,风靡全国,确立了良知心学理论体系。明清之际,刘宗周(蕺山)的诚意慎独之学独树一帜,形成涵盖两浙的蕺山学派;其高足黄宗羲接踵而起,力倡重视经世实践的"力行"哲学,开创具有民主启蒙性质和实学特征的浙东经史学派,使浙学升华到足以主导中国思想潮流的地位，成为推动近代思想解放和民主革命运动的思想大旗。自南宋至明清，浙学内部学派林立，宗旨各异，而其主流则是以"求实、批判、兼容、创新、民本"为根本精神的两浙经史之学。

据现有史料分析，浙学概念最早由南宋朱熹提出。朱熹在评论浙东学者吕祖谦、陈傅良、叶适、陈亮的学术时，首次将"永嘉、永康之说"称为"浙学"。明代中期以后，阳明心学风靡两浙，故有学者从学术传播的师承、地域上突破南宋以来以浙东永嘉、永康、金华之学为浙学的视野，而从两浙地区的大视野讨论浙学。如浙西德清学者蔡汝楠在其书函中，将明代两浙地区的阳明心学列入浙学传承脉络。又有曾任浙江提学副使的福建籍学者刘鳞长著《浙学宗传》，将宋明时代包括浙东、浙西在内的儒学流派归入浙学传统，粗具"大浙学"的概念。清代全祖望撰《宋元学案叙录》，多次使用浙学概念，并作肯定性评价。他认为浙学主要是指"浙东之学"，但也包括"浙西之学"，其学术渊源与宋初大儒胡瑗在浙西湖州讲学时形成的"湖学"相呼应，地位堪与齐鲁之学、闽学、关学、蜀学相媲美，而且蔚为一大学统，对宋元学风有启迪之功。清乾嘉时的浙东学者章学诚在《文史通义·浙东学术》中认为，"浙东之学"与"浙西之学"的学术渊源与学风虽有不同，但都是儒家之学，其根本之道可以并行不悖、互相兼容。

溯源综述，综合比堪，浙学的内涵可作狭义、中义与广义之区分。狭义的浙学概念是指发端于北宋，形成于南宋永嘉、永康地区，以陈傅良、叶适、陈亮为代表的浙东事功之学。中义的浙学概念是指渊源于东汉、酝酿形成于两宋、转型于明代、发扬光大于清代的浙东经史之学，包括东汉会稽王充的"实事疾妄"之学，两宋金华之学、永嘉之学、永康之学、四明之学，以及明代王阳明心学、刘蕺山慎独之学和清代以黄宗羲、万斯同、全祖望为代表的浙东经史之学。广义的浙学概念指的是渊源于古越、兴盛于宋元明清而绵延于当代的浙江学术思想传统与人文精神传统，它是狭义浙学与中义浙学概念的外延；既包括浙东之学，也包括浙西之学；既包括浙江的儒学与经学传统，也包括浙江的佛学、道学、文学、史学等人文社会科学传统，甚至在一定意义上涵盖了具有浙江特色的自然科学传统。站在当今文化建设和弘扬文化精神的立场上,则应取广义的浙学概念,尤其重视对其人文精神的研究和应用。①

二、浙学的人文精神与当代价值

浙学不仅具有深刻的理论内涵,更具务实的实践品格;不仅熠熠生辉于历史天空,更呈现出蓬勃鲜活的当代价值。

浙江的地域文化传统孕育了以浙学为核心的浙江地域学术思想和文化精神,浙江地域学术思想和文化精神又在历史的演进里引领着、支撑着浙江人民行进在建设美好家园的大道上。她以穿越时空的生命力、感召力和价值引领,不断吸纳融合优秀文化元素,不断淬炼升华精神品质,激励着浙江人民在各个不同的历史时期超越自我、开辟新境。例如,新民主主义革命时期,革命红船起航于浙江嘉兴。红船精神所蕴含的"开天辟地、敢为人先的首创精神,坚定理想、百折不挠的奋斗精神,立党为公、忠诚为民的奉献精神",正是浙江地域文化精神的重要价值核心,为浙学注入了深刻的时代精神内涵。

改革开放以来,浙江在缺乏区位优势、工业基础、政策扶持和资源禀赋等各种条件的情况下,千家万户办企业,千辛万苦搞经营,千山万水闯市场,千方百计创新业,创造了第一批发放个体工商执照、第一个闻名全国的农村专业市场、第一座农民城、第一批股份合作制企业等多个全国第一。浙江经济奇迹的产生并非偶然,分析其成因,实与隐藏在经济发展背后以浙学为人文基因的浙江精神密不可分。浙江曾于 2000、2005 年开展的两次研究表明,浙江精神与浙江发展的历史轨迹一路相伴,始终引领着浙江人民不断自我诊断、自觉反思,激励着浙江人民励精图治、开拓进取,推动着浙江经济社会的发展。

---

① 以上有关浙学理论渊源与名义之辩的论述,详见吴光《简论"浙学"的内涵及其基本精神》,载《浙江社会科学》2004 年第 6 期。

2000年，针对改革开放20多年来"真富、民富、不露富"的"浙江现象"和浙江民众在社会主义市场经济形成时期焕发的集体性创业意识开展的研究表明，基于浙学传统中经世应物、崇义谋利、工商并举等学术思想的讲究实效、敢闯敢拼、善谋实利等特质，是沉积于浙江人身上的文化基因。它们"一有阳光就灿烂，一遇雨露就发芽"，在改革开放的环境里，形成具有时代特征的"自强不息、坚韧不拔、勇于创新、讲求实效"的浙江精神，使得浙江人特别能够适应和发展市场经济，锤炼出强大的民营经济，成为助推浙江经济持续高速发展的动因。

2005年，面对浙江发展"先天的不足"和"成长的烦恼"，一些老问题未从根本上解决、一些新问题又不同程度地比全国先期遇到的实际状况，为使浙江人民在全面建设小康社会、加快推进社会主义现代化建设的不懈追求中具有现代的思想观念、价值取向、心理状态和社会道德标准，时任浙江省委书记习近平亲自主持开展了"与时俱进的浙江精神"研究，并淬炼出"求真务实、诚信和谐、开放图强"的浙江精神。

全面审视、提炼浙江传统文化基因、文化品格之于当代发展的价值，是此次研究的一个重要内容。经过深入调研、系统研究，提炼出"以人为本、注重民生的观念""求真务实、主体自觉的理性""兼容并蓄、自得创新的胸襟""人我共生、天人合一的情怀""讲义守信、义利并举的品行""刚健正直、坚贞不屈的气节""卧薪尝胆、发愤图强的志向"七项浙江传统文化特质，作为"与时俱进的浙江精神"的历史基础和传统基因。浙江的历史传统中，在浙东学派敢言功利的崇义谋利理念外，尚有更多丰富内涵和要素。例如，在学术人物上，有被英国科学史家李约瑟评价为"中国科学史上的坐标"和"中国科技史上的里程碑"的沈括，有近代启蒙思想家龚自珍，有清末民初思想家、革命家、国学大师章太炎，有革命家、教育家、政治家、民主进步人士蔡元培。在地域民风上，有义利双行的善谋实利，有人我共生的和谐互助，有尚德向善的品性修养，有崇学重教的耕读传家，有穷高极远的探微精研，有兼容并蓄的包容开放。如此等等，不一而足，人文璀璨，厚重灿烂。唯其如是，浙江方能走过数千年的时光，创造出丰富的文明业绩和历史传统。因此，与2000年的研究相比，这一研究更为客观准确地兼顾了体现于浙江境内不同区域的文化要素和浙学发展过程中历史性融合汇聚的多种思想成果,为引领浙江发展提供了更为全面的历史基础和思想资源的支撑。

综上所述,浙学作为一种内涵深刻、充满活力的区域学术思想传统,凝聚着浙江学人的理性智慧,贯穿着忧国恤民的社会关切,蕴含着人文精神的巨大能量。她不但在历史上促进了浙江乃至中国的文明进步,至今也仍然蕴含着推动经济社会发展的思想资源。其不朽之丰神品格,正如其地的青山秀水,百世不磨、魅力无尽。由此,我们认为,通过对浙学传统及其现当代演变发展做进入式的深入剖析,细致研究人、地、文、学之间涵育、形塑、认同、超越、反哺等共存互动的复杂关系,追寻其永恒不坠的内在精神,提炼并激活其中跨越时空、具有当代价值的文化元素和精神,融入当下社会生活的践行之中,当是研究传承浙江区域文化不可或缺的实务之举,也是丰富发展中华文化、实现其当代价值的可行路径。

三、浙江省社会科学院的浙学研究学术传统

浙江省社会科学院是浙江省浙学研究的先行者和主力军。1980 和 1981 年,浙江省社会科学院先后在杭州发起并主办"华东地区宋明理学讨论会""全国宋明理学讨论会",是为新中国成立以来举行的首次区域性和全国性宋明理学研讨活动,在当时起到了"解放思想""拨乱反正"的开风气作用。

多年来,浙江省社会科学院形成了关于浙学的一系列研究成果。吴光研究员主编了《黄宗羲全集》《王阳明全集》《刘宗周全集》和"阳明学研究丛书",率先提出"王充是浙学开山祖"的观点和"浙学内涵的广义、中义、狭义之分"等论述,在当代浙学研究领域具有开拓之功。浙江省社会科学院研究人员发表了数十篇浙学研究论文、出版相关专著、结合浙江当代文化建设提交应用对策报告,并系统整理了关于阳明后学、清代浙东学派的文献资料,获得国家社科基金重大招标课题等众多省级以上项目的立项。

浙江省委领导一直高度重视和关心浙学研究。时任浙江省委记习近平同志

对推进浙学研究作出重要指示，要求浙江学术界"要把大浙学的文章做深做大，从更深层次、更广阔的视野总结浙学与浙江精神"。2016 年，省委常委、省委宣传部部长葛慧君同志在《关于大力弘扬优秀传统文化、建设浙江文化强省》的报告上批示，要求"把浙学研究先做起来"。省委领导的关心和重视，一直激励着我们精心谋划、整合力量、集中精力开展浙学研究，为擦亮浙学这张浙江省人文社科研究乃至文化建设的金名片而不懈努力。

四、浙学研究中心的科研定位和研究架构

浙学研究中心是浙江省专业浙学研究机构，依托浙江省社会科学院历史人文和浙学研究院，整合院文化研究所、历史研究所、哲学研究所、《浙江学刊》杂志社和省方志办科研力量开展相关研究。自 2017 年 11 月入选浙江省哲学社会科学重点研究基地以来，中心坚持"立足浙江、研究浙学、传承学统、创新浙学"的研究宗旨与发展方向，着力发挥作为省级重点基地应有的规划、组织、协调作用，大力整合浙江省社会科学院及院外相关文史哲基础理论研究资源，积极推动多学科协同研究平台建设；力求加强顶层设计，整合科研力量，拓展研究空间，通过多单位、多学科的协同研究，深化浙学研究主旨，建构浙学研究体系，提升"浙学"研究品质；按照"综合浙学研究""古典浙学研究""近现代浙学研究""专题浙学研究"的框架开展系统研究，打造具有全国影响和一流学科属性的浙学研究品牌。

"综合浙学研究系列"从宏观层面开展基础性的浙学研究，着力打造奠基性、综合性浙学研究成果。主要开展"浙学通论""浙学通史""浙学研究综合报告""阳明学研究综合报告"等省社科规划、本中心自设课题的研究。

"古典浙学研究系列"秉持浙江省社会科学院持之以恒、传承有序的浙学研究传统和厚重扎实的研究优势，立足永嘉学派、浙江朱子学、宋明理学、阳明心学、阳明后学、浙东经史学派等古典浙学传统研究领域，着力打造系统性、经典性浙学研究成果。主要开展"永嘉学派文献搜集、整理和研究丛书""阳明后学文献整理与研

究丛书""清代浙东经史学派文献丛书""浙江儒学通史丛书"等国家社科基金重大招标课题、浙江省文化研究工程第二期重大系列项目以及其他相关项目的研究。

"近现代浙学研究系列"为本中心在传统浙学的研究基础之上、内容框架之外，着力打造的浙学研究新领域，旨在立足近现代中国社会转型、文化重构之历史场景，探索古典浙学萦回迂曲的现代化路径，研究其当代重光的内在逻辑和现实可能，着力打造开拓性、建构性浙学研究成果。主要开展"近现代浙江学术文化转型研究""近现代浙江社会文化变迁研究""近现代浙江中西文化交流研究""近现代浙江史学史研究""近现代浙江学人古典诗学研究""近现代浙江新文学家文学评论研究""近现代浙籍知识分子与近代中国社会主义思潮研究"等本中心自设课题的研究。

"专题研究系列"整合浙江省社会科学院已有文史哲研究资源和既有成果，聚焦浙学某一专业方向的深入探讨，推进浙学相关分支领域的深化研究，着力打造专题性、多样性浙学研究成果。主要开展"浙江宋明理学研究""永嘉学派思想研究""浙江词学研究""国际视野下的浙学：阳明文化海外传播研究""中国村庄发展的浙江样本研究""钱塘江文化研究"等浙江省第二期文化研究工程系列项目和本中心自设课题的研究。

系统梳理和汇编出版相关研究成果，有利于集中检视本中心取得的浙学研究成果，更为精准有序地谋划和开展下一阶段的深化研究；有利于形成整体性、规模化的集成效应，更好地发挥研究成果的学术价值、社会价值和文化价值；有利于增进本中心与国内相关学术研究机构间的学术交流，提升学术影响力。为此，我们以上述四个研究系列中本中心自设课题的研究成果为主，兼顾其他成果，汇编为"浙学研究丛书"，集中出版，以期就教于学界前辈时贤。

浙江省社会科学院院长 何显明教授

浙江省社会科学院副院长、浙学研究中心主任 陈野研究员

2020 年 1 月 21 日

浙学研究年度报告（2020）
编撰说明

浙江作为"多元一体"的中华文明的发祥地之一，历史悠久，文脉绵长。浙江这块并不算太广阔却底蕴深厚的土地，哺育了众多的思想家，如王充、陆贽、陈亮、叶适、吕祖谦、唐仲友、刘基、宋濂、方孝孺、王阳明、刘宗周、黄宗羲、万斯同、全祖望、章学诚、龚自珍、俞樾、孙诒让、蔡元培、章太炎、王国维、鲁迅、马一浮、冯契等，都无愧为中国思想天空中的闪亮恒星。

浙江省社会科学院（其前身是1958年成立的中国科学院浙江分院哲学社会科学研究所和1979年成立的浙江省社会科学研究所）哲学研究所自成立以来，即把王阳明与阳明学派、刘宗周与蕺山学派、黄宗羲与清代浙东经史学派作为基础理论研究的主攻方向之一。据考证，在当代学界中，浙江省社会科学院哲学研究所首任所长吴光先生首倡"浙学"研究。先是撰文《"浙学"的基本精神》在《浙江学刊》1992年第1期上发表；随后在1993年10月召开的"全国首届陈亮学术讨论会"上最早提出"王充是'浙学'的开山祖"①；同年应邀赴台湾"中研院"中国文哲研究所访学时，作了题为《论"浙学"基本精神：兼谈"浙学"与"浙东学派"的研究现状》的演讲，

---

① 永康市陈亮研究会编，赵敏、胡国钧主编：《陈亮研究论文集》，杭州大学出版社1994年版，第212页。

梳理了"浙学"的源流与内涵,指出"所谓'浙学',即发轫于北宋、形成于南宋而兴盛于明清的浙东经史之学";此后,倡议并实际主编了国内首部浙学研究专题论文集——《浙学研究集萃》(署名"万斌主编,吴光、滕复副主编",上海古籍出版社2005年版);在此前后,还陆续发表了《简论"浙学"的内涵及其基本精神》《为"清代浙东经史学派"正名》《关于"浙学"研究若干问题的再思考》《浙学的时代价值》等一系列富有原创性的浙学论文。

吴光先生在《简论"浙学"的内涵及其基本精神》(《浙江社会科学》2004年第6期)一文中论述了"浙学"的历史渊源与思想内涵,对"浙学"的内涵作了狭义、广义、中义的区分:狭义的"浙学"(或称"小浙学")概念是指发端于北宋、形成于南宋永嘉、永康地区的以叶适、陈亮为代表的浙东事功之学;中义的"浙学"概念是指渊源于东汉、形成于两宋、转型于明代、发扬光大于清代的浙东经史之学,包括东汉会稽王充的"实事疾妄"之学、两宋永嘉之学、永康之学、金华之学、四明之学以及明代王阳明心学、刘蕺山慎独之学和清代以黄宗羲、万斯同、全祖望为代表的浙东经史之学;广义的"浙学"即"大浙学"概念,指的是渊源于古越、兴盛于宋元明清而绵延于现当代的浙江学术思想传统与人文精神传统。这个"大浙学",是狭义"浙学"与中义"浙学"概念的外延,既包括浙东之学,也包括浙西之学;既包括浙江的儒学与经学传统,也包括浙江的佛学、道学、文学、史学、方志学等学术传统。进而将"浙学"传统的基本精神概括为"民本、求实、批判、兼容、创新"十个字,认为王充的"实事疾妄"、叶适的"崇义谋利"、王阳明的"知行合一"、黄宗羲的"经世应务"、蔡元培的"兼容并包"是浙学精神的典型体现。

浙江省社会科学院哲学所的滕复、徐儒宗、钱明、陈永革、王宇、张宏敏研究员也就"浙学"的内涵与理论特质发表了一系列的论著,比如《论浙东学术》《关于"浙学"的学派思想个性及地域特色》《陈亮与浙学精神》《婺学之开宗,浙学之托始》《婺学通论》《浙学通史》《"浙学"涵义的历史演变》《"浙学"的现代呈现》《学风健实的浙学渊源》《"浙学"中的廉政思想及其时代价值》《浙学与徽学之间》《从"浙学"渊源看浙江精神》《从王充看"浙学"的学术渊源》《浙学的民本主义传统与当代善治》《试析浙学与蜀学的共同特质》《浙学与北学的交涉史》等，牢牢确立了浙江省社会科学院哲学研究所在学术界"浙学"研究中的领先地位。

2017 年 11 月，以浙江省社会科学院哲学研究所为主体申报的浙江省社会科学院浙学研究中心（以下简称"浙学研究中心"）入选"浙江省哲学社会科学重点研究基地"，坚持"立足浙江、研究浙学、传承学统、创新浙学"的研究宗旨与发展方向，以"浙学史论研究""阳明学研究""浙江宗教研究"为科研主攻方向。为全面系统地梳理海内外学界关于"浙学"的最新研究动态，浙学研究中心在成立伊始，即把"浙学研究年度报告"的编撰作为中心科研任务，以便专业研究者与普通读者及时、全面、准确地了解"浙学"研究的最新动态，更好地为弘扬传承浙江优秀传统文化服务。

我们研究阐释"浙学"，首要任务就是界定"浙学"的概念，明确"浙学"的历史文化渊源与内涵、外延。当今学界对"浙学"概念的理解与界定存有分歧，在究竟谁是"浙学的开山祖"问题上也存有不同的意见，本书对"浙学"概念的界定，参考借鉴浙江省社会科学院哲学研究所首任所长吴光先生首倡的"大浙学"理念。

依照吴光先生"大浙学"的定义与浙江思想、文化、学术史在上古、中古、近古、现代、当代的发展线索，本书共设十章。章目依次为"浙学理论综合研究""浙江史前文化、舜禹文化、越国历史文化研究""汉唐浙学研究""宋元浙学研究""明代浙学研究""清代中前期浙学研究""近现代浙学研究""现当代浙学研究""浙江名山名水与地域文化研究""红船精神、浙江精神、浙商精神研究"。这里，需要向读者朋友说明的有三点：

第一，本书《浙学研究年度报告（2020）》，是《浙学研究综合报告》（浙江人民出版社 2020 年版）、《浙学研究年度报告（2019）》（浙江大学出版社 2021 年版）的延伸。历史上浙籍学者的生平学行、浙学文献的编校整理、浙江学派的成员学脉等基本情况，还有 2019 年及之前的浙学研究动态，请参阅上述二书。

第二，编撰《浙学研究综合报告》《浙学研究年度报告》的同时，我们还编撰了《阳明学研究综合报告》《阳明学研究年度报告》。鉴于 2020 年阳明学研究成果体量特大,我们另撰《2020阳明学研究报告》(浙江工商大学出版社2021年版),故而本书第五章"明代浙学研究"中对"王阳明与阳明心学研究""浙中王学研究"予以"存目"。

第三,本书编者学力、精力有限,研究方向为中国哲学史,故而本书对浙江历史上出现的哲学家、思想家、史学家以及相关的研究成果有较多关注,而对文学家、科学家及其研究成果的关注则相对较少。

本书附录一种:《浙江省哲学社会科学重点研究基地(浙学研究类)2020年度工作报告》。限于体量,且2020年浙学研究论著的作者、书(文)名、出版机构(发表刊物)已在正文中呈现,故而"2020年浙学研究论著索引"则不予编制。

需要特别说明的是,本书编撰过程中,通过"中国知网"平台检录了与"浙学"有关的大量论文,编辑摘录了学界同仁关于"浙学"研究的高论,为保护他们的知识产权,本书在正文中一一标明论著作者和出版信息(出版社、出版时间,发表期刊、具体期数)。附录则由浙江省社会科学界联合会科研管理处联系各相关研究基地提供相关资料。在此,谨向学界同仁的辛苦努力表示诚挚感谢! 相关论著作者如需本书,请联系本书撰稿人张宏敏:zhanghongmin2008@126.com。

限于编者本人的学力、精力,本书难免存在疏漏,敬请读者朋友批评指正。同时,我们特别希望学界同仁一如既往地关注并支持"浙学"研究,助力"浙学"在新时代实现创造性转化与创新性发展。让我们为21世纪"新浙学"乃至新时代"浙江学派"的建构同心同行!

本书的编写,得到了浙江省社会科学院院领导的关心,得到了浙江省社会科学界联合会科研管理处的指导;又有赖浙学研究中心基地负责人陈野研究员,学术委员会主任陈永革研究员、首席专家王宇研究员的悉心审读。浙江省社会科学院科研管理部、办公室,浙江大学出版社为本书的出版也付出了努力,在此一并致谢!

本书撰稿人　张宏敏

谨识于2021年2月20日

目　录

第三章　汉唐浙学研究　072

第四章　宋元浙学研究　102

附录

浙江省哲学社会科学重点研究基地（浙学研究类）2020年度工作报告

313

第一章　浙学理论综合研究

悠久灿烂的中华传统文化,由众多地域文化构成。"浙学"是中华传统文化的重要组成部分,同时也具有鲜明的地域特色与时代风格。在新的历史时期,深化具有浙江地域学术特色的"浙学"研究,无论对于继承和发展浙江优秀传统文化,还是对于当下正在开展的"新时代文化浙江工程""社科强省"建设,都具有重大的理论意义与现实价值。

2020 年的"浙学"研究,主要依托中国哲学史、中国古代史、中国文化史、中国思想史等二级学科展开,涉及的研究专题有浙东学派、浙东学术、浙东史学、永嘉学派、永康学派、金华学派、阳明学派、蕺山学派、梨洲学派、红船精神、浙江精神,以及历史上浙江籍著名思想家王充、吕祖谦、陈傅良、叶适、陈亮、王阳明、刘宗周、黄宗羲、全祖望、章学诚、章太炎、马一浮等人的专案研究。"浙学"学统的理论特质是"经史之学""经制之学""事功之学""心性之学",而其基本精神则是"实事疾妄""兼容并包""经世致用""知行合一"。2020 年,来自浙江省内外高校科研机构及党政领导部门的理论工作者,通过撰写专著、刊发论文、学术研讨等多种形式推动了"浙学"理论的综合研究,从而进一步揭示了"浙学"的理论特质与时代价值。

第一节　浙学的理论特质及综合研究

"浙学"作为一种地域学术的理论特质及其起源——包括"浙学"与其他地域学术的互动研究——依旧是 2020 年学界关注的重点议题。

一、浙学的理论特质及其起源研究

2020 年 7 月 31 日至 8 月 1 日,由浙江省社会科学界联合会、浙江省社会科学院、余杭区委宣传部联合主办的以"浙学及其周边:区域学术与共同价值"为主题的"浙学论坛 2020"在浙江余杭举办。与会学者聚焦的一个主要话题就是"浙学"的理论特质及其起源研究。浙江省儒学学会会长吴光教授认为,浙学的主流是儒学,浙江儒学渊源于古越,借鉴、传承自中原,成型于汉魏,兴盛于宋元明清,转型于近现代。华东师范大学陈卫平教授认为,在中国哲学思想发展史上,宋代浙东学派中的永嘉、永康、金华学派,明清时期的阳明、蕺山、梨洲学派,均是作为区域学术的浙学的典型形态。复旦大学何俊教授指出,浙学在整个中国思想史上,不仅是一个思想性学派,同时也是知识性学派,其思想议论并不是凭空而发,而是建立在非常坚实的知识论之上。①

吴光《"浙学"与"阳明学"论纲》[《湖南大学学报(社会科学版)》2020 年第 1 期]一文认为,浙学的源头可追溯到古越文化甚至是浙江地域的史前文化,但作为一种有特色的学术形态,浙学应以王充为源,而成型于北宋,兴盛于南宋,发展于明清,转型于近现代。浙学的内涵,有狭义、中义、广义之别。浙学的基本精神可以概括为"民本、求实、批判、兼容、创新"十个字,典型地体现在王充的"实事疾妄"、叶适

---

① 详见张宏敏《浙学及其周边演绎:区域学术与共同价值——"浙学论坛 2020"综述》,《中国社会科学报》2020 年 9 月 7 日。

的"崇义养利"、王阳明的"知行合一"、黄宗羲的"经世应务"、蔡元培的"兼容并包"五个命题中,浙学精神对当代浙江经济、社会、文化发展仍具指导意义。

吴光《浙江儒学总论:从王充到马一浮——论浙江儒学的思想特色与精神价值》(《浙江社会科学》2020年第6期)一文论述了浙江儒学在两千多年历史长河中的发展脉络,从中提炼出浙江儒学的学术特色与基本精神,论述了浙江儒学的历史贡献与当代价值。进而认为,浙江儒学有三大学术特色:一是多元包容,二是经世致用,三是从民本、亲民到民主的思想转型。浙江儒学的基本精神突出表现在"实事疾妄"的求实批判精神,"以民为本"的人文精神,"经世致用,知行合一"的实学精神,"崇尚气节,正直敢言"的豪杰精神,"教育优先、人才第一"的文教兴邦精神。浙江儒学的典型思想型态是王充以"实事疾妄"为宗旨的求实批判之学、叶适以"崇义养利"为核心价值的功利之学、王阳明以"致良知"为核心命题的良知心学、黄宗羲以"民主君客"为核心观点的"力行"实学、马一浮以"六艺该摄一切学术"为核心命题的现代新经学。他们的思想宗旨与学术命题不仅在当时开风气之先,而且具有现代性与普世性,是新时代中国特色社会主义思想创新与实践治理模式的良好借鉴。

杨国荣《王阳明的心学与浙学》(《哲学分析》2020年第3期)一文认为,王阳明的心学既是浙学的特定形态,又对浙学产生了多方面的影响。这里所说的浙学,是指广义的"浙"地之学,这一意义上的浙学呈现如下几个方面的特点:注重理论思考或理论阐发,包含批判的意识,关切现实,具有历史的观念。以上特点王阳明的心学同样具备。王阳明的"意之所在即是物"说和工夫与本体之辩,从不同方面体现了独特的理论建构;其"良知"说、"心即理"说从一个比较内在的层面为浙学的独立思考、批判意识提供了某种根据;其"知行合一""事上磨练"等观念,从不同方面体现了现实的关切;其"五经皆史"说,内含着深层的历史意识。作为浙学的特定形态,王阳明的心学对浙学产生了多方面的影响,这种影响不仅体现于"浙中王门",而且表现为对明清之际的浙学——特别是黄宗羲思想——的制约。黄宗羲是明清之际浙学的重要代表人物,在思想层面上,黄宗羲多方面地受到心学的影响,王阳明的心学也由此在这一时代的浙学留下了多方面的印记。

陆敏珍《士人之学：包弼德谈"浙学"》（《中国社会科学报》2020 年 3 月 17 日）一文指出，在包弼德这里，我们如今所谈论的"浙学"与历史上的"浙学"概念有很大的不同。这个"学"显然并非学派的概念，但是通过将"学"与地方相联系，在浙江的个案中，它提醒着我们，我们生活的每一个地方都有它自己的历史组成。当我们观察一个地方"学"的历史时，可以看到的是人类的创造与选择促成了一个地方历史的累积。学术上的巨大成就是浙江历史的重要组成部分，当今天的人们在历史资源中寻绎它的价值时，这一行动本身在未来也将成为浙江学术史上连续的、不曾断裂的一环。

浙江省社会科学院浙学研究中心主编的《浙学研究综合报告》（浙江人民出版社 2020 年版），依照"大浙学"的定义与浙江思想、文化、学术史在上古、中古、近古、现代、当代的发展线索，从"浙学理论综合研究""浙江史前文化、舜禹文化、越国历史文化研究""汉唐浙学研究""宋元浙学研究""明代浙学研究""清代中前期浙学研究""近现代浙学研究""现当代浙学研究""浙江名山名水与地域文化研究""红船精神、浙江精神、浙商精神研究"等专题入手，全面系统地梳理了目前海内外学界关于"浙学"的最新研究动态。

浙江省社会科学界联合会主编的《浙江社会科学发展报告（2018）》（浙江大学出版社 2020 年版），在"专项发展报告"中收录有《浙学研究（2016—2018）学术评估和发展报告》。

《浙江社会科学》杂志社主编的《浙学研究论集（第一辑）》（浙江人民出版社 2020 年版），收录了《浙江社会科学》"浙学研究"专栏自 2014 年创办至 2018 年这五年间刊出的代表性论文 53 篇。这些专论就"浙学"的内涵、源流、学派、人物以及浙学的基本精神、当代意义等问题进行了深入阐释。

唐燮军主编的《浙学选萃》（黑龙江人民出版社 2020 年版）一书，选录东汉以来历代学者有关"浙学"的论述，涉及经学、史学、文学、哲学、佛学、书法等多个领域；通过对已有成果的梳理，传承"浙学"的优良传统，并加以理论思考，以期推动当代

"浙学"研究的深入发展。

孙善根、周莉萍主编的《浙学新探》(黑龙江人民出版社 2020 年版)一书,收录了宁波大学教师近年来围绕"浙学"所作的理论思考论文十余篇,主要包括对"浙学"具体内容的研究等,这对于建立和完善"浙学"学科体系有一定的指导作用。

尚永琪主编的《浙学纵论》(黑龙江人民出版社 2020 年版)一书,对"浙学"的内涵、源流、演变、学派、人物以及浙学精神、浙学的当代意义及其核心价值观等方面,从文、史、哲等不同的学科角度进行了文化思考,是对"浙学"及其当代价值所作的较为深入、全面的理论探讨,对于促进学界内外共同关注和探讨"浙学"的传承与创新也具有一定的学术意义。

王浦劬、赵滕《两宋功利思想研究》(中国社会科学出版社 2020 年版)一书,采用传统的学案体来编撰,即以功利学者人物的思想为脉络,对两宋永嘉、永康学派功利思想进行梳理和阐发,以此显示两宋功利思想的基本面貌。总全书所述,两宋功利思想历经北宋前期的准备阶段、北宋中后期的兴盛阶段和南宋的集大成阶段,继承了战国荀子以来的事功传统,形成了与性理之学相对立的现实主义儒家范式。

朱晓鹏《论南宋浙学对宋代道学的批判》(《浙江社会科学》2020 年第 2 期)一文认为,尽管宋代道学曾经构成南宋浙学的形成和发展的重要思想资源,但南宋浙学与道学并不属于同一个思想派别,更不能说它是道学的一个分支学派。相反,它们之间存在许多根本的差别,甚至构成了相互批判的思想对立和竞争。而南宋浙学恰恰正是在对宋代道学展开直接或间接的批判中实现了自己的发展演变和超越。它们之间这种复杂的关系反映了转型期的唐宋社会变革的许多基本特征,具有重要的思想意义,同时也展示了南宋浙学——作为没有严格意义上传承师从的学脉关系和门户形式的独特学派——始终追求的"自为门庭"的学术独立性和思想转型的范式创新性。

范立舟《程颢、程颐论"王道"与"治道"及其现代意义》(《浙江社会科学》2020年第 12 期)一文指出,二程学说通过"元丰九先生"而传播两浙,开南宋永嘉学派之先河,浙学的渊源来自洛学。二程的人治思想体现着一种对道德的执着认同,在今天"依法治国"和"以德治国"的语境中，依然有其独特意义。

陈永革《浙学及其周边：从地域学术到地方文化》（《浙江社会科学》2020 年第 11 期）一文认为，浙学是浙江大地上具有"现象级"意义的地域学术景观。南宋"浙学"之说形成后，面向浙学的事实描述与价值评估开始出现。总体来看，事实描述的浙学，乃是指创发于浙江的思想学术传统：既包括浙江思想文化产生、发展、嬗变的历史传统及其所构成的学术共同体，也涵盖这一思想学术传统与不同时期的浙江社会、政治、经济、生活方式、人心习俗等相互作用的地域文化共同体。至于浙学的价值重估，则基于学术规范意义的反思与探索，在浙学研究领域呈现出古典浙学、义理浙学、历史浙学、文献浙学、文化浙学、生活浙学等众多形态。

钱茂伟、施琪航《浙学及周边：由传统浙学而现代浙学的不同观照》（《浙江社会科学》2020 年第 11 期）一文认为，浙学是一个历史性嬗变的概念。传统的浙学，实际上是学问之学；今日所谓浙学，实际上是学科之学。就浙学史研究来看，20 世纪以前的浙学为"传统浙学"，20 世纪以后为"现代浙学"。由此，观照浙学与周边关系的方式也不同。简单地说，传统浙学是儒学类型之间的联系，20 世纪以来的浙学则是现代中国学术之间的联系。

二、"浙东学派"入选"浙江文化印记"

浙江自古人文荟萃。2019 年 5 月，浙江省委宣传部和浙江省政协文史和学习委员会共同启动"浙江文化印记"征集评选；2020 年 5 月 14 日，首批 20 项"浙江文化印记"正式对外公布：河姆渡遗址、良渚古城遗址、杭嘉湖丝绸、青瓷、西施传说、绍兴黄酒、天台山、《兰亭序》、京杭大运河杭州段、杭州西湖、普陀山、钱塘潮、南宋皇城遗址、南宗孔庙、浙东学派、婺剧、龙井茶、西泠印社、南湖红船、越剧。①

浙东学派，是浙江儒家学派的总称，肇始于南宋；绵延不绝，直至明清依然大放

---

① 《良渚古城、南湖红船等首批"浙江文化印记"公布》，新华网，2020 年 5 月 14 日。

光彩。其时间跨度之久、涉及学术种类之广、参与学者之众,在几千年的中国学术史上,极为罕见,影响远及日本、东南亚。2020年第5期的《文化交流》推出"浙江文化印记"系列专题之"浙东学派"的前世今生,刊登论文5篇:(1)李郁葱《满溪明目浸桃花:从黄宗羲说到"浙东学派"》;(2)商略《浙东史学之意识溯源:"经世应务"的内在觉醒》;(3)陈阳《知君两件关心事　世上苍生架上书:关注民生的王阳明和黄宗羲》;(4)汤丹文《浙东书生尽勇武:访浙东学术文化圣地白云庄》;(5)蔡新祥《止斋高足　助理〈春秋〉:记南宋永嘉学派学者周勉》。

2020年12月24日《浙江日报》第9版以"一脉贯注　方见精神"为题,解读"浙江文化印记"之浙东学派,其中当代浙学研究倡导者、浙江省儒学学会会长吴光教授对浙东学派的阐释是:浙东学派,发轫于两汉,形成于北宋,兴盛于南宋,转型于明清,延续至近现代而繁荣至今,它以"浙东"区域命名又超越区域,内含多种学术思想,在中国的学术版图中独树一帜,影响深远。历史上,浙东学派有籍可考者近千人之多,其中在学术思想史上占有重要地位的不下百人,比如叶适、陈亮、吕祖谦、王阳明、刘宗周、黄宗羲、万斯同、全祖望、章学诚、章太炎、马一浮,虽有盛衰起伏,但其精神却一脉贯注,绵延至今。

三、浙学与中华地域学术的互动

悠久灿烂的中华文化呈现"多元一体"的学术格局,不断衍生出独特多元的地域学术形态,如浙学、徽学、蜀学、湖湘学、洛学、关学、闽学等,可谓百花齐放。浙学与湖湘学、徽学、蜀学等其他地域学术的互动是2020年浙学研究的一个热点。

2020年10月18日,为了纪念朱熹诞辰890周年,深入探讨新安理学文化的内涵以及浙学与闽学、湖湘学、徽学之间的关系,由浙江省儒学学会、福建省闽学研究会、淳安县委县政府三方联合主办的"纪念朱熹诞辰890周年暨新安文化学术研讨会"在千岛湖畔瀛山书院举办。来自全国高校科研机构、社会团体等研究朱子学以及浙学、闽学、蜀学、湖湘学的80余位专家应邀与会,就浙学、闽学、徽学、湖湘学等议题进行了深入研讨。①

2020 年 10 月 24 日，由绍兴文理学院、湖南大学、四川大学、安徽大学、陕西师范大学联合主办的"'多元与一体：地域文化的特色与融合'高层学术论坛"在绍兴举行。来自浙江、湖南、贵州、四川、山东、安徽、陕西等地的专家学者齐聚一堂，旨在通过研究各地域学术与传统文化之间的内在关联与互鉴，推进浙学、徽学、蜀学、湖湘学、关学、闽学等各地域学术文化之间的沟通、交流与融合。②

刘玉敏《南宋湖湘学与浙学的互动》（《船山学刊》2020 年第 2 期）一文认为，作为南宋有影响力的两大学派，湖湘学与浙学从两宋之际的张九成与胡安国父子开始便交往、互动，至乾淳时期张栻与吕祖谦等人的交流达到全盛。两派在心性本体、治学、修养工夫、政治观上都有互相借鉴与吸收。两派的交流是平等坦诚、尊重包容的，思想上是兼容并蓄的。所不同者在于哲学基础、实现外王的途径不同。正因为他们分别在不同的领域进行开拓，才使得学术交锋异常激烈，思想火花不断迸发。也正是这些学者的问道之勤、来往之频、研讨之广，才铸就了乾淳时期的学术繁荣。

陈代湘《南宋浙东学派与湖湘学派的学术交流与思想差异》（《船山学刊》2020 年第 2 期）一文认为，浙东学派与湖湘学派都是地域性特征很明显的学派。二学派在思想联系契合的同时，也有差异和思想冲突。浙东学派的最大特征为"尚事功""重史学"，湖湘学派最突出的思想特征是"经世致用"。胡安国重《春秋》，揭经世致用之旨，是"尚事功"和"重史学"的先声。浙东学派多人师从胡安国，或为胡安国的再传弟子，胡安国的学术思想对他们产生了深刻的影响。胡宏既注重在经史典籍中进行理论探索，又倡导经世实学，亦与浙东学派契合。湖湘学派在对待事功问题时，采取的是一种相对辩证的态度，既重视内圣成德，也不忽略外在事功，体现了儒

---

① 《浙学与闽学论坛：纪念朱熹诞辰 890 周年大会暨新安文化学术研讨会在杭州淳安举行》，浙江省儒学学会网，2020 年 10 月 26 日。

② 《我校联合主办"多元与一体：地域文化的特色与融合"高层学术论坛》，绍兴文理学院新闻网，2020 年 10 月 26 日。

家内圣外王的思想特征。相对而言,浙东学派重视事功,朱子学派强调内圣,湖湘学派则介于二者之间。湖湘学派与浙东学派的思想差异在义利王霸和道统说这两个具体问题上得到突出体现。

徐道彬《"皖学"入浙:基于黄以周〈礼书通故〉的考察》(《浙江社会科学》2020年第11期)一文认为,清乾嘉时期的"皖派"学术,随从徽商的经营而活跃于淮扬一带;道咸以后,因社会时事变迁和新安江流域的经济繁荣,又以两浙为盛。梳理晚清黄以周父子与徽州学者的交游,兼以考察《礼书通故》对"皖派"学风的继承与发展,可以从中发掘"皖学"入浙的学脉传承,观览黄氏所言"绩溪之教,流入浙西,吾浙与有光焉"的丰富与生动。

张宏敏《试析浙学与蜀学的共同特质》(《浙江社会科学》2020年第11期)一文认为,浙学、蜀学是指浙江、四川地区的学术思想,它们是两地富有地域特色的人文传统与理性精神。在源远流长的历史文化长河中所形成的浙学与蜀学,交涉互动、取长补短,由此形成了你中有我、我中有你的学术格局,同时还具有了"天人合一""经史并重""经世致用""和合兼容"的共同特质,从而促成中华地域学术共同体的形成。

第二节　浙学的时代价值研究

浙学作为一种区域学术传统,为历史上中华学术思想的形成、发展提供了重要的学术支撑。时至今日,在打造具有中国特色、中国风格、中国气派的学术话语体系中,传统浙学经过创造性转化之后,又能为中国学术话语体系的建构提供理论支撑与现实启迪。2020年,学界也有不少论文对浙学的时代价值予以揭示。

张宏敏《浙学中的民本主义传统与当代善治》(《中国社会科学报》2020年4月15日)一文认为,改革开放40多年来,浙江的民营经济发展迅猛,使得"浙江模式"成为一种新兴的中国特色社会主义市场经济模式,无疑得益于"浙学"传统中一贯坚持的"以顺民心为本,以厚民生为本"的善治传统。在新时代推进国家治理体系和治理能力现代化，有必要借鉴传统政治文化中"以顺民心为本，以厚民生为本""利民之事，丝发必兴"的民本善治传统，并对其进行创造性转化与创新性发展，推动各级党政部门与人民群众保持血肉联系，最终牢固树立并践行以人民为中心的发展思想。

张宏敏《浙学中的良法善治传统》（《社会科学报》2020年9月17日）一文指出，包括传统浙学在内的中华传统文化中确实蕴含着丰富的良法善治和社会治理思想。在新时代推进社会治理的现代化，有必要学习借鉴传统良法善治中"本之于德政，辅之以威刑""有治法而后有治人""立法以典民""为政不事威刑，惟以开导人心为本""息讼罢争，讲信修睦"的社会治理理念，通过创造性转化与创新性发展，把"行善政"与"行良法"两者有机结合起来。

张宏敏《红船精神的"浙学"阐释》（《观察与思考》2020年第7期）一文以"浙学"中的阳明学、蕺山学、梨洲学为切入点，来解读"红船精神"与中华优秀传统文化中的"知行合一""万物同体""慎独慎微""明德亲民""以民为本"等思想观念、传统美德和人文精神之间的内在关联，进而论证中国共产党从成立之日起，既是中国先进文化的积极引领者和践行者，又是中华优秀传统文化的忠实传承者和弘扬者。

宁静《浅析浙学对浙江精神的影响》（《现代交际》2020年第17期）一文指出，历史悠久的浙江是中华文明的发源地之一。从河姆渡文化到吴越文化再到良渚文化，这漫长的历史长河中，涌现了辉煌的浙江文化与思想精神，随着历史的积淀与时间的推移形成独树一帜的"浙学"及浙江精神，影响了一代又一代的浙江人。

邓伟峰《"浙学"基本精神与新时代大学生人文精神塑造》（《浙江工贸职业技术学院学报》2020年第3期）一文在分析"浙学"所蕴含的"整体和谐""求实致用""开放图强"等基本精神基础上，透过大学生的生态观、职业观和时代观的塑造，探讨新时代大学生人文精神的培育，进而充实当代大学生思想政治教育的内涵。

第三节 浙江文化研究工程实施 15 周年

浙江文化研究工程始于 2005 年,是习近平同志在浙江工作时倡导并亲自主持实施的浙江文化建设重大学术研究项目,也是我国哲学社会科学首个特大型省级学术研究项目。2003 年,浙江省委提出并实施"八八战略",并全面展开包括浙江文化研究工程在内的文化大省建设八项工程,习近平同志亲自担任工程指导委员会主任,谋划工程布局,部署工程实施,为成果文库作总序,并一以贯之地给予关怀。

历届浙江省委十分重视浙江文化研究工程实施工作,历任省委书记相继担任工程指导委员会主任,多次作指示出题目。工程遵循历史文化和当代发展互为坐标的研究思路,按照"今、古、人、文"四大板块的研究内容,动员、组织省内外学者和出版机构精心实施浙江文化研究工程。第一期工程于 2015 年完成,历时 10 年,共立项课题 811 项,出版学术著作 1000 余部。第二期工程启动于 2017 年,至 2020 年底已开展 52 个系列研究,预计出版学术著作超过 1000 部。

2020 年是浙江文化研究工程实施 15 周年。15 年来,沿着习近平同志指引的方向,浙江走出了一条具有中国特色、时代特征、浙江特点的文化发展之路,取得了丰富的文化成果,打响了"浙学"的文化品牌。

一、"浙江文化研究工程实施 15 周年座谈会暨省文化研究工程指导委员会会议"在杭州召开

2020 年 9 月 21 日下午,"浙江文化研究工程实施 15 周年座谈会暨省文化研究工程指导委员会会议"在杭州之江饭店召开。浙江省委书记袁家军到会并发表讲话,浙江省委秘书长陈金彪、浙江省委宣传部部长朱国贤、浙江省副省长成岳冲、浙江大学党委书记任少波出席。

（一）袁家军在"浙江文化研究工程实施 15 周年座谈会暨省文化研究工程指导委员会会议"上的讲话

浙江省委书记袁家军在讲话中强调，要深入贯彻落实习近平总书记关于文化建设重要论述精神，以高度的文化自觉、坚定的文化自信，实施新时代文化浙江工程，书写忠实践行"八八战略"、奋力打造"重要窗口"文化新篇章。

袁家军指出，习近平总书记在浙江工作期间作出了建设文化大省战略布局，党的十八大以来对文化建设发表了一系列重要论述，指引浙江走出了一条具有中国特色、时代特征、浙江特点的文化发展之路。15 年来，浙江始终坚持以文铸魂、以文育德、以文图强、以文传道、以文兴业、以文惠民、以文塑韵，实现了由文化大省递进到文化强省、再升级到文化浙江。文化研究工程是推进文化建设最具标志性的成果之一。我们按照习近平总书记"真""情""实""意"要求，一任接着一任干，一年接着一年抓，有力地丰富和发展了浙江精神，有力地彰显了浙江党员干部的文化自信和文化自觉，为浙江当代发展提供了坚实的理论支撑和智力支持。

袁家军强调，要聚焦"文化强省、提升浙江软实力，文化树人、引领社会新风尚"这一总体目标，全面开启文化浙江建设新征程。实现文化强省，关键要提升文化软实力，重点是提升文化自信主动权、意识形态领导权、对外交流话语权、文化产业竞争力、文化传播创新力和文化品牌影响力。坚持文化树人，着力点是在全省全社会倡导爱国爱乡风尚、科学理性风尚、书香礼仪风尚、唯实惟先风尚、开放大气风尚、重诺守信风尚。我们要用足用好"三个地"富矿，活化利用深厚文化积淀，落实文化为民、文化惠民理念，着眼发挥文化产业资源集聚地和人才蓄水池的功能，涵养新时代改革创新文化，加快培育浙江人与现代化相匹配的文明素养，进一步打开理论到实践、传统到现代、共建到共享、要素到动能、张力到活力、文化到化人的通道。

袁家军强调，要延续升华、迭代升级"八项工程"，全面实施新时代文化浙江工程，加快打造社会主义先进文化高地。要着重抓好"八个立"：一是理论立魂，深入实施铸魂工程、溯源工程、走心工程，让党的创新理论在之江大地落地生根。二是精神立德,在大力弘扬伟大民族精神、时代精神的同时,大力弘扬红船精神、浙江精神、伟大抗疫精神。三是人文立身,以"勤俭"省身、"和美"修身、"文雅"养身,不断提升人民群众的品性、气质。四是四治立信,坚持自治、法治、德治、智治融合,着力培育讲诚信、重诚信、守诚信的文化理念,大力倡导以诚相待、以信为本、以义取利的文明风尚,努力构建不愿失信、不能失信、不敢失信的体制机制。五是精品立世,锻造一批文艺精品、擦亮一批文化标识、建设一批重大文化地标,努力创作出无愧于时代的精品。六是数智立新,大力推进大数据、人工智能与文化发展有机融合,打造传播新平台、构建治理新体系、推进文化新基建。七是融合立业,着眼理念、手段、载体全方位融合,打造产业转型新高地、文旅融合先行区、创新创业示范区。八是改革立制,谋划一批具有牵引力的文化改革项目,推出一批具有含金量的重大政策,落实并制定一批具有针对性的重大法规。

袁家军要求,加强统一领导、创造有利条件,组织动员党政、媒体、市场、人才、群众等各方力量,形成推进新时代文化浙江工程建设的强大合力。①

（二）国内和省内有关专家在"浙江文化研究工程实施 15 周年座谈会"上的发言

会上,浙江省社科联负责人汇报了浙江文化研究工程实施 15 年的情况。中国社会科学院党组成员、副院长兼中国历史研究院党委书记、院长高翔以《守住文化根脉,浸润时代人心》为题,浙江大学原党委书记张曦以《牢记嘱托,完成光荣历史使命》为题,全国哲学社会科学工作办公室主任姜培茂以《打造地域样本,提供浙江方案》为题,教育部长江学者、华东师范大学资深教授杨国荣以《深耕文化宝库,弘扬浙学品牌》为题,浙江省委党校副校长陈立旭以《坚定文化自信,交出高分报表》

为题,浙江大学人文学院教授杜正贞以《提升当代意识,增强普遍意义》为题,分别作了发言①。

高翔的发言指出,在中华历史文化中,浙江文化绚丽夺目,古人曾说"两浙人文为天下冠"。而浙东浙西也具有自己的地域特色,浙江本身就是中华地域文化的一大宝库。新时代要加强浙江地域文化研究。通过深入系统的研究,使乡邦文献焕发时代光彩,使历史文化成为"中国话语"的重要来源、"中国故事"的重要内容、"中国精神"的重要体现。通过多学科的视角和方法,深入分析浙江文化的历史源流、内涵精髓、人文特征和当代价值,推动优秀传统文化的创造性转化、创新性发展,向世界讲好中华历史中的浙江故事。从"浙学"品牌到中国气派,浙江文化研究工程的深入实施,为推动社会主义文化大发展大繁荣提供了又一个"浙江范本"。树立"浙学"品牌是建设文化强国的具体实践,是培育文化自信的重要载体。未来,浙江人民一定会贡献更多的浙江实践、浙江经验。

姜培茂的发言指出,浙江文化研究工程的组织实施,深刻见证了浙江由文化大省、社科大省迈向文化强省、社科强省的历程。目前,工程第一期已圆满完成,第二期进入重要收获阶段,第三期即将展开。从工程的组织实施情况来看,其中有许多具有示范意义的经验启示值得系统总结、深入挖掘。第一,为构建中国特色哲学社会科学学科体系、学术体系、话语体系提供学理支撑。浙江组织实施文化研究工程,与时俱进地开展浙江历史文化和当代发展的系统研究,逐步形成有中国气派、浙江特色的当代"浙学"品牌。这为构建中国特色哲学社会科学学科体系、学术体系、话语体系奠定了更为丰厚的学理基础。第二,为传承发展中华优秀传统文化提供地方范本。浙江历史悠久、人文荟萃,为中华民族留下了众多弥足珍贵的文化遗产。浙江文化研究工程通过深入研究阐释浙江文化的历史渊源、发展脉络、基本走向,传承发展了浙江优秀传统文化特别是浙江精神的内核,提炼概括出浙江文化特

---

① 《赓续文化血脉 彰显文化自信:浙江文化研究工程实施15周年座谈会发言摘要》,《浙江日报》2020年9月22日。

别是当代浙江文化中具有中国意义的核心价值,为优秀传统文化创造性转化、创新性发展作出了有益的实践探索。第三,为文化与经济社会发展的良性互动提供区域方案。优秀文化对经济社会发展有重要的推动作用。浙江文化研究工程深入探究如何把文化优势、区域精神转化为发展动能,是对浙江发展经验的深化与呈现,其文化与经济社会发展的良性互动也是区域性发展的有效方案。第四,为探索符合社科研究发展规律的科研管理体制机制提供实践路径。浙江文化研究工程在启动初期,就确立了党委领导、政府保障、学界参与的立体化运行格局。实践证明,这种科研管理体制和工作机制的探索是卓有成效的,并具有示范意义。下一步,还可继续科学规划、加强引导,进一步汇聚具有不同学科背景的研究力量,增强主攻领域的研究特色和学术团队特征,强化浙江哲学社会科学的整体实力和核心竞争力。

杨国荣的发言指出,在学术领域,"浙学"独树一帜。从宋代的金华学派、永康学派、永嘉学派,明代的王阳明及浙中王门,明清之际的刘宗周、黄宗羲,清代的章学诚,近代的章太炎、马一浮,到金岳霖、冯契等现代学者,都可以看作广义"浙学"的不同代表。这种"江山代有才人出"并且延续到现当代的地域性学派,确实比较少见。"浙学"涉及的人物很多,学术进路不同,并且派中有派,其形态复杂多样。浙江文化研究工程已出版书目及在研项目以广义的"浙学"为主,在呈现地域性品格的同时,也注重逻辑形态和逻辑脉络的揭示,而且形态、内容丰富多彩。新时代,树立文化自信以及推动中国文化"走出去",已成为非常重要的一个话题。在这样的时代背景下,从人文层面去理解人和世界,就应该具有博大的胸怀、开放的视野、世界的眼光。浙江文化研究工程不仅要从中国或浙江独特的文化背景出发,还应提供对西方文化的研究和发展也具有意义的文化观念和内涵,形成广义的世界文化视域。历史地看,从吴越时期的边缘演化到南宋以后逐渐走向中心,浙江文化的形成也有一个交互融合的过程。如今,经济社会的发展更需要有"走出去"的精神,既要看浙江文化与中国各个地域文化之间的关系,也要在全球化的视野下看浙江文化。浙江文化研究工程凸显了"浙学"品牌,对传承、弘扬浙江文化具有十分重要的意义,并为中华优秀传统文化"沉下来、走出去"提供了一定的借鉴和参考。衷心希望浙江文化研究工程越做越好，为大力发展以浙江历史为依托的传统文化、以浙江精神为底色的创新文化，在更高层次、更高水平上彰显人文之美作出新的贡献。

（三）"浙江文化研究工程实施15周年"的媒体宣传

2020年9月21日至22日，为全面展示15年来浙江文化研究工程取得的丰硕成果，在浙江省社科联指导下，浙江卫视推出电视理论节目《中国共产党为什么能》第十季《文化的力量》，分《绵延不绝》和《生生不息》两集：由让文化绵延不绝和让创造生生不息两个主题，深入挖掘浙江文化研究工程的内涵及发展脉络，系统梳理从"文化大省""文化强省"到"文化浙江"的实践路径。节目创新理论宣传方式，首次引入舞台演绎环节，通过话剧、音乐剧等多种形式，并结合亲历者现场讲述、专家理论阐释，生动展示了浙江文化研究工程启动15年来取得的成功经验和重要启示。节目专家团队阵容强大，结合具体案例，对浙江文化研究工程开展的重要意义、结出的丰硕成果以及产生的深远影响进行了全面深入的理论剖析和阐述，同时围绕"忠实践行'八八战略'，奋力打造'重要窗口'"这一时代主题，将浙江文化研究工程和当下的新课题相结合，阐述接下来深入推进浙江文化研究工程更深层的意义和更长远的目标。[①]

2020年9月21日，《浙江日报》以《坚定文化自信 熔铸浙江精神》为题，《光明日报》以《奔腾钱江潮似练》为题，对"浙江文化研究工程实施15周年"整版报道，指出：浙江文化研究工程相继启动一期、二期，从容布局，始终围绕着"今、古、人、文"四个字做文章。一"今"一"古"，互为观照。"今"即"浙江当代发展研究"，既深入总结浙江经验，科学解读省委、省政府的重大决策；又系统研究浙江经济社会发展进程中的重大发现和理论问题。"古"即"浙江历史文化专题研究"，以浙江文化的起源、发展、变迁及其在中国文化史上的地位、影响为重点。一"人"一"文"，相映成

---

① 《浙江卫视推出〈中国共产党为什么能·文化的力量〉》，浙江广播电视集团新闻网，2020年9月29日。

辉。"人"即"浙江名人研究"，对在浙江历史上产生重大影响的名人生平、思想等进行系统考订与研究，撰写出版名人传记。"文"即"浙江历史文献整理"，收集、整理、出版浙江经济、政治、文化、社会等方面的重要文献资料。这项工程的启动和运行，是浙江以项目化、工程化方式推动文化传统赓续发展所下的一盘先手棋，也是浙江在文化领域"秉持浙江精神，干在实处、走在前列、勇立潮头"的重要举措。文化之河奔流不息，文化研究的步伐也紧随而行。行进在浙江历史发展的长河里，源源不断的文化研究课题正在见证、书写、启迪更多更精彩的"浙江故事"。如今，二期工程六批课题已经立项，而三期工程即将进入部署阶段，延续"今、古、人、文"四大主题，谋划新时代文化浙江建设的思路举措，书写忠实践行"八八战略"、奋力打造"重要窗口"的文化新篇章。

2020 年 10 月 29 日，《光明日报》（红船初心专刊）刊发三组文稿，总结"浙江文化研究工程实施 15 周年"的学术成就与现实意义，分别是：严红枫、陆健的《传统文化与改革实践交相辉映：浙江文化研究工程十五年接续挖掘文化底蕴指导未来发展》，盛世豪的《文化研究为现代化提供智慧支持》，浙江省社科联社团处的《在古今贯通中探寻真知、启迪智慧》。其中，盛世豪的理论文章指出：党的十八大以来，习近平总书记关于传承和弘扬中华优秀传统文化系列重要论述，为我们传承和发展中华优秀传统文化指明了方向。深入学习贯彻习近平总书记关于中华优秀传统文化的一系列重要论述，深入开展第二期浙江文化研究工程，打造传承发展优秀传统文化的浙江样本，具有重要意义。（1）浙江样本的中国意义。认真总结概括第一期浙江文化研究工程的经验启示，为传承优秀传统文化提供借鉴。浙江文化研究工程是国内第一个以工程为抓手，通过学术研究推动优秀传统文化传承发展的文化建设重大项目，在全国是首创。全面系统总结概括第一期浙江文化研究工程的经验，无论是对于我省深入实施浙江文化研究工程，还是对于整个哲学社会科学界通过学术研究来推动优秀传统文化传承发展，都具有十分重要的借鉴意义和指导价值。（2）浙江文化的中国意义。从历史上看，浙江是中华优秀传统文化的重要发祥地之一。悠久深厚、意韵丰富的浙江文化传统，是历史赐予我们的宝贵财富，也是我们开拓未来的丰富资源和不竭动力。党的十八大以来,浙江在深入实施"八八战略"、协调推进"四个全面"战略布局中,又提出了"拆治归"等转型升级系列组合拳,这些不仅实现了优秀传统文化的"创造性转化、创新性发展",更推动浙江发展成为全国标杆。其中有许多经验、规律值得总结,我们要深入研究挖掘,从中提炼概括出浙江文化特别是当代浙江文化中具有中国意义的优秀基因和核心价值。(3)挖掘文化的资政意义。文化研究要为国家治理体系和治理能力现代化提供智慧支持。传统文化中蕴藏着治国理政的经验借鉴和智慧启示。我们深入实施浙江文化研究工程,就要通过系统研究,弘扬浙江文化中的创新创业精神,提炼浙江文化中的治理智慧和思想,概括浙江文化中的发展理念,进而为区域治理能力和治理体系现代化提供支持。(4)发挥文化的时代价值。要推动优秀传统文化融入新发展方式中。文化研究成果不仅具有学术价值,也有着重要的应用价值。优秀传统文化博大精深,蕴涵着无限的创意和深邃的内涵,无论是对于推动发展方式转变还是提升供给质量,都具有重要价值。新常态下经济转型升级,就是要把优秀传统文化基因和思想融入经济发展中,比如大力发展文化创意产业,着力提升物质产品的文化含量,推动文化软实力转化为经济硬实力。①

二、浙江文化研究工程第二期重大项目结题评审会陆续召开

2017 年 1 月,浙江省委、省政府办公厅下发《关于印发〈浙江文化研究工程(第二期)实施方案〉的通知》,明确了"浙江当代发展问题专题、浙江历史文化专题、浙江文献专题、浙江艺术专题、'浙学'文化意义诠释专题"等五大研究板块。2017 年 2 月 21 日,浙江省社科联召开"学习贯彻习近平总书记传承中华优秀传统文化系列重要论述座谈会",总结交流了首期浙江文化研究工程实施经验和优秀成果,深入探讨如何推进浙江文化研究工程第二期。

---

① 盛世豪:《文化研究为现代化提供智慧支持》,《光明日报》2020 年 10 月 29 日。

浙江省哲学社会科学工作办公室在 2017 年 5 月、2017 年 9 月、2018 年 8 月、2019 年 6 月、2019 年 10 月、2020 年 9 月先后推出六批立项课题；2020 年 8 月以来，浙江文化研究工程第二期项目的结题评审会陆续召开。

2020 年 8 月 5 日，浙江文化研究工程（第二期）重大项目"《浙江历代进士录》结题评审会"在浙江大学西溪校区召开。浙江省社会科学界联合会一级巡视员邵清，中山大学历史系教授曹家齐，浙江省社会科学院历史研究所所长徐吉军，《浙江大学学报（人文社会科学版）》常务副主编徐枫，浙江大学历史系教授陆敏珍等评审专家，项目负责人、浙江大学古籍研究所教授龚延明和课题组主要成员参会。龚延明汇报了课题进展情况，《浙江历代进士录》是"浙江文化研究工程"重大项目，搜集了浙江 17800 名进士，总字数达 920 万。这是迄今为止关于浙江历代进士最大规模的科学普查成果，为浙江省提供了一份最完整的进士名录，有助于了解某府某县的科举历史文化资源，给了解、检阅浙江进士人物生平事迹提供了方便，亦将有助于推动"浙学"研究的深入发展。评审专家们对课题成果一致给予充分肯定和高度评价，认为该课题研究成果具有原创性、严谨性及较强的学术性，为浙江建立起一个历史文化名人数据库，是弘扬浙江优秀传统文化，推动"浙学"发展的重要成果。①

2020 年 8 月 18 日，浙江文化研究工程重大项目"《浙江现代文学名家年谱》（第一辑）结题评审会"在杭州师范大学召开。浙江省哲学社会科学界联合会一级巡视员邵清、南京大学沈卫威教授、浙江大学吴秀明教授、上海外国语大学陈福康教授、上海师范大学社科处处长董丽敏教授等评审专家，项目总负责人、杭州师范大学人文学院院长洪治纲教授与会。洪治纲教授汇报了课题进展情况，《浙江现代文学名家年谱》是"浙江文化研究工程"重大项目，是迄今为止关于浙江现代文学最大规模的、研究性与史料性兼具的重要成果。经过两年多的努力，第一辑已完成系列年谱编纂，总字数达 300 万字，陆续付梓，第二辑正在顺利进行。本项目系统地呈现了

---

① 信息摘录自《浙江文化研究工程重大项目〈浙江历代进士录〉结题评审会在浙江大学举行》，浙江社科网，2020 年 8 月 10 日。

浙江现代文学名家的整体实力和影响,尤其注重展示他们的创作实绩及文化成就,有力地彰显了浙江文化建设"重要窗口"地位,推动了"浙学"的现代转型研究。评审专家们对课题成果给予充分肯定和高度评价,认为该课题研究成果具有严谨性、创新性和较强的学术性,抢救了一批现代文学名家的史料,是传播浙江现代文化,展现浙江文学盛况,推动"浙学"发展的重要成果。同时,课题组吸收了不少青年学者,对学科团队建设有明显的带动作用。①

2020 年 8 月 26 日上午,浙江文化研究工程重大项目"《浙江古代文献总目》结题评审会"在浙江大学紫金港校区举行。浙江省社科联一级巡视员邵清,复旦大学教授吴格,浙江省社会科学院研究员顾志兴、卢敦基,浙江大学中文系主任胡可先,项目负责人、浙江大学古籍研究所中国古典文献学教授方建新等参会。方建新汇报了项目总体情况,该项目实现了预定目标,即全面、正确、方便,实现了两个超越:超越历代所编《浙江通志·艺文志》和以往所有记述浙江古代著作的公私目录,超越已经编辑出版的五部《中国古籍总目》等大型国家级书目。就全面而言,《浙江古代文献总目》条目总数近 40000 种 360 万字,加上附录共 400 余万字;就正确而言,《浙江古代文献总目》对收录著作的诸要素进行了多次核查、校对;就方便而言,《浙江古代文献总目》通过正确分类与附录作者索引、书名索引等能让读者很快查到需要的资料,为方便查阅版本,特别是善本等稀有珍本,还增加收录了现当代影印丛书本。评审专家们对课题成果一致给予充分肯定和高度评价,认为该项目课组成员经过十多年的辛勤工作编就的《浙江古代文献总目》,收录了现行浙江行政区域内,现存浙籍与寓居浙江人士 1912 年前所撰、编、辑佚之著作以及内容为浙江的著述约四万种,②具有很高的学术价值与应用价值。

2020 年 8 月 26 日下午,浙江文化研究工程重大项目"《清代浙东经史学派文献

①　信息来源于《人文学院举办〈浙江现代文学名家年谱〉结题评审会》,杭州师范大学新闻网,2020 年 8 月 18 日。

②　信息摘录自《浙江文化研究工程重大项目〈浙江古代文献总目〉结题评审会在浙江大学举行》,浙江社科网,2020 年 9 月 1 日。

丛书》结题评审会"在浙江图书馆孤山馆区文澜书院召开。浙江省社会科学界联合会副主席范钧、华东师范大学哲学系教授陈卫平、上海交通大学特聘教授虞万里、复旦大学哲学学院特聘教授何俊、宁波大学人文学院教授张如安、浙江大学人文学院教授徐永明等评审专家，以及项目负责人、浙江省社会科学院哲学所研究员、浙江省儒学学会会长吴光和课题组主要成员张宏敏等参会。吴光汇报了课题编校完成情况，《清代浙东经史学派文献丛书》属于"浙江文化研究工程"第二期重大项目，课题于 2006 年作为国家《清史》重点项目正式启动，是由浙江省社会科学院、东华大学、浙江大学、浙江工商大学、浙江省委党校、杭州师范大学、浙江图书馆等多家单位 15 名学者耗时 15 年完成的大型"浙学"文献整理工程。以黄宗羲为首的清代浙东经史学派，是一个崛起于清初，延续至清末，涵括经学、史学、文学、科学等多个领域而以经史之学为主体的学术流派。《丛书》收录黄宗羲、黄宗炎、黄百家、万斯大、万斯同、万言、李邺嗣、郑梁、郑性、陈讦、全祖望、邵晋涵、章学诚、王梓材、黄炳垕等学者的主要著作并加以点校，编为 10 辑，凡 450 万字。这是迄今为止关于"浙学"学派性质最大规模的文献整理工程，它的出版，将有助于推动"浙学"研究的深入发展。评审专家们对课题成果一致给予充分肯定和高度评价，认为该课题研究成果具有原创性、严谨性及较强的学术性：它不仅是一部学派性质的文献汇辑，"清代浙东经史学派"这一原创性学术命题的确立，为近代传统学术的转型、现代学科话语体系（哲学、史学、文学、自然科学等）的建构树立了典范；《丛书》收录的不少文献系首次整理，尤其是经学类、小学类、文学类、历算类文献的收录编校，更是功德无量的"冷门绝学"，这是弘扬浙江优秀传统文化，推动"浙学"传承发展的重要成果。①

---

① 　本条活动信息由本书编者张宏敏采写。

三、"浙江文化研究工程新成果发布暨出版座谈会"在北京召开①

2020 年 10 月 19 日，由浙江省社会科学界联合会主办，国家图书馆出版社承办的"浙江文化研究工程新成果发布暨出版座谈会"在北京召开，三项新成果——《浙学未刊稿丛编（第二辑）》《槜李诗文合集》《（民国）浙江续通志稿》发布。国家图书馆党委书记、副馆长魏大威，国家出版基金规划管理办公室副主任何瑞，浙江省社会科学界联合会党组书记、副主席郭华巍出席会议并致辞。中国社会科学院学部委员、文学研究所所长刘跃进，北京师范大学历史学院教授陈其泰，四川大学古籍研究所所长舒大刚等专家出席会议。浙江省社科联党组成员、副主席范钧，国家图书馆出版社社长魏崇主持会议。

魏大威在致辞中指出，三种图书都是在浙江省社科联规划指导下，由浙江各学术机构、古籍存藏单位与国家图书馆出版社合作的结果，是"浙学"研究、地方文献古籍整理的新探索，是文化浙江建设的新突破。浙江省在公共文化事业特别是图书馆事业方面走在全国前列。2019 年 9 月，在国家图书馆建馆 110 周年之际，习近平总书记给国家图书馆 8 位老专家回信，为我们在新时代继续推进图书馆事业，服务国家发展大局，服务公众终身学习，指明了前进方向，提供了根本遵循。目前，我们正在全面贯彻落实习近平总书记回信精神，希望在社会各界的共同努力下，让存藏在各地的珍贵典籍焕发当代生命力，更好传承和发展中华文化，服务当代、服务社会。

何瑞在致辞中指出，浙江文化研究工程新出版的三种图书是地方性的重要文献，也是传统文献，具有普遍的学术价值，有很强的现实意义。他们不仅是浙江文

---

① 信息来源于《〈浙学未刊稿丛编（第二辑）〉等三项浙江文化研究工程新成果在京发布》，浙江社科网，2020 年 10 月 22 日；《展示浙江文化独特魅力的"重要窗口"：浙江文化研究工程新成果发布暨出版座谈会综述》，《中国社会科学报》2020 年 12 月 2 日。

化建设的重大工程、重点项目,也是哲学社会科学出版领域的重要成果。《浙学未刊稿丛编》作为国家出版基金的重要成果,对相关品类图书的出版,起到了示范引领作用。希望在此基础上,做好相应规划,继续开拓相关领域出版的新局面。

郭华巍在致辞中介绍了浙江文化研究工程的缘起。他指出,这批文献整理成果的问世,是文化浙江建设的重要积累,是“浙学”研究的基础性工程,体现了文化研究工程顶层设计、图书馆与学界紧密合作的古籍整理模式的有效性,也是让未刊古籍真正“活起来、用起来”的重要成果。他表示,浙江文化研究工程要在全面开启文化浙江建设新征程中,成为忠实践行“八八战略”、奋力打造“重要窗口”的鲜明文化标识。期待全国广大专家学者和出版界、媒体界的朋友们为浙江历史文化研究、文化研究工程成果出版与宣传推介等出谋划策、共襄盛举。

浙江图书馆原馆长徐晓军,浙江师范大学人文学院教授李圣华,嘉兴市图书馆馆长沈红梅等作为三部新书的编者代表,分别介绍了三部文献的编纂整理等相关情况。

(一)《浙学未刊稿丛编(第二辑)》

《浙学未刊稿丛编》不仅是浙江文化研究工程重大项目成果,也是“中华古籍保护计划”实施方案中的精品示范项目,是国家出版基金项目重要成果。《丛编》以浙江图书馆的馆藏底本为基础,广泛搜集各省市图书馆、档案馆、高校图书馆等馆藏单位的底本,由浙江图书馆与浙江师范大学等单位合作编辑成书,主要收录明代以降浙籍人士以及外省人士有关浙学的未刊稿抄本著作,以及 1949 年后未刊印的重要稿抄本,强调未刊,绝不重复。各书均撰有书志,重在撮述作者、纂辑者生平事迹,考订写本源流、传播情况,总括内容大概,并略辨其价值得失。《丛编》共收录稿抄本 413 部 1810 册,其中稿本 312 部 1478 册(约占总收录量的 77.5％),分辑出版。该丛书第一辑(全 100 册)已于 2019 年顺利出版。第二辑以人为单位专题出版,便于梳理学术脉络及思想变迁,网罗来集之、朱骏声、管庭芬、王继香、姚燮、平步青、陶方琦、陶浚宣 8 人的未出版稿抄本 460 余种(书目详见本章第四节“浙学文献整理的新进展"），优先选入第一批至第五批《国家珍贵古籍名录》中浙江图书馆以及国家图书馆、上海图书馆等所藏有关浙学未刊稿抄本，选目尽可能做到不同馆藏版本之间的比对，收录最理想的版本。对于一书分散不同单位的，按原始状态复编一书，如《海昌经籍志略》六卷，目前国家图书馆藏四卷（卷一至四），浙江图书馆藏二卷（卷五至六），这次合并出版。

（二）《槜李诗文合集》

《槜李诗文合集》项目缘起于张元济等人编纂的《槜李文系》的影印出版计划。起初只是单纯影印上海图书馆藏张元济纂《槜李文系》，继而增加了忻虞卿纂《槜李文系》，随着对馆藏文献的深入发掘，一些未刊稿本相继纳入其中：如胡昌基《续槜李诗系》宣统刻本虽已出版，但馆藏尚有更珍贵的两部稿本；又如王成瑞稿本《再续槜李诗系附鹦湖词识》；再如张宗弼、金兆蕃等稿本《续槜李诗系姓名索引稿附初稿》（实际上是王成瑞后的又一部"槜李诗系"）。反映成书过程的纂修目录《槜李文系增辑目》《槜李文系海盐已选未选姓氏录》等，此次也一并收入。丛书的最大特点是收集与整理了《槜李文系》《槜李诗系》的相关文献 13 种。除了两种清刻本，即清敦素堂刻本《沈南疑先生槜李诗系》、清胡昌基辑宣统刻本《续槜李诗系》之外，其余皆为稿本。这些稿本都是孤本，未见于著录，亦从未面世。这部分内容占丛书总体量的五分之四左右，具有重要的文献价值。从内容来看，《槜李诗文合集》堪称嘉兴历史文献的渊薮。其篇帙之浩瀚，收罗之宏富，记述之广泛，可谓菁华荟萃，蔚为大观。全书内容涵盖地方政治、经济、社会、文化、教育等广阔领域，是了解和研究嘉兴历史发展、社会变迁、文化轨迹的重要参考，是保存嘉兴文化记忆的重要物质载体。同时也是研究江南文化的重要资料，具有重要的社会现实意义与文化发展价值。

（三）《（民国）浙江续通志稿》

《（民国）浙江续通志稿》自 1914 年开始筹划，浙江通志局开局编纂，嘉兴沈曾植任总纂，集合了归安朱祖谋、海宁章梫和王国维、海盐朱福清、秀水陶葆廉、吴兴刘承幹等知名浙籍学者。编纂工作至 1922 年，征访事实已经截止，各县志书亦多征集齐全，专就所定门类从事纂辑。可惜后来数百册清稿与征访稿散落各地，几经流转，大部分资料藏于浙江图书馆，部分散见于上海图书馆、嘉兴图书馆、华东师范大学图书馆等。丛书在纲目上沿用清雍正《浙江通志》体例，记述了清乾隆元年（1736）至宣统三年（1911）间浙江省事，涵盖浙江地方社会的方方面面，实属研究近代浙江、反映浙江风土人情的重要史料。丛书重新梳理民国时期未竟的《通志稿》，根据现存志稿的内容，大致分为"清稿""征访册""资料册"三类，体量庞大，内容繁杂。由于其编纂者多为浙籍士绅名人，因此，丛书的出版，对于激发"浙学"的新活力、推动地方史的深入研究，起到了一定的促进作用。且志稿多属于未完稿、未刊稿，其编纂出版，也具有重要的文献保护意义。

与会专家对浙江文化研究工程新成果的发布表示祝贺，对浙江社科联出色的学术策划和组织工作表示感佩。北京师范大学历史学院教授陈其泰认为，大型典籍的快速出版，既得力于政府的重视，文献学者、图书馆与出版社的通力合作，也离不开前期古籍普查工作的扎实开展，其成功经验、产出机制值得推广。中国社会科学院学部委员、文学研究所所长刘跃进表示，丛书的刊布，将藏于大库的典籍、手稿整理出版，化身千百，利于研究，功德无量；浙江文化经济并重，实施的浙江文化研究工程是一个成功案例，为坚守中华文化立场、立足当代中国现实提供了一个样板。四川大学古籍研究所所长舒大刚指出，以这三种丛书为代表的一大批文献的出版，树立了很好的学术榜样，并提出"手稿文献学"的学术设想，认为手稿具有原始性、唯一性和珍稀性，同时还具有濒危性，急需兴起"手稿文献"来加以抢救保护。[①] 宁夏大学文学院院长胡玉冰认为，这几项选题具有前瞻性，从 2005 年习近平同志为浙江量身定做"八八战略"开始，浙江坚持十五年一张蓝图绘到底，产生的

---

① 舒大刚教授的发言稿《历史呼唤"手稿文献学"学科的建立：〈浙学未刊稿丛编〉第二辑等稿本出版感言》，载《中国社会科学报》2020 年 12 月 2 日。

学术和社会效益显而易见,走在了时代前列,发挥了榜样作用。丛书的编选具有示范性,真正解决了藏用矛盾,各方通力合作,模式高效,整理出版经验值得推广。北京大学中文系教授张剑充分肯定了浙江省社科联的组织规划能力和国家图书馆出版社的编辑出版效率,认为丛书出版极大地方便了研究者,生发出不少新的研究课题。

与会专家一致认为,十五年来,浙江文化研究工程按照习近平总书记提出的"真""情""实""意"要求,一任接着一任干,一年接着一年抓,走出了一条具有中国特色、时代特征、浙江特点的文化发展之路,取得了丰富的文化成果,打响了"浙学"的文化品牌。在坚守中华文化立场,推动中华优秀传统文化创造性转化、创新性发展过程中,广大哲学社会科学工作者、尤其是传统文化研究者,更应承担起相应的责任,深入研究中华文明、中华文化的起源和特质,不断铸就中华文化新辉煌。浙江文化研究工程新成果的发布适逢其时,为全国区域文化研究提供了较好的样本和范例,希望以此为契机,再接再厉,推动相关工作再上一个新台阶。

第四节　浙学文献整理的新进展

2020年,浙学文献整理的新进展主要体现在《浙学未刊稿丛编(第二辑)》的影印出版及《清代浙江集部总目》等浙学文集总目的汇集整理。

2020年8月26日上午,浙江文化研究工程重大项目"《浙江古代文献总目》结题评审会"在浙江大学紫金港校区举行。相关情况,参见前节,此不赘述。

浙江图书馆、浙江师范大学合编《浙学未刊稿丛编(第二辑)》(署名"徐晓军、李圣华主编",国家图书馆出版社2020年9月版,上文已述),共110册,网罗来集之、朱骏声、管庭芬、王继香、姚燮、平步青、陶方琦、陶浚宣8人的未出版稿抄本460余种。为便于学人检索书单,兹将《丛编》"目录"抄录于此:

【来集之专集】

第 1 册:《樵叟备忘杂识》五卷(一),(清)来集之辑,稿本。

第 2 册:《樵叟备忘杂识》五卷(二),(清)来集之辑,稿本;《倘湖樵书不分卷》,(清)来集之辑,稿本。

第 3—5 册:《倘湖遗稿》不分卷(一、二、三),(清)来集之撰,稿本。

第 6—7 册:《倘湖手稿》□□卷(一、二),(清)来集之撰,稿本,存十四卷(卷一至十、十九至二十二)。

第 8 册:《倘湖手稿》□□卷(三),(清)来集之撰,稿本,存十四卷(卷一至十、十九至二十二);《倘湖遗稿》不分卷(一),(清)来集之撰,写样稿本。

第 9 册:《倘湖遗稿》不分卷(二),(清)来集之撰,写样稿本;《倘湖诗》二卷,(清)来集之撰,清康熙十四年倘湖小筑刻本;《来集之先生诗话稿》不分卷,(清)来集之撰,稿本。

【朱骏声专集】

第 10 册:《六十四卦经解》不分卷,(清)朱骏声集注,稿本;《易郑氏爻辰广义》一卷、《易经传互卦卮言》一卷、《易章句异同》一卷、《易消息升降图》一卷,(清)朱骏声撰,稿本;《学易札记》不分卷,(清)朱骏声撰,稿本;《尚书古注便读》不分卷,(清)朱骏声撰,稿本;《周书集训校释》补一卷(附《周书阙文》补一卷),(清)朱骏声撰,清朱孔彰抄本。

第 11 册:《毛诗异文》一卷(附《申公诗》),(清)朱骏声述,(清)朱孔彰抄本、朱师辙批校;《诗序异同汇参》一卷,(清)朱骏声撰,稿本;《学礼琐录》一卷、《读史札记》一卷,(清)朱骏声撰,稿本;《春秋平议》一卷、《春秋三家异文核》一卷、《春秋乱贼考》一卷(附《读韩非子札记》一卷),(清)朱骏声撰,稿本。

第 12 册:《春秋左传识小录》不分卷,(清)朱骏声撰,稿本;《春秋阙文考》一卷、《春秋三传异文》一卷,(清)朱骏声撰,稿本;《四书墙解》四卷,(清)朱骏声撰,稿本;《六书叚借经征》四卷,(清)朱骏声撰,稿本。

第 13 册:《孔子纪年》不分卷,(清)朱骏声撰,稿本;《孟子纪年》不分卷,

（清）朱骏声撰，稿本；《说文通训续补遗》不分卷，（清）朱骏声撰、（清）朱孔彰辑，稿本；《小学识余》五卷、《说文段注拈误》一卷，（清）朱骏声撰，稿本；《五释》五卷（附陈鳣《释礼》一卷），（清）朱骏声撰，稿本，存五卷（《古字释义》一卷、《释庙》一卷、《释车》一卷、《释帛》一卷，附陈鳣《释礼》一卷）。

第14册：《释词补笺》二卷，（清）朱骏声撰、朱师辙补笺，稿本；《秦汉郡国考》不分卷、《名人占籍今释》不分卷，（清）朱骏声撰，稿本；《朱氏谱》不分卷，（清）朱骏声编，稿本；《石隐山人自定义年谱》一卷，（清）朱骏声撰、（清）程朝仪订补、朱师辙补注，清末民初抄本；《吴中朱氏史传》一卷，（清）朱骏声撰，稿本，朱师辙批校；《平定张格尔考》不分卷，（清）朱骏声撰，稿本。

第15册：《朱骏声日记》一卷，（清）朱骏声撰，稿本；《经史答问》不分卷，（清）朱骏声撰，稿本；《临啸阁笔记》一卷（附《读韩非子札记》一卷），（清）朱骏声撰，稿本；《手泽录》一卷、《中兴闻见录》一卷、《先君手录急就篇》一卷，（清）朱骏声纂、（清）朱孔彰编，稿本。

第16册：《天学札记》二卷，（清）朱骏声撰，稿本；《数度衍约》不分卷，（清）方中通撰、（清）朱骏声校补，稿本；《轩岐至理》不分卷，（清）朱骏声编，稿本；《汉书隽语》不分卷，（清）朱骏声辑，稿本，存十三叶。

第17册：《说苑新序校评》六卷（附《荀子校评》一卷），（清）朱骏声校评、（清）朱孔彰校录，稿本；《李杜韩苏诗评选》六卷（一），（清）朱骏声评选，稿本，存四卷半（《李诗》一卷、《韩诗》一卷、《杜诗》半卷、《苏诗》上半卷、《苏诗》卷中、《苏诗》下半卷）。

第18册：《李杜韩苏诗评选》六卷（二），（清）朱骏声评选，稿本，存四卷半（《李诗》一卷、《韩诗》一卷、《杜诗》半卷、《苏诗》上半卷、《苏诗》卷中、《苏诗》下半卷）；《如话诗钞》不分卷，（清）朱骏声辑，稿本；《词选》一卷，（清）朱骏声撰，稿本；《传经室文集》不分卷（一），（清）朱骏声撰，稿本。

第19册：《传经室文集》不分卷（二），（清）朱骏声撰，稿本；《临啸阁文集补遗》一卷，（清）朱骏声撰，稿本；《传经室骈体文存》一卷，（清）朱骏声撰，稿本；

《传经室诗存》四卷、《传经室五言律》一卷,(清)朱骏声撰,稿本;《庚午女史百咏》一卷、《虎丘怀古诗》一卷,(清)朱骏声撰,稿本。

第20册:《临啸阁词》四卷,(清)朱骏声撰,稿本;《临啸阁词选》二卷、《芍药词》一卷,(清)朱骏声撰,稿本,(清)朱绶批校评选;《忆拙词》一卷,(清)朱骏声撰,稿本;《丰芑先生遗稿七种》七卷,(清)朱骏声撰,稿本;《朱骏声杂稿十三种》,(清)朱骏声撰,稿本。

【管庭芬专集】

第21册:《兰絮话腴》四卷,(清)管庭芬辑,稿本;《日谱不分卷(一)》,(清)管庭芬述,稿本。

第22—30册:《日谱》不分卷(二、三、四、五、六、七、八、九、一〇),(清)管庭芬述,稿本。

第31—33册:《海昌丛载》二十卷、《海昌续载》七卷、《首》一卷(一、二、三),(清)管庭芬辑,稿本,(清)朱元炅跋。

第34册:《海昌丛载》二十卷、《海昌续载》七卷、《首》一卷(四),(清)管庭芬辑,稿本,(清)朱元炅跋;《越游小录》一卷,(清)管庭芬撰,抄本。

第35册:《钱谱》不分卷(一),(清)管庭芬撰并拓,稿本。

第36册:《钱谱》不分卷(二),(清)管庭芬撰并拓,稿本;《海昌经籍志略》六卷,(清)管庭芬辑,稿本,邓邦述跋。

第37册:《淳溪老屋题画诗》不分卷,(清)管庭芬撰、管元耀辑,稿本;《芷湘吟稿》六卷(《附录》一卷),(清)管庭芬撰,稿本,佚名题记;《淳溪老屋自娱集》二卷、《补遗》七卷、《芷湘吟稿》不分卷(一),(清)管庭芬撰,稿本(《补遗》配管伟之抄本),管元耀跋。

第38册:《淳溪老屋自娱集》二卷、《补遗》七卷、《芷湘吟稿》不分卷(二),(清)管庭芬撰,稿本(《补遗》配管伟之抄本),管元耀跋。

第39册:《淳溪老屋自娱集》二卷、《补遗》七卷、《芷湘吟稿》不分卷(三),(清)管庭芬撰,稿本(《补遗》配管伟之抄本),管元耀跋;《芷湘老人题画诗》不分卷,(清)管庭芬撰、管伟之辑录,稿本;《印止录》不分卷,(清)吴昂驹辑、(清)管庭芬校、(清)崔以学重校,清光绪二十六年抄本;《海隅遗珠录》五卷,(清)管庭芬辑;《渟溪杂诗》一卷、《补遗》一卷(一),(清)管庭芬撰,管氏静得楼抄本。

第40册:《海隅遗珠录》五卷,(清)管庭芬辑;《渟溪杂诗》一卷、《补遗》一卷(二),(清)管庭芬撰,管氏静得楼抄本;《花近楼丛书七十四种》九十卷、《补遗十九种》二十二卷、附存《八种》九卷(一),(清)管庭芬辑,稿本。

第41—44册:《花近楼丛书七十四种》九十卷、《补遗十九种》二十二卷、附存《八种》九卷(二、三、四、五),(清)管庭芬辑,稿本。

【姚燮专集】

第45册:《蛟川耆旧传》不分卷,(清)姚燮纂辑,稿本;《四明它山图经》十一卷(一),(清)姚燮撰,稿本,(清)许嵊题签并观款,(清)李恭渭、蒋敦复校并跋,(清)伊乐尧、董醇、王复跋,沈德寿观款。

第46册:《四明它山图经》十一卷(二),(清)姚燮撰,稿本,(清)许嵊题签并观款,(清)李恭渭、蒋敦复校并跋,(清)伊乐尧、董醇、王复跋,沈德寿观款。

第47册:《大梅山馆藏书目》十六卷,(清)姚燮藏并撰,稿本;《诗问稿》□□卷,(清)姚燮撰,稿本,(清)傅潇批点,(清)叶廷枚跋,存一卷(卷二十五);《复庄文录》六卷(一),(清)姚燮撰,稿本,(清)曹峋批点,(清)高学沅观款。

第48册:《复庄文录》六卷(二),(清)姚燮撰,稿本,(清)曹峋批点,(清)高学沅观款;《琼贻副墨七种》四十六卷(一),(清)姚燮辑,稿本,(清)叶同春校并跋。

第49册:《琼贻副墨七种》四十六卷(二),(清)姚燮辑,稿本,(清)叶同春校并跋。

第50册:《琼贻副墨七种》四十六卷(三),(清)姚燮辑,稿本,(清)叶同春校并跋;《蛟川诗系》三十一卷(一),(清)姚燮辑,稿本。

第51—53册:《蛟川诗系》三十一卷(二、三、四),(清)姚燮辑,稿本。

第54册:《词学标准》不分卷,(清)姚燮辑,稿本;《词斠四种》七卷,(清)姚燮撰,清同治抄本,(清)□培之跋;《玉篆楼词》一卷,(清)姚燮撰,稿本,(清)姚景夔校点并跋;《某心雪传奇》不分卷,(清)姚燮撰,稿本。

【平步青专集】

第55册:《瓜簠拾遗》一卷,(清)平步青撰,稿本,(清)平宜生题签;《瓜簠拾遗》一卷,(清)平步青撰,抄本;《文楸表》不分卷,(清)平步青撰,稿本。

第56册:《文楸表初稿》不分卷,(清)平步青撰;抄本;《唐文粹补小传》一卷、《补遗》一卷、《灵芬馆珍藏重校正〈唐文粹评话〉》一卷,(清)平步青撰,稿本、抄本。

第57册:《国朝文录小传》一卷、《国朝古文约选》一卷、《国朝古文所见集》一卷(附《续古文辞类纂》一卷),(清)平步青撰,稿本、抄本;《湖海文传补小传札记(未定稿)》一卷,(清)平步青撰,稿本、抄本;《唐科目考》不分卷,(清)平步青撰,稿本。

第58册:《唐科目考》不分卷,(清)平步青撰,稿本、抄本;《五代宋元科目考》二卷,(清)平步青撰,稿本;《五代宋元科目考》二卷(一),(清)平步青撰,稿本。

第59册:《五代宋元科目考》二卷(二),(清)平步青撰,稿本;《国子监进士题名碑录》九卷,(清)平步青撰,稿本,存一卷(卷八);《西汉宰相考》一卷、《东汉宰相考》一卷、《五代宰相考》一卷、《宋宰辅考》一卷、《明宰辅考》一卷、《明列辅起家考》一卷、《复社姓氏录》一卷,(清)平步青撰,稿本;《西汉宰相考》一卷、《东汉宰相考》一卷、《五代宰相考》一卷、《宋宰辅考》一卷、《明宰辅考》一卷、《明列辅起家考》一卷、《南都防乱公揭》一卷、《复社姓氏录》一卷、《大将军杂号将军》一卷,(清)平步青撰,抄本。

第60册:《残明百官簿》四卷,(清)平步青辑,稿本,(清)平宜生题签;《残明百官簿》四卷,(清)平步青辑,稿本;《唐宋八大家文楸书评目》一卷,(清)平步青撰,稿本;《芬陀利华馆藏书目》一卷,(清)平步青撰,稿本。

第61册:《园丛书初定总目》一卷,(清)平步青编,稿本;《燃藜余照》一卷、

《补遗》一卷,(清)平步青撰,稿本;《燃藜余照》一卷、《补遗》一卷,(清)平步青撰,抄本,杨越批校;《燃藜余照》一卷、《补遗》一卷,(清)平步青撰,抄本;《文楶目》不分卷(一),(清)平步青撰,稿本。

第 62 册:《文楶目》不分卷(二),(清)平步青撰,稿本。

第 63 册:《国朝文楶总目》一卷,(清)平步青撰,稿本;《星轺便览》一卷,(清)平步青辑,抄本;《南辕纪程》二卷(附一卷),(清)平步青撰,稿本。

第 64 册:《毛西河先生年谱残稿》一卷,(清)平步青校辑,稿本;《两负堂札记》不分卷,(清)平步青撰,稿本;《瀻祭值年祭簿总目》一卷,(清)平步青撰,稿本,周作人题记;《书画见闻录》不分卷,(清)平步青撰,稿本,(清)平宜生题签。

第 65 册:《三十六宜华坞摭谈》一卷,(清)平步青撰,稿本;《释谚》一卷,(清)平步青撰,稿本;《嘈杂》一卷,(清)平步青撰,稿本;《文稿》不分卷(一),(清)平步青撰,稿本。

第 66 册:《文稿》不分卷(二),(清)平步青撰,稿本;《安越堂外集》不分卷,(清)平步青撰,杨越抄本,周作人题记。

第 67 册:《邮筒存检》一卷,(清)平步青撰,稿本;《霞外山人书翰》不分卷,(清)平步青撰,稿本;《栋山牍存》不分卷(一),(清)平步青撰,稿本。

第 68 册:《栋山牍存》不分卷(二),(清)平步青撰,稿本;《栋山存牍》不分卷,(清)平步青撰,稿本;《致平步青信札》,(清)万青藜等撰,稿本,(清)平宜生题签。

第 69 册:《越吟残草》一卷,(清)平步青撰,稿本;《越吟残草》一卷,(清)平步青撰,抄本;《赋论》不分卷,(清)平步青撰,稿本;《袁文笺正斠识》□□卷,(清)平步青撰,稿本,存一卷(卷一);《小仓山房尺牍注略》不分卷,(清)平步青撰,稿本。

第 70 册:《小仓山房尺牍注略》不分卷,(清)平步青撰,稿本;《文筑附录》不分卷,(清)平步青撰,抄本;《最胜录》一卷,(清)平步青撰,稿本。

第 71 册:《最胜录》一卷,(清)平步青撰,稿本;《最胜录》一卷,(清)平步青撰,抄本;《香雪崦丛书二十种(存十四种)》(一):《香雪崦丛书二十种总目》,杨越抄本,杨越题跋;《宋史叙录》一卷,(清)平步青撰,稿本;《宋史叙录》一卷、《修明史史臣表》一卷,(清)平步青撰,抄本;《文庙从祀议考略二卷》(一),(清)平步青撰,稿本。

第72册:《香雪崦丛书二十种(存十四种)》(二):《文庙从祀议考略》二卷(二),(清)平步青撰,稿本;《国朝馆选爵里谥法考续》三卷,(清)平步青撰,稿本,存一卷(续卷九);《国朝馆选爵里谥法考续》三卷,(清)平步青撰,稿本;《南书房入直诸臣考略》一卷、《尚书房入直诸臣考略》一卷,(清)平步青撰,稿本,(清)平宜生题签。

第73册:《香雪崦丛书二十种(存十四种)》(三):《南书房入直诸臣考略》一卷、《尚书房入直诸臣考略》一卷,(清)平步青撰,稿本;《尚书房入直诸臣考略》一卷、《南书房入直诸臣考略》一卷,(清)平步青撰,稿本;《南书房入直诸臣考略》一卷、《尚书房入直诸臣考略》一卷,(清)平步青撰,稿本;《召试博学鸿儒考略》一卷、《召试博学鸿词考略》一卷、《荐举经学考略》一卷,(清)平步青撰,稿本。

第74册:《香雪崦丛书二十种(存十四种)》(四):《召试博学鸿儒考略》一卷、《召试博学鸿词考略》一卷、《荐举经学考略》一卷,(清)平步青撰,稿本;《大考翰詹考略》二卷,(清)平步青撰,稿本;《大考翰詹考略》二卷(一),(清)平步青撰,抄本。

第75册:《香雪崦丛书二十种(存十四种)》(五):《大考翰詹考略二卷》(二),(清)平步青撰,抄本;《越中科第表》二卷,(清)平步青撰,稿本,存一卷(卷二);《越中科第表》二卷(一),(清)平步青撰,抄本,杨越校。

第76册:《香雪崦丛书二十种(存十四种)》(六):《越中科第表》二卷(二),(清)平步青撰,抄本,杨越校;《越中科第表》二卷,(清)平步青撰,抄本。

第77册:《香雪崦丛书二十种(存十四种)》(七):《群书斠识初稿》不分卷(一),(清)平步青撰,稿本,雪扶题记。

第 78 册：《香雪崦丛书二十种（存十四种）》（八）：《群书斠识初稿》不分卷（二），（清）平步青撰，稿本，雪扶题记；《群书斠识》（一），（清）平步青撰，稿本。

第 79 册：《香雪崦丛书二十种（存十四种）》（九）：《群书斠识》（二），（清）平步青撰，稿本；《霞外攟屑》十二卷附一卷（一），（清）平步青撰，稿本，存十二卷（卷一至七、九至十二、附一卷）。

第 80 册：《香雪崦丛书二十种（存十四种）》（一〇）：《霞外攟屑》十二卷附一卷（二），（清）平步青撰，稿本，存十二卷（卷一至七、九至十二、附一卷）。

第 81 册：《香雪崦丛书二十种（存十四种）》（一一）：《霞外攟屑》十二卷附一卷（三），（清）平步青撰，稿本，存十二卷（卷一至七、九至十二、附一卷）。

第 82 册：《香雪崦丛书二十种（存十四种）》（一二）：《霞外攟屑》十卷（一），（清）平步青撰，抄本。

第 83 册：《香雪崦丛书二十种（存十四种）》（一三）：《霞外攟屑》十卷（二），（清）平步青撰，抄本。

第 84 册：《香雪崦丛书二十种（存十四种）》（一四）：《霞外攟屑》十卷（三），（清）平步青撰，抄本；《樵隐昔瘿》□□卷，（清）平步青撰，稿本，（清）平宜生题签，存一卷（卷六）；《樵隐昔瘿》二十卷，（清）平步青撰，稿本，存四卷（卷十二至十五）。

第 85 册：《香雪崦丛书二十种（存十四种）》（一五）：《樵隐昔瘿》二十卷，（清）平步青撰，杨越抄本，周作人题记并跋，存十卷（卷六至十五）；《樵隐昔瘿》二十卷（一），（清）平步青撰，稿本，存十四卷（卷六至十九）。

第 86 册：《香雪崦丛书二十种（存十四种）》（一六）：《樵隐昔瘿》二十卷（二），（清）平步青撰，稿本，存十四卷（卷六至十九）；《樵隐昔瘿》二十卷（一），（清）平步青撰，稿本。

第 87 册：《香雪崦丛书二十种（存十四种）》（一七）：《樵隐昔瘿》二十卷（二），（清）平步青撰，稿本；《樵隐昔瘿》二十卷，（清）平步青撰，清刻本，汪曰桢、夏燮圈点并跋，存一卷（卷二十）。

【陶方琦专集】

第 88 册:《汉孳室遗著七种》七卷,(清)陶方琦撰,(清)姚振宗整理,清光绪会稽徐氏铸学斋抄本;《郑易小学》一卷,(清)陶方琦撰,稿本;《韩诗遗说补》一卷,(清)陶方琦撰,清抄本;《尔雅汉学证义》二卷,(清)陶方琦撰,(清)姚振宗辑,稿本,(清)陶浚宣校,孙同康签校。

第 89 册:《埤仓辑本》二卷、《考异》一卷,(三国魏)张揖撰,(清)陶方琦辑;附《广仓辑文》一卷、《考异》一卷,(南朝梁)樊恭撰,(清)陶方琦辑,民国二十八年武林叶氏抄本;《许君年表稿》一卷、《淮南参正残草》一卷、《说文古读考》一卷、又一卷,(清)陶方琦撰,(清)姚振宗校补,稿本;《淮南许高注二家异同考》二卷,(清)陶方琦撰,(清)谭献等校勘,稿本;《淮南许高二注异同考》二卷,(清)陶方琦撰,稿本,存一卷(卷上);《淮南许注异同诂补遗》一卷、《续补》一卷,(清)陶方琦撰,稿本;《杂抄》一卷,(清)陶方琦撰,稿本。

第 90 册:《六朝剿华》二卷,(清)陶方琦撰,稿本,陶馨远题记,存一卷(卷上);《陶湘麋学使诗文遗稿》不分卷,(清)陶方琦撰,清同治十年稿本,陈庆均题记;《湘麋馆遗墨粹存》一卷,(清)陶方琦撰,稿本,(清)樊增祥点评;《渶庐初稿》四卷,(清)陶方琦撰,稿本,(清)陶在新等题记;《琳青书馆诗稿》二卷,(清)陶方琦撰,稿本,(清)陶浚宣题识;《琳青书馆诗稿》二卷,附《道咸同光四朝诗》一卷,(清)陶方琦撰,民国抄本;《琳清仙馆词稿》二卷,(清)陶方琦撰,稿本,(清)孙德祖题签,(清)秦树敏等题识;《咸同间名人诗笺》不分卷,(清)李慈铭、樊增祥、陶方琦等撰,稿本。

【陶浚宣专集】

第 91 册:《通鉴长编纪事本末补佚》十卷,(清)陶浚宣辑补,稿本,存八卷(卷一至二、五至十)。

第 92 册:《官阶古称考》不分卷,(清)陶浚宣辑,稿本;《国朝绍兴诗录小传》不分卷,(清)陶浚宣辑,稿本;《入剡日记》不分卷(清光绪元年二月五日至二十九日),(清)陶浚宣撰,稿本,(清)陶方琦题签,(清)秦树敏、马赓良、陶方琦、孙德祖、余绍宋题跋；《海州病中日记》一卷（清光绪十三年四月二十六日至七月二十七日），（清）陶濬宣辑，稿本；《东湖记》一卷，（清）陶濬宣辑，稿本；《稷山所见金石目》一卷，（清）陶濬宣辑，稿本；《金石随笔》一卷，（清）陶濬宣辑，稿本；《校雠之学》一卷，（清）陶濬宣辑，稿本；《国朝史学丛书目录》一卷，（清）陶濬宣订，稿本。

第 93 册：《稷山草堂碎金》不分卷，（清）陶濬宣辑，稿本；《通艺堂勤学卮言》一卷，（清）陶濬宣辑，稿本；《稷山读书札记》一卷，（清）陶濬宣辑，稿本；《稷山漫录》二卷，（清）陶濬宣辑，稿本，存一卷（卷上）；《稷山论书诗》一卷，（清）陶濬宣辑，稿本。

第 94 册：《稷山论书诗》一卷，（清）陶濬宣辑，稿本，（清）俞樾、李慈铭、谭献、袁昶、王继香、宗源瀚跋；《稷山论书诗》一卷，（清）陶濬宣辑，稿本；《稷山论书诗》一卷，（清）陶濬宣辑，稿本；《书学捷要》二卷，（清）朱履贞撰，清同治十一年陶濬宣抄本；《书学捷要补》一卷，（清）陶濬宣辑，稿本。

第 95 册：《稷山楹语》三卷，（清）陶濬宣辑，稿本；《稷山楼分类诗选》不分卷，（清）陶濬宣辑，稿本；《稷山楼诗文稿》不分卷，（清）陶濬宣撰，稿本；《稷山楼文稿》一卷，（清）陶濬宣撰，稿本；《稷山今体诗钞》不分卷（一），（清）陶濬宣撰，稿本。

第 96 册：《稷山今体诗钞》不分卷（二），（清）陶濬宣撰，稿本；《稷山楼诗选》四卷，（清）陶濬宣辑，稿本；《稷山楼文选》不分卷（一），（清）陶濬宣辑，稿本。

第 97 册：《稷山楼文选》不分卷（二），（清）陶濬宣辑，稿本；《稷山楼今体诗钞》四卷，（清）陶濬宣辑，稿本；《国朝绍兴诗录》四卷（一），（清）陶濬宣辑，稿本。

第 98 册：《国朝绍兴诗录》四卷（二），（清）陶濬宣辑，稿本；《国朝掌故琐记》一卷，（清）陶濬昌辑，稿本。

【王继香专集】

第 99 册：《王孝子事略》一卷，（清）王继香辑，清抄本；《王继香日记》不分卷(清同治六年九月十九至同治七年底),(清)王继香撰,稿本;《王继香日记》不分卷(清同治九年),(清)王继香撰,稿本;《越中古刻九种》,(清)王继香辑,清光绪二十二年石印本;《文羼》不分卷(一),(清)王继香编纂,清同治三年至清光绪十年稿本。

第100册:《文羼》不分卷(二),(清)王继香编纂,清同治三年至清光绪十年稿本。

第101册:《联杂录》不分卷,(清)王继香辑,清同治六年至光绪三年稿本,王继谷题记;《醉盦砚铭》一卷、《枕湖楼藏砚铭》一卷,(清)王继香撰,清光绪五年至二十五年稿本,(清)徐树铭题签;《止轩集》不分卷(一),(清)王继香撰,稿本。

第102册:《止轩集》不分卷(二),(清)王继香撰,稿本。

第103册:《醉吟草二十五种》三十五卷(一),(清)王继香撰,稿本。

第104册:《醉吟草二十五种》三十五卷(二),(清)王继香撰,稿本。

第105册:《醉吟草二十五种》二十五卷、《止轩序跋》一卷,(清)王继香撰,清光绪稿本;《百悔辞》不分卷,(清)王继香撰,清光绪稿本。

第106册:《止轩文习初草》四卷、《文蜕初草》一卷(一),(清)王继香撰,稿本,(清)鲍临、沈景修、陶浚宣、陈璚题签。

第107册:《止轩文习初草》四卷、《文蜕初草》一卷(二),(清)王继香撰,稿本,(清)鲍临、沈景修、陶浚宣、陈璚题签;《止轩文习外编》不分卷,(清)王继香撰,清光绪稿本;《止轩题跋》一卷,(清)王继香撰,稿本。

第108册:《止轩散体文钞》一卷,(清)王继香撰,清抄本;《骈文类组》五卷(一),(清)王继香编,清光绪十一年稿本。

第109册:《骈文类组》五卷(二),(清)王继香编,清光绪十一年稿本。

第110册:《王继香文稿》一卷,(清)王继香撰,清光绪稿本;《先贤王继香先生遗稿》不分卷,(清)王继香撰,稿本;《醉盦词》不分卷,(清)王继香撰,清光绪三十年稿本,(清)潘祖荫、陈璚题签;《醉盦词别集》二卷,(清)王继香撰,稿本,（清）陈璃、沈景修题签,（清）李慈铭、沈景修、陆诒经、伊立勋、陶方琦、文悌、马赓良、孙德祖、谭献、桂垆题记,（清）马宝瑛题款,（清）应宝时批并题记。

徐永明主编《清代浙江集部总目》（浙江大学出版社 2020 年 12 月版）一书,著录 1644 年至 1911 年前后浙籍人士和非浙籍人士关于浙江的现存著述,共计 4600 余人 11000 余种 13000 余部著作。其中,楚辞类 10 种,别集类 8035 种,总集类 1220 余种,诗文评类 126 种,词类 504 余种,曲类（含宝卷、弹词）150 余种。在版本上,不仅著录自 1664 年至民国间的古籍刻本、稿本、抄本、石印本、铅印本,还著录现代影印的大型古籍丛书本。著录的要素包括书名卷数、作者籍贯、作者姓名、版本及收藏单位。全书六大类,部下设类、类下设属。书后附书名音序索引、作者音序索引及收藏单位繁简对照表。

刘文龙整理《浙江省文献展览会文献叙录》（凤凰出版社 2020 年 9 月版）一书,以《文澜学报》的《浙江省文献展览会专号》为内容底本,对 1936 年浙江省教育厅委托浙江省立图书馆举办的"浙江文献展览会"上所展部分文献做梳理,便于学者考察文献源流,以窥"浙江文献展览会"的盛况。该书读者定位主要为清代文献研究者,尤其是从事清代浙江文献研究的学者;该书包罗文献广泛,涉及经史子集各部,研究价值颇高。

此外,大体量、多卷本的明清浙学家文献的影印及整理出版,也是 2020 年浙学文献整理的一大看点,比如:

朱光明点校《章懋集》（浙江古籍出版社 2020 年 6 月版）一书,以明嘉靖九年刻《枫山章先生文集》为底本,参核初印后刻诸本、《金华丛书》本,以及四卷本系统的虞守愚刻本等,同时对其散佚文字作了辑录。

陈东辉主编《陆心源全集》（70 册,国家图书馆出版社 2020 年 9 月版）一书,将《潜园总集》影印出版,其中同治十三年（1874）刊刻的《仪顾堂集》十六卷本替换为内容更全的光绪二十四年（1898）刊刻的二十卷本,最终定名为《陆心源全集》。

赵一生主编《俞樾全集》（32 册,浙江古籍出版社 2020 年 3 月重印版）,作为"浙江文丛"之一种,为俞樾著作首次系统整理,收录俞樾现存所有的文字作品,并在他所著的《春在堂全书》基础上又增补书信、日记、散见诗文等新材料,是俞氏著作首次系统整理。2020年7月10日,德清县图书馆、浙江古籍出版社在德清县乾元镇联合主办了"《俞樾全集》首发座谈会"。

张天杰主编《陆陇其全集》(全15册,中华书局2020年11月版)一书,充分搜集历代陆陇其著作单行本,《正谊堂全书》《四库全书》所收录的陆陇其著作,以及光绪年间的《陆子全书》103卷,将《陆子全书》中属于陆陇其原著的著作全部点校整理出版。

第二章 浙江史前文化、舜禹文化、越国历史文化研究

本报告认为,"大浙学"的外延,可上溯至作为浙江文化之源的史前文化、舜禹文化、越国历史文化(古越文化),它们均属于"浙学之源"。

第一节 浙江史前文化研究

考古学家严文明曾说,浙江的遗址名很有内涵:从美丽的小洲(良渚)出发,过一个渡口(河姆渡),跨一座桥(跨湖桥),最后上了山(上山)。这是一条通向远古的诗意之路。进而言之,浙江的史前遗存极为丰富,从距今 100 万年到四五千年都有大量考古发掘。以旧石器时代为例,有距今 100 万年的长兴七里亭遗址、距今约 80 万年的安吉上马坎遗址、距今 10 万年左右的建德人遗址、距今 2 万至 1 万年的桐庐古人类化石。浙江的新石器时代遗址则以上山文化、跨湖桥文化、马家浜文化、崧泽文化、河姆渡文化、良渚文化、钱山漾文化为典型。环太湖流域的河姆渡文化、马家浜文化、崧泽文化、良渚文化和钱山漾文化等史前文化,皆可视作"先越文化",是"越文化"的发端,并由此奠立了"浙学"之滥觞的"越文化"发展的基本走向。

兹对 2020 年学界(主要是考古学界)对上山文化、跨湖桥文化、井头山遗迹考

古发掘、马家浜文化、崧泽文化、河姆渡文化、良渚文化和钱山漾文化①研究的新进展予以胪列。

一、浦江上山文化研究

上山文化距今 11000 年至 8500 年，代表着浙江万年文化之源。2000 年，在浦江县黄宅镇一个叫上山的台地上，上山遗址横空出世，揭开了长江下游与东南地区新石器时代早期遗址的面貌。2006 年，以上山遗址为代表的新石器时代早期文化被正式命名为"上山文化"。至今，浙江省已经在浦江、义乌、嵊州、龙游、永康等地发现上山文化遗址 19 处，成为中国境内乃至东亚地区发现的规模最大、分布最为集中的早期新石器时代遗址群。

2020 年是浦江上山遗址发现 20 周年。2020 年 11 月 13 日至 14 日，由浙江省委宣传部指导，中国考古学会、浙江省文化和旅游厅、浙江省文物局、金华市政府主办的"上山遗址发现 20 周年学术研讨会"在浦江召开。研讨会的内容包含"上山文化研究中心""中国水稻研究所上山稻作研究基地""上山文化遗址联盟""中华万年考古遗址联盟"的授牌仪式，以及"远古中华第一村"的揭牌仪式，开展"上山文化考古新成果展""上山遗址发现二十周年考古成果展"等，召开学术研讨会和"上山文化遗址联盟第一次联席会议"等。会议一致审议并通过："'万年上山、世界稻源'，上山文化既是'万年浙江'之源，亦是人类文明起步阶段的重要例证。"此次学术研讨的召开，进一步阐释了浙江历史价值、实证万年浙江，推动"上山文化"成为"万年中国"文化标识，成为弘扬浙江优秀传统文化、展示浙江文化发展水平的金名片。②

---

① 关于上山文化、跨湖桥文化、马家浜文化、崧泽文化、河姆渡文化、良渚文化和钱山漾文化的基本情况，请参阅拙编《浙学研究综合报告》，浙江人民出版社 2020 年 4 月版，第 9—18 页。

② 《"上山遗址发现 20 周年学术研讨会"在浦江召开：擦亮万年上山这张金名片》，《浙江日报》2020 年 11 月 14 日。

2020年，学界有数篇论文涉及对上山文化历史地位的总结。

杨阳《20年，回望"上山"之路》（《中国社会科学报》2020年12月17日）一文指出，上山文化已发现19处遗址，它们共同构成迄今所见年代最早的农业定居聚落。最新发现的义乌桥头遗址和仙居下汤遗址的环壕、中心台地等聚落特征，反映了农业社会结构的初步发展状态。这种定居特征在上山文化初期就已出现。上山文化聚落群是迄今中国境内乃至东亚地区发现的规模最大、分布最为集中的早期新石器时代遗址群，为长江中下游以及更广阔的地域范围内探索早期新石器时代文化提供了有价值的启示。

王凤《上山遗址区地层记录的环境演变与人类活动》（浙江师范大学硕士学位论文，2020年5月）一文指出，上山遗址位于钱塘江上游浦阳江北岸的二级阶地上，是迄今长江下游地区发现最早的新石器时代遗址，也是研究水稻驯化和稻作农业起源的重要遗址之一。

马黎《跟着上山文化，起底浙江万年稻作史》（《文化交流》2020年第12期）一文指出，上山文化是世界稻作文化的起源地，是以南方稻作文明和北方粟作文明为基础的中华文明形成过程的重要起点。上山文化万年水稻起源、发展的证据，是对世界农业起源认识的一次重要修订。

二、萧山跨湖桥文化研究

2020年，学术界有1篇论文与跨湖桥文化研究相关。

李纪洁《试论钱塘江流域新石器时代的陶钵类型及其所反映的文化关系》（中央民族大学硕士学位论文，2020年5月）一文基于钱塘江流域考古学文化序列的建立和考古资料的积累，运用考古地层学和考古类型学的方法，以陶钵的口沿形态作为基本的分类标准，并结合器物腹部及底部的不同特征，分别对该区域的上山文化、跨湖桥文化、河姆渡文化以及钱塘江以南良渚文化的陶钵类型及分期特点，进行了较为全面、系统的研究，进而以敛口钵、敞口钵及直口钵这三大类陶钵为代表，探讨整个钱塘江流域新石器时代陶钵的发展历程,将其分为四个发展阶段,归纳出不同阶段的演变特征。

三、余姚井头山遗址的考古发掘

井头山遗址位于余姚市三七市镇,经过碳 14 测年,确定距今 8000 多年,是迄今为止中国东南沿海地区埋藏最深、年代最早的一处海岸贝丘遗址,也是浙江首个贝丘遗址。考古现场整理出十多处生活遗迹、数百件可登记遗物、海量的贝壳遗存以及鹿角、稻谷等其他动植物遗存。

2020 年 5 月 30 日,浙江省文物局、余姚市人民政府和宁波市文化广电旅游局联合在余姚召开"井头山遗址考古成果新闻发布会",发布余姚井头山遗址考古发掘成果。会上宣布,井头山遗址第一阶段考古发掘取得了突破性收获,不仅将宁波地区人文历史在河姆渡文化基础上往前推进了 1000 多年,还为早期人类适应海洋、开发海洋的生业模式研究和自然环境的演变进程研究提供了重要依据,对中国沿海地区史前文化研究具有重大学术价值。①

2020 年 6 月 19 日,《新华每日电讯》整版刊文《"河姆渡之祖"与中国海洋文化基因》,揭秘井头山遗址的历史文化价值:河姆渡是中国东南沿海史前文化的摇篮,而井头山是河姆渡的摇篮,也是南岛语族的摇篮,意义非常重大。从余姚向东,是宁波市区,再向东就是当今世界第一大港宁波舟山港。而在历史上,古称明州的宁波也是海上丝绸之路上的一处重要节点。井头山遗址的发现,也使宁波地区的人文历史向前延伸了 1000 年。

2020 年,关于余姚井头山遗址考古成果的介绍性论文有数篇:《宁波发现距今8000 年前遗址》(《文物鉴定与鉴赏》2020 年第 11 期),《从渔猎文明向农耕文明过渡　余姚井头山遗址发掘始末》(《宁波通讯》2020 年第 12 期),《从井头山遗址看

---

① 《浙江余姚井头山遗址考古发掘取得突破性收获》,《光明日报》2020 年 6 月 3 日。

宁波地理环境与海洋文化的关系》（《宁波通讯》2020 年第 18 期）。此外，余姚市政府 2021 年的 1 号文件，明确"井头山遗址"为余姚市级文物保护单位。"余姚井头山遗址"，还入选"2020 年度全国十大考古新发现"①，以及中国社会科学院考古研究所发布的"2020 年中国考古新发现"②。

四、嘉兴马家浜文化研究

2020 年 5 月 18 日，世界博物馆日，嘉兴市的"文化新地标"马家浜文化博物馆迎来试开放。马家浜文化博物馆于 2017 年 5 月开工，2019 年 7 月竣工。该博物馆全面介绍马家浜文化的分布范围、文化特征、地理环境及主要影响等，对马家浜文化进行阐释和还原。

2020 年，涉及马家浜文化研究的论文有数篇。

滕水生、刘永翔《基于马家浜文化造物理念的现代茶具设计》（《包装工程》2020 年第 18 期）一文在分析马家浜文化造物理念的基础上探究产品创新设计的一种新方法，并研究马家浜文化造物理念对于现代茶具设计的价值。以马家浜文化中主要陶器的形态特征及其内在属性作为切入点，通过研究马家浜文化造物理念，构建一种适用于现代产品创新设计的多边形造物法则，并结合具体的现代茶具设计实践，对多边形造物法则及马家浜文化造物理念进行深入解析与验证。

郑铎《马家浜文化聚落形态研究》（《东南文化》2020 年第 5 期）一文指出，马家浜文化早期居址以干栏式为主，晚期以土木混合结构的地面式建筑为主要形式，房屋具备良好的防水性能，建筑技术尤其是木构件制作颇为先进。聚落中的生活设施包括水井和户外活动场地，生产设施包括制造场、水稻田和养殖坑，反映了马家

---

① 《余姚、宁波乃至浙江沿海是中国海洋文化发源的重点区域：井头山遗址入选全国十大考古新发现》，《浙江日报》2021 年 4 月 14 日。

② 《2020 年中国考古新发现揭晓，余姚井头山新石器时代遗址入选》，中国考古网，2021 年 3 月 26 日。

浜文化合理的生业结构。部分遗址发现了专门的祭祀遗存,表明当时的社会存在浓厚的宗教氛围。马家浜文化依托水源建立聚落,因地制宜规划聚落布局,是人与自然环境相适应的生存方式,奠定了环太湖地区水乡聚落的基本形态。

五、上海青浦崧泽文化研究

2020 年,不见有研究青浦崧泽文化的论著。

六、余姚河姆渡文化研究

2020 年,研究河姆渡文化的论文有近十篇。

汤丹文《来自远古的微笑:河姆渡文化基因的流传》(《文化交流》2020 年第 3 期)一文指出,河姆渡文化是中国江南文明的曙光,是宁波历史文化的起点甚至基点。如果说有着共同祖先的人们身上必定潜藏着一个共同的生命密码,那么,河姆渡文化的各个方面,也像一段段基因,在宁波的大地上开枝散叶,甚至远播海外。

孙国平《江南文化和海洋文化的根基:河姆渡遗址考古发现与浙江大历史》(《文化交流》2020 年第 3 期)一文指出,多数研究者认为,日本弥生时期突然出现的稻作农耕技术,迅速改变了日本古代社会的发展进程,其源头无疑是来自中国东部沿海地区的一些史前部族,河姆渡文化之后的一支越族先民通过海路把稻种和耕作技术带到日本的可能性很大。

张加强《一个民族的另一个源头:从河姆渡遗址读江南文化的早春》(《文化交流》2020 年第 3 期)一文指出,河姆渡文化独立于黄河文明,凭借厚厚的积淀向今人娓娓道来。河姆渡人懂得用火和渔猎,懂得生存和创造。这浓缩过的风貌与故事,历经沧海桑田,露出苍颜。

李冬君《河姆渡人在试错中进化的代价》(《文史天地》2020 年第 3 期)一文指出,河姆渡文化遗存呈分散式,主要分布在杭州湾南岸的宁绍平原及舟山群岛,与浙江嘉兴南湖区马家浜文化对望，这两支文化在钱塘江两岸，形成了新石器时代长江下游和环太湖流域的早期文明。

罗建灿《由河姆渡遗址博物馆发展轨迹看公共文化服务平台的求新求精》（《中国民族博览》2020 年第 12 期）一文指出，河姆渡遗址作为中国长江流域最重要的新石器时代文化遗址之一，证明了长江流域和黄河流域同为中华民族远古文化的发祥地。近年来，河姆渡遗址博物馆始终坚持"保护为前提、研究为基础、教育为目的"的运作理念，充分发挥公共文化阵地作用，不断加强社会公众对博物馆事业的了解、参与和关注，进一步扩大了河姆渡文化的影响力，推进了博物馆的可持续发展。

马仁锋、朱保羽、白斌《河姆渡文化的知识生产：学者群、知识域与学术谱系》（《地域文化研究》2020 年第 5 期）一文梳理了过去 40 年河姆渡文化研究 422 篇论文的关注度、知识生产机构、知识结构等，发现河姆渡文化研究的核心研究者/机构贡献巨大，但尚未形成紧密的科研合作网络。研究领域主要集中在河姆渡遗存稻谷的种属、河姆渡先民的农业生产方式、河姆渡文化与毗邻史前文化的相互关系、河姆渡文化的手工艺品样式及全新世中期河姆渡文化区的自然环境变迁及文化响应。

七、余杭良渚文化研究

2020 年 6 月 30 日，为庆祝良渚古城遗址申遗成功一周年，浙江省社科联第五届学术年会分论坛"大国溯源：纪念良渚古城申遗成功一周年研讨会"在余杭举办。来自浙江省文物考古研究所、杭州市社科联、浙江省历史学会、浙江省收藏协会、浙江省玉文化研究会等单位、社团的专家与会。浙江省历史学会副会长周膺作题为《良渚文化与中国文明的起源》的学术讲座，运用海量的良渚古城遗址出土文物图片，从中国文明探源问题、良渚古国与良渚古城、良渚文化刻画符号与文字、玉礼制度与良渚文化的社会结构、良渚文化的生产方式与经济发展水平、良渚文化的精神文化特征等方面,对良渚文化作为中国五千年文明史最重要的实证价值进行系统介绍,并对良渚文化的发现、良渚遗址申报《世界遗产名录》等进行说明,让大家对良渚文明、良渚文化有了更加清晰而深入的理解。①

2020 年 7 月 6 日,良渚古城遗址申遗成功一周年之际,首个"杭州良渚日"暨首届杭州良渚文化周活动启动。杭州市市长刘忻、市人大常委会主任于跃敏、市政协主席潘家玮等出席活动。教育部副部长田学军,国家文物局党组书记、局长刘玉珠,联合国教科文组织文化助理总干事奥托内等发来视频祝贺。活动现场发布了杭州三大世界遗产精品旅游路线,签订了长三角杭州三大世界遗产旅游市场推广合作备忘录,良渚遗址管委会与高校合作共建签约,良渚古城遗址主题雕塑和良渚文化发现人施昕更先生铜像也首次与公众见面。②

2020 年 11 月 2 日,浙江省政协"崇学系列·书香政协"委员读书活动在良渚古城遗址举行首场崇学沙龙,共话良渚文化的当代价值。住浙全国政协委员、部分省政协委员和考古专家实地考察良渚古城南城墙遗址、莫角山宫殿区遗址、反山王陵遗址。沙龙现场,委员们就良渚考古、遗址保护、申遗工作、学术研究、文化价值以及促进遗产保护与文旅产业融合等内容展开热烈讨论。③

2020 年 11 月 4 日,由中国文化遗产研究院、浙江省文物局、杭州市政府主办的"2020 年中国世界文化遗产年会暨世界文化遗产城市市长论坛"在杭州良渚古城遗址召开。本次会议以"世界文化遗产价值传承与城市可持续发展"为主题,与会者分享关于世界文化遗产与城市可持续发展的经验,就世界遗产第三轮定期报告、世界遗产与考古、世界文化遗产保护状况、良渚遗址保护实践经验等交流研讨。会议发布了《良渚宣言——关于世界文化遗产价值传承与城市可持续发展》。参与本

---

① 信息摘录自《纪念良渚古城申遗成功一周年,专家杭州纵论中华文明》,杭州网,2020 年 7 月 4 日。

② 信息摘录自《"杭州良渚日"暨首届杭州良渚文化周系列活动圆满收官》,杭州网,2020 年 7 月 14 日。

③ 信息来源于《共话良渚文化当代价值》,《浙江日报》2020 年 11 月 3 日。

次年会的 200 多位遗产保护管理者、建筑师、考古学者等以集体宣言的形式，表达对"保护世界文化遗产，延续城市历史文脉，体现生态文明，规范遗产保护管理，促进城市可持续发展，共建共享开放交流平台"的共识。①

2020 年，学术界围绕良渚文化，出版了 9 种专（编）著、发表了 50 余篇论文，研究主题涉及良渚古城遗址及其考古发现、良渚王陵、良渚陶器、良渚玉器、良渚图形和刻画符号、良渚先民的生产生活、良渚文化与华夏文明、良渚文化的比较研究、良渚遗址考古史与良渚文化研究史、良渚文化的传播研究、良渚古城遗址的保护及良渚文化村的建设与规划、良渚文创产品的研发等。

（一）良渚古城遗址及其考古发现研究

罗晓群、黄莉《良渚遗址》（北京人民出版社 2020 年 3 月版）一书指出，良渚文化距今 5300—4500 年左右。代表遗址为良渚遗址，1936 年首次发现，为余杭良渚、瓶窑、安溪三镇之间许多遗址的总称。良渚文化分布的中心地区在钱塘江流域和太湖流域，而遗址分布最密集的地区则在钱塘江流域的东北部、东部。该文化遗址最大特色是所出土的玉器，挖掘自墓葬中的玉器包含有璧、琮、冠形器、玉镯、柱形玉器等诸多器型。作者长期在良渚遗址从事发掘工作，在本书中详细阐述了良渚文化的分布、类型、代表器物以及良渚文化在早期中国形成中的地位和作用。

骆晓红《良渚》（东南大学出版社 2020 年 8 月版）一书系当前良渚古城遗址及良渚文明研究的标准普及读本，各项学术观点以《良渚古城综合研究报告》和《良渚古城遗址申报世界遗产提名文件》为基础，同时结合良渚博物院基本陈列及"良渚与古代中国——玉器显示的五千年文明"展览为依归。全书图文并茂，体现融媒体传播途径。内容立足全局，在 5000 年前世界和中国的图景下阐述良渚文明，介绍了良渚时代的自然环境与良渚古国的兴起，良渚古城的规划、选址与营建，水国王都的独特格局，饭稻羹鱼的生活方式以及以玉器为代表的精神文明和神权信仰，并

---

① 信息来源于《2020 年中国世界文化遗产年会召开》，《人民日报》2020 年 11 月 5 日。

概述了良渚文明的衰亡与影响,突出了良渚古城遗址的价值内涵。融媒体内容可扫码观看,复原了良渚古城,多角度呈现良渚古国的方方面面。

（二）良渚王陵研究

闫付海《瑶山、反山良渚文化墓地及相关问题研究》（《河南博物院院刊》辑刊,2020 年卷）一文认为,瑶山和反山墓地是两处良渚文化最高等级的墓葬区,出土了极为丰富、极富特色的良渚文化玉器。对瑶山和反山墓地高等级良渚文化墓葬及随葬品的研究和重新认识,也是对良渚文化社会结构和文化变迁研究一个新的进步。

（三）良渚陶器研究

梁丽君《信仰的延续与嬗变:以崧泽—良渚文化太阳纹母题为线索》（《创意城市学刊》辑刊,2020 年卷）一文以崧泽—良渚文化太阳纹为线索,对其来龙去脉进行追踪分析,梳理崧泽—良渚文化信仰观念体现在图纹细节方面略为清晰的发展路径。太阳纹形式的变化从早期原始形态——圆或重圈圆,发展到固定的符号语言——圆和弧边三角的组合,这一符号的语义大略通行了千年之久,从普通民众的日用陶器,到最高统治者的礼器,并构成良渚文化神人兽面像不可或缺的单元符号。良渚文化通过对神人兽面像及其神灵的统一信仰,建构起一个具有共同秩序感的社会。

（四）良渚玉器研究

叶舒宪《良渚文化葬玉制度"钺不单行"说:四重证据法求解华夏文化基因》（《民族艺术》2020 年第 5 期）一文指出,以良渚文化的七个代表性遗址墓葬为对象,可归纳出良渚葬玉制度的"钺不单行"规则,即凡随葬玉钺多用黄色即浅色玉料,同时匹配以一件或多件深色石钺。五千年前长三角地区高等级玉殓葬制度中的这种玉石原料的颜色二分现象,对应着上古文献所记天玄地黄和龙血玄黄的二元对立,成为通过第四重证据即文物,寻找和确认华夏文明史前文化基因的生动案例。

曹峻《瑶山 7 号墓出土玉牌饰造型研究:兼谈龙首纹上的菱形纹及相关问题》(《东南文化》2020 年第 1 期)一文指出,良渚文化玉器与陶器纹样上诸多与蛇有关的形象,表明蛇崇拜是良渚信仰体系中的组成部分。这部分信仰内涵不仅在本地区承续发展,至东周时成为土著越族的重要文化特征,同时也对外向北传播,在中原文化遗存中留下不少印记。

邓淑苹《流散欧美的良渚古玉》(《中原文物》2020 年第 2 期)一文指出,20 世纪初,中国古物大量流散欧美,价格高、易携带的古玉尤为大宗,其中也有不少圆周有刻符的良渚玉璧。

宋亦箫《论玉(石)琮为昆仑之象征》(《荆楚学刊》2020 年第 2 期)一文指出,良渚文化玉琮外方内圆、有四角、上大下小、下端有人为凹缺等特性,完全同于《山海经》等文献中对昆仑山(丘、墟)的描述,因此玉琮是昆仑的象征。二者的类同实际上又都是以神龟的"亞"形造型来构型的结果。玉琮起源于环镯与昆仑意象的结合,它的功能是帮助墓主人灵魂升天。

（五）良渚图形和刻画符号研究

黄风义《良渚文化遗址部分古字符及图形的科学思想》(《上海科技报》2020 年 10 月 16 日)一文认为,良渚文化遗址出土的石器、陶器,其中一件陶器上大约有 10 个刻画符号。通过和后世甲骨文、金文对比,临摹的多个蜗牛状符号被认为是比商朝甲骨文更古老的文字;而这些蜗牛状符号可能与近代科学中旋轮线、圆周率、最速降线有关。

（六）良渚先民的生产生活研究

袁靖、潘艳、董宁宁、司徒克《良渚文化的生业经济与社会兴衰》(《考古》2020 年第 2 期)一文指出,良渚文化尽管年代开始较早,率先跨入早期国家的门槛,但是到距今 4300 年前后突然消亡,持续了 1000 年左右的发展历程中断。其消亡的原因,众说纷纭,大致可以分为三类:一是包括洪水等自然灾害与玉料等资源枯竭在内的自然环境原因,二是过于注重神权等人为原因,三是环境原因和人为原因。

(七)良渚文化与华夏文明关联研究

何努《良渚文化原始民主制度崩溃原因蠡测》(《中原文化研究》2020 年第 3 期)一文指出,良渚文化是建立在商品经济基础上的文化类型,其政治制度带有原始民主特征。这种原始民主制度先天不足,精神上过度依赖神权,制度上走向"极端民主化",加之高度发达的文明成就依赖自然资源的消耗,走上一条非可持续发展的道路。三种缺陷的叠加,尤其是"极端民主化",削弱了良渚文化政权的执行能力和行政效率,最终被生态危机带来的灾害压垮。

(八)良渚文化的比较研究

富鹏程《区域视角下良渚文化因素的排他性与独立性》(《文物春秋》2020 年第 4 期)一文指出,良渚文化在发展历程中表现出明显的去除其他文化因素以及塑造自身独特文化面貌的特性,即排他性和独立性。通过比较良渚地区、嘉兴地区、苏沪地区、宁绍地区不同良渚文化遗址中蕴含的器物、埋葬制度、精神信仰等方面的变化及差异,能够发现其内在的文化因素排他性与独立性。研究排他性与独立性各自在良渚文化发展过程中对于文化塑造、认同以及分异所起到的推动作用,可以从文化因素层面形成对良渚文化发展繁荣原因的认识。

黄一哲《石峡文化的琮、璧、钺》(《中国国家博物馆馆刊》2020 年第 9 期)一文通过分析石峡文化玉器的形制、纹饰和出土背景,认为石峡文化中以琮、璧、钺为代表的玉器,是良渚文化工匠南下,制玉技术南传的反映,而非实物、精神层面的交流。石峡文化早期Ⅰ段的墓葬中已有玉钺随葬,但其形制多为本地特色,不能确定是否受到良渚文化的直接影响。石峡文化早期Ⅱ段时,出现了以玉琮为代表的良渚风格玉器,在器形与纹饰上皆可与良渚文化的同类器直接相比,但在制作工艺和纹饰结构上都略显粗糙。石峡文化中晚期时，良渚文化风格玉器已被本土化，形成了矽卡岩琮、重圈眼无眼线神人纹等制器特色。

（九）良渚遗址考古史与良渚文化研究史研究

良渚博物院编《苏秉琦、张光直、俞伟超论良渚》（科学出版社 2020 年 6 月版）一书，收录了著名考古学家苏秉琦、张光直和俞伟超先生关于良渚文化及相关问题的研究论文和重要讲话 13 篇。三位考古学家分别从区域考古、玉琮与宗教祭祀方面，以及文化衰变原因探讨的角度，对良渚文化及环太湖地区考古工作进行了分析探讨。书中还附有三位先生珍贵的学术活动照片。总之，该文集是关于良渚文化及相关研究的大家之作。

良渚博物院编《严文明论良渚》（科学出版社 2020 年 7 月版）一书，收录了著名考古学家严文明先生关于良渚文化研究的学术论文和重要讲话 13 篇，内容涉及长江流域新石器时代的文化性质、良渚文化的历史地位及在中国文明起源中的意义、大遗址保护等重要课题，并附有严文明先生的题词及学术活动照片，是严先生关于良渚文化及相关研究的集大成之作。

马黎《看见 5000 年：良渚王国记事》（浙江古籍出版社 2020 年 7 月版）一书，系记录良渚文明及其考古、申遗历程的大众读物，集中展示了良渚文明的各个方面：复杂的王国古城、当时世界上最大的水利系统、超精微雕刻具有统一精神信仰内涵的良渚玉器、良渚人的生活和生产；良渚考古 80 余年的历程：良渚的初始发现、良渚王墓的发现过程、良渚古城的发现、良渚水利系统的发现；良渚申遗的历程：良渚申遗文本的产生、良渚申遗评审。

（十）良渚文化的传播研究

2020 年 6 月 19 日，杭州市十三届人大常委会第二十八次会议听取并审议了市人大常委会主任会议关于提请审议设立"杭州良渚日""杭州西湖日"的议案，经表决，自 2020 年起，将良渚古城遗址正式列入《世界遗产名录》的 7 月 6 日设立为"杭州良渚日"。设立"杭州良渚日",是传承历史文脉、打响"历史文化名城"品牌的需要。把蕴藏在良渚古城遗址中的文化基因、文明记忆、民族精神阐释好、传承好,是创新遗产"活态"利用的有效路径,有助于彰显杭州历史文化名城的独特韵味,更好展现历史与现实交汇的别样精彩。

邱凌峰《良渚文化影响力提升传播方案:"环良渚遗址"区域现场教学基地主题提炼与传播》(浙江大学硕士学位论文,2020 年 5 月)一文基于对"环良渚遗址"区域各方面资源和传播现状的全面分析,结合良渚区域现阶段对于提升客流量、深化良渚文化在全国范围内影响力的需求,选定前往杭州参加高校干部教育培训课程的学员为主要传播目标,与杭州高校继续教育中心建立合作,将"环良渚遗址"区域打造成干部教育培训的现场教学基地。

(十一)良渚古城遗址的保护及良渚文化村的建设与规划研究

周苏《良渚古城遗址保护管理实践概述》(《自然与文化遗产研究》2020 年第 3 期)一文通过对良渚古城遗址数十年来保护管理实践历程的回顾,结合良渚古城遗址的实际和大遗址保护的特殊性,从管理机构建立、法律规划管控、综保工程实施、保护体系健全、展示手段运用、争取各界支持以及宣传教育推广等方面进行综述,以期为良渚古城遗址在"后申遗"时代持久有效的保护管理与科学合理的开发利用提供依据和借鉴。

周苏《大遗址保护利用及其公园体制建设研究:以良渚遗址为例》(《中国文物科学研究》2020 年第 4 期)一文指出,良渚国家考古遗址公园是在考古研究和遗址保护的基础上,融合了社教、科研、游览、休憩等多种功能的遗址公园。该文以良渚遗址为例,对我国大遗址公园的建设管理工作进行梳理,并对发展路径进行探索,以期为我国大遗址保护利用及其公园体制建设提供借鉴参考。

(十二)良渚文创产品的研发研究

庄淑怡《良渚博物院文创产业的新媒体应用可能性初探》(《智库时代》2020 年

第 10 期）一文指出，随着"互联网＋"时代的到来，网络新媒体蓬勃发展，新博物馆学也迎来了重要的发展契机。良渚古城遗址的成功申遗为良渚博物院及其文创带来了新的热度，但其文创发展仍存在着设计特点不足、营销模式陈旧等问题。该文以故宫文创为样本，分析良渚博物院文创目前存在的问题，探究"互联网＋博物馆"的文创发展模式，并为其设计与营销提供可参考与借鉴的设计思路。

陈钫滢《新媒体语境下良渚博物馆文创产业的发展路径研究：以故宫文创为样本》（《文化创新比较研究》2020 年第 29 期）一文指出，近年来，随着我国新媒体产业的发展，文化创意产业与新媒体产业的结合愈发密切，优秀的文化资源向文化资本转变。随着良渚申遗的推进和成功，良渚文化的影响日益扩大，而其文创产业尚未发挥良渚文化的潜力。故宫博物院文创产业利用新媒体获得成功的发展路径，可为良渚博物馆文创产业的开发提供思路。

八、湖州钱山漾文化研究

2020 年，涉及钱山漾文化的论文有两篇。

王榕煊《吴兴钱山漾遗址资源域分析》（《丝绸之路》2020 年第 1 期）一文在整合植物考古、动物考古和岩性考古等多方面信息的基础上，对钱山漾遗址史前居民周边区域的资源利用程度和范围进行了梳理。

郭梦雨《论钱山漾文化的内涵、分期与年代》（《考古》2020 年第 9 期）一文指出，钱山漾文化弧背鱼鳍形足垂腹鼎、细长颈鬶等陶器的发现可早至 20 世纪 50 年代，以往的研究多认为它们是良渚文化遗存。2000 年之后，在广富林遗址及钱山漾遗址第三、四次发掘成果的基础上，"钱山漾文化"被正式命名，并确定其年代介于良渚文化与广富林文化之间，主要分布于包括苏南、上海、浙北在内的杭州湾两岸。在近年的田野考古工作中，以侧扁足陶鼎为代表、年代晚于良渚文化晚期的一类遗存引起了学者们的注意。

通读 2020 年学界关于浙江史前文化——主要是上山文化、跨湖桥文化、马家浜文化、河姆渡文化、良渚文化、钱山漾文化——的最新研究成果。可以发现：(1)2020 年是浦江上山文化遗址发现 20 周年，上山文化成为政府、考古学界关注的一个热点，"万年上山、世界稻源"的文化标识得以确认；(2)余姚井头山遗址考古发掘是 2020 年浙江考古界的一大盛事，不仅将宁波地区人文历史在河姆渡文化基础上往前推进了 1000 多年，还为早期人类适应海洋、开发海洋的生业模式研究和自然环境的演变进程研究提供了重要依据；(3)2020 年 7 月 6 日，系良渚古城遗址申遗成功一周年，首个"杭州良渚日"暨首届杭州良渚文化周活动启动。总之，以良渚文化为主体的浙江史前文明越来越得到学术界的重视和认可。但是，浙江新石器时代的其他文化，尤其是跨湖桥文化、马家浜文化、崧泽文化、钱山漾文化的后期考古发掘及相关研究则亟需跟进，进而助力中国五千年文明史的实证。

第二节　虞舜、大禹文化研究

"大浙学"源头之一的"古越文化"，即春秋战国时期越国的历史文化。实则，"古越文化"还可以追溯至上古三代时期的"圣王"——虞舜、夏禹在浙东会稽一带的历史活动及由此产生的虞舜文化[①]、大禹文化[②]。

一、虞舜文化研究

2020 年，学界同仁围绕虞舜的生平事迹、虞舜文化的内涵及其现代价值进行了探讨，在各类杂志上发文若干篇，有力地推动了虞舜文化的深入研究。

---

　　①　关于虞舜与浙江上虞关系的考证、上虞成立虞舜文化研究会并开展相关学术活动事宜，请参阅拙编《浙学研究综合报告》，浙江人民出版社 2020 年版，第 19—20 页。
　　②　关于大禹与绍兴关系的考证、绍兴大禹祭典的由来与"绍兴公祭大禹陵典礼"相关活动的开展等，请参阅拙编《浙学研究综合报告》，浙江人民出版社 2020 年版，第 21—25 页。

张弘《虞舜南巡与归葬九疑探析》[《济南大学学报（社会科学版）》2020年第1期]一文认为,目前学界关于虞舜南巡主要有四种观点:安度晚年说、南征三苗说、受禹排挤被迫流亡说、建观象台科学考察说。梳理相关历史文献记载进行论证,可知后两种说法具有相当的真实性与合理性。虞舜南巡既是上古时期的一次天文科学考察,也符合大禹集团的政治利益,同时又具有安抚三苗、施行德政、利于民族融合的积极作用。在发掘出极具说服力的新证据之前,舜葬九疑以及葬南己之市说、鸣条说,不应被轻率否定;虞舜所葬之地为九疑山,理应被认同与接受。

邵文文、黄程程、沈艳琦《新时期如何构筑人民的精神家园:基于上虞祭舜活动的分析》（《长江丛刊》2020年第30期）一文指出,会稽山区是虞舜故地,其历史记载、相关传说众多,在当地有极深厚的影响力,祭舜活动也是会稽山区团结认同的重要纽带。

燕筠《舜歌南风与虞舜的形象塑造》（《人民政协报》2020年11月16日）一文认为,"舜歌南风"是虞舜故事中富有浪漫色彩的一笔,它处于经学阐释与文学演绎的双重观照之中,一方面是对圣王身份的认同;另一方面,文学想象的力量使虞舜的身姿、仪态与心灵真实可感,其人格与神格达到交融互渗。"舜歌南风"中帝舜形象在民间的接受与影响,直接表现为"歌薰""南薰"等符号化象征出现于各地门楼牌坊。

二、大禹文化研究

2020年4月19日（谷雨）上午,"2020年网上公祭大禹陵典礼"在绍兴大禹陵祭祀广场举行。结合疫情防控情况,活动以"典礼规格不降、影响力不降"为基本遵循,突出网上公祭,利用各种渠道,采用多种方法,广泛告知海内外大禹后裔宗亲、华侨华人,通过视频传输,祭拜大禹,寄托追思,缅怀先祖,追念禹王的圣功伟业,通过"绍兴发布"公众号、"会稽山景区"公众号等进行祭祀,同时兼顾公祭大禹陵典礼作为国家级非物质文化遗产的传承性和庄严性,现场继续保留传统祭祀的九项仪程。祭祀现场,海内外同胞纷纷发来祭祀视频,表达美好祝愿。祭文恭读完毕,全体参祭人员向大禹像行三鞠躬礼。典礼结束后,主祭人、主参祭人拜谒大禹陵。[①]

2020 年 7 月 26 日(农历六月初六),是大禹诞辰纪念日,"第二届海峡两岸大禹文化交流活动暨 2020 年大禹诞辰祭祀典礼"在四川省绵阳市北川县举行。

2020 年,学界同仁围绕绍兴会稽山大禹陵、陆游与大禹研究、大禹故里考辨、大禹事迹考辨、大禹治水、《尚书·大禹谟》、《荀子》《墨子》中的大禹形象、大禹文化与大禹精神、大禹神话传说等议题进行了探讨,在各类杂志上发文 50 多篇,有力地推动了大禹文化在浙江、四川、甘肃、河南、山东、安徽等省域的挖掘、研究与弘扬。

1.绍兴会稽山大禹陵研究

黄景春、龚雅淳《绍兴大禹陵神话产业开发现状及反思》[《长江大学学报(社会科学版)》2020 年第 2 期]一文指出,绍兴会稽山是大禹神话建构和传承的依托之地,大禹遗迹众多,祭祀大禹的历史悠久。当代恢复祭禹仪式后,每年除谷雨日公祭,还有正月初一、六月六的族祭,一些社会团体在旅游过程中也祭祀大禹。不断举行的祭禹仪式成为大禹陵旅游的亮点,也是景区文化产业开发的重要方面,但由于忽视大禹神话,景区缺乏民俗生活气息,文化魅力并未充分体现。绍兴大禹陵景区未能突出神话特色,开发模式单一,未能摆脱国内旅游开发的常见套路。剖析并解决这些问题,有助于促进当地乃至全国神话旅游产业健康发展。

周通《绍兴名人资源的产业化传承方式研究:以绍兴大禹文化为例》[《大观(论坛)》2020 年第 7 期]一文指出,一个地区的名人资源是该地区历史文化资源的重要体现,绍兴市的大禹文化在浙江省乃至全国的影响力是相当大的,研究绍兴市大禹文化对于绍兴名人资源的产业化传承和发展具有一定的意义。目前,绍兴名人资源产业化不足的问题明显,主要表现在名人资源吸引力不足、与城市化建设存在矛盾、文化传播不到位等等。对此,可通过加强基础设施建设、创建文化特色产业、强化使用互联网资源等方式解决。

---

① 信息摘录自《2020 年网上公祭大禹陵典礼举行》,浙江新闻客户端,2020 年 4 月 19 日。

2. 陆游与大禹研究

赵宏艳《传说、景观与地方记忆：论陆游诗文中的大禹书写》（《中华文化论坛》2020 年第 6 期）一文指出，诗人是文化的传承者和传播者。陆游数量颇丰的"咏禹"诗文在大禹文化传播史上具有重要的价值和意义。陆游以史学家的理性精神重新论定大禹治水方法、盛赞大禹功绩、高扬大禹治水精神，记载了宋代禹文化氛围最浓厚的两个地区——以绍兴府为核心的越地和以三峡为核心的川渝地区的大禹文化景观。物质文化景观以祠庙、历史遗迹为主，非物质文化景观以大禹信仰民俗的展示为主。诗人全方位的书写，为我们展现了越地和三峡一带具有鲜明地域文化特色的大禹文化。

3. 大禹生平、故里、事迹考辨研究

段渝《百年大禹研究的主要观点和论争》（《社会科学研究》2020 年第 1 期）一文指出，在中国古史传说中，大禹是一位举足轻重的人物，一位在中国文明史上具有关键性作用和里程碑意义的人物。中国古史的问题、夏代和夏文化的问题、中国国家与文明的形成等问题，莫不同禹息息相关。而百年来禹兴西羌、大禹治水、禹娶涂山、禹都阳城、禹画九州、禹铸九鼎、禹征三苗等早已成为人们所耳熟能详的"禹迹"，以至于历史上是否真实存在过大禹其人等问题，学术界一直存在重要分歧和论争。

严皓《安徽禹迹与大禹文化》（《文物鉴定与鉴赏》2020 年第 20 期）一文指出，大禹在淮河流域治水中留下了大量的文化遗存，其丰功伟绩为后世所推崇。大禹在淮河流域劈山导淮，其中禹娶女娇的故事在安徽更是家喻户晓，并留下了大量的文化遗产，如涂山、启母石、禹会村、禹墟、金王庙遗址等，这些文化遗产对大禹文化的传承和中国文化的发展起重要作用。

卢焱《论传说的历史真实性：以登封大禹神话传说为例》（《东方艺术》2020 年第 6 期）一文指出，登封大禹神话传说是产生于远古洪荒时代的民间文学，由神话、传说两大部分组成，流布于嵩山脚下的登封及周边地区。登封大禹神话主要包括鲧复生禹、下雨王下凡、崇伯点化、河伯授图、火烧蛟河、启母石、五指岭和石门沟

等;大禹传说主要包括文命聆教、舜王访贤、大禹娶妻、闹洞房、三过家门而不入、禹王锁蛟、禹都阳城、三官庙、禹洞、启母冢和牛头山等。

4.大禹治水研究

郑民德《大禹治水:历史变化中的国家信仰与社会崇拜》[《聊城大学学报(社会科学版)》2020年第1期]一文指出,大禹是中国历史上著名的治水英雄,也是夏王朝的开创者与奠基者。在先秦时代,大禹通过大无畏的精神与坚定的毅力,对当时的水患进行了全面的治理,保障了民众的生活与社会的安定。作为华夏民族的英雄人物,大禹不但得到了历代王朝的祭祀与尊崇,而且在民间也有大量的庙宇,有广泛的信仰人群与信仰土壤。大禹在中国已不仅仅作为治水人物而存在,他更像是华夏民族坚忍卓绝、勤恳不息、尊重自然、艰苦奋斗精神的传承,体现了国家优秀传统文化的发扬与延续。

孙慧琴《大禹治水及其考古学观察:兼论夏的王朝叙事》(《文物春秋》2020年第2期)一文指出,大禹治水是我国古代国家肇始阶段最重要的政治和历史传说,其故事发生在龙山时代晚期气候变化、自然灾害频发的环境背景之下,最初表现为一种以禹为对象的山川崇拜。周朝史官在天命观的指导下,将禹与夏联结起来,禹由山川之神一跃成为夏朝的人文始祖,由此形成了治水—贤德—王权的夏王朝建立史话。

郭立新、郭静云《古史复原应遵从的史料学原则:以大禹治水在豫西晋南说为例》(《齐鲁学刊》2020年第3期)一文指出,当代考古学对大禹在豫西晋南治水、禹夏地望在黄河中游之说的论证逻辑,是依据二手文献画出来的"图"去索一手考古遗存呈现的"骥"。因依文献所绘之"图"失真,求索方法以及考古认识之"骥"皆有偏差,结果不能成立。此举是用二手史料去牵引和诠释一手证据,颠倒了主证和辅证的关系,违背了史料学的基本原则。上古史的基本历史框架只能从考古和自然等一手史料中重建。二手的文献只有在经过形成过程分析并厘清文献形成背后的立场后,才具有史料价值。对一手史料的分析亦足以证明,所谓大禹在豫西晋南治水的说法是不可信的。

　　杨儒宾《大禹与九州原理》[《杭州师范大学学报（社会科学版）》2020年第4期]一文指出，大禹是儒家传统中的圣王，"古史辨"时期中争议的人物，在儒家传统中具有新的诠释内涵。大禹是虚实相参的人物，他的形象与治水神话紧密相关。大禹治水神话是环太平洋地区捞泥造陆神话的一种类型，但经由前代儒者创造性的转化，具有了普世性的意义。他成了大地原理的象征，他的治水敷土则成了体国经野的九州原理，大禹本人后来更成为儒家圣王的典范。

　　张颖玲《大禹治水与夏王朝的出现》（《牡丹江大学学报》2020年第5期）一文指出，洪水神话在世界文化里普遍存在，早期文明在治水过程中出现，人类文明的曙光在治水活动中闪耀。中西方早期国家产生之初，两者存在一定差异，西方神话中人们面对洪水，消极避难，表现出上帝是国家建立的主导者；而在中国，禹带领民众积极治水，通过治理洪水建立政权，从而推动早期国家的出现。

　　王昆《大禹系中国运河文化人文始祖的溯源探索：兼析大禹"国家漕运"古运河文化特征》（《北京水务》2020年第6期）一文通过分析《夏本纪》《九州贡赋图》中夏王朝时代的贡赋制度、人工河道连通及"漕运"路线史料，认为大禹治水在开凿大量人工河道防洪救灾同时，利用这些人工河道水系，开展"漕运"，以此实施"五服"贡赋制度活动，保障"九州漕粮"运达京都，开启了"九川漕运"，实现了中央政权物资控制和政治经济统治，其"漕运"活动形式内容特征，与隋朝以后的"漕运"河道功能特征并无差别。由此认为大禹治水开凿了人工河流，也同时开创了运河文明。

　　5.《尚书》之《大禹谟》《皋陶谟》研究

　　唐旭东《〈尚书·大禹谟〉成文文体研究》（《周口师范学院学报》2020年第3期）一文指出，《尚书·大禹谟》包含谟、命、答对、誓、赞等5种文体，12篇成文。其中，谟体文1篇（《大禹谟》）。命体文4篇，包括3种行为方式形成的3种文体：禅位之命（《禹命（三）》《禹命（四）》）、嘉奖赏赐之命（《皋陶之命（下）》）、征伐之命（《禹命（五）》）。答对文5篇，包括皋陶《答〈皋陶之命（下）〉》和帝舜对皋陶答辞之答辞，大禹对帝舜两次命辞之答辞，以及帝舜对大禹答辞之答辞。誓体文1篇（《禹誓》）。赞体文1篇（《益赞》）。就记言叙事而言，亦可将《大禹谟》视为5个记言叙事片段。

这样《大禹谟》就不再只是一篇文献资料,而是 12 篇应用文和 5 段带有叙事描写性质的文献资料,研究先秦散文的文献资源得到极大开拓。

6.《荀子》《墨子》中的大禹形象研究

吕芳《试论墨子的大禹精神》(《河南牧业经济学院学报》2020 年第 3 期)一文指出,墨子所表现出的大禹精神包括三个方面:兼爱、尚俭的民本思想是对大禹爱民、节俭精神的发扬,身体力行的救世情怀是对大禹自苦精神的实践,创造思维与大禹科学理性精神相契合。墨子对大禹精神的推崇不仅与"托圣以扬己说"的时代背景有关,也是墨子根据自己的身份意识作出的必然选择。

陈雪琦《〈荀子〉中的大禹形象探索》(《玉林师范学院学报》2020 年第 4 期)一文以大禹为切入点,对《荀子》中涉及大禹的篇目进行梳理分析,归纳出大禹形象及其特点,并进一步分析其深层次的原因,以深化对《荀子》中大禹形象的认识。这对于全面把握大禹形象、整体理解《荀子》思想、展现古代神话与历史的互动具有积极意义。

7.大禹文化与大禹精神研究

孙得东《大禹文化符号在城市景观中的传承与应用:以蚌埠市为例》(《广西民族师范学院学报》2020 年第 1 期)一文指出,大禹文化作为中华优秀传统文化的代表,在新时代的今天具有强大的历史文化、精神教育及景观应用价值。

许哲煜《大禹题材当代戏剧创作研究》(《四川戏剧》2020 年第 3 期)一文指出,大禹是中华民族的精神之魄,同时也是人们口口相传的治水英雄。开九州,通九道,三过家门而不入,大禹身体力行、艰苦奋斗、克勤于邦与公而忘私的精神被后人传颂。今天,时代和观念的进步迎来了戏剧创作上的繁盛与变革,有关大禹及其精神的戏剧作品百花齐放,蔚然成风,产生了一批形态各异、特色分明的戏剧作品。这些作品重写意而轻写实,在交融与探索中从本土走向了世界,体现当代戏剧创作中艺术观念之嬗变,以及在新时代审美下对大禹及其精神的重新诠释。

魏国彬、王政《用大禹文化铸牢中华民族共同体意识》(《新余学院学报》2020 年第 2 期)一文指出,用大禹文化铸牢中华民族共同体意识,这是中华民族共同体意识历史形成规律的必然要求。用大禹文化铸牢中华民族共同体意识需要我们在继承大禹神话传说的历史传统上创新英雄叙事方式，在继续弘扬禹王宫庙会传统的基础上创新重建大禹始祖祭祀仪式，在重视原有历史文献传播的基础上创新发展大禹文化影像传播。

林洪兴、孙强《"人神"共显：论大禹审美品格的形塑与当代传承》（《新时代职业教育》2020年第2期）一文指出，大禹的传统品格，是在大禹本人的历史经历基础上，通过后代传播所表现出来的中华精神与人格魅力，从空间叙事与象征资本的视野观照大禹神性品格的建构，可以发现，在大禹传说的发展过程中，大禹的审美品格随着后世的传承发生了巨大的变化，西周人本主义思想、战国儒墨诸家、不同文化地域的民众均在传播大禹事迹中对其品格塑造施加影响。

王云红《民国时期的工程师节与大禹形象塑造》（《天中学刊》2020年第3期）一文指出，在民国时期抗战救国的形势下，中国工程师学会提议设立工程师节，并以大禹诞辰作为纪念日。社会各界通过参与工程师节纪念，发文立说，共同塑造了大禹的多重形象。工程师节借助传统的大禹文化资源，表达了国人尤其是工程界对时代形势的回应，也表达了政界、学界对工程界的一种期许。民国时期大禹形象的塑造既有层累形成的历史印象，也有新形势下的创新。大禹文化与当时形势的密切结合，对当时的抗战救国起到了一定的积极作用。

8.大禹神话传说研究

唐启翠《创世神话与神话历史：以大禹治水—禹赐玄圭为中心》（《百色学院学报》2020年第1期）一文指出，20世纪是神话复兴的时代，也是学者以古往今来的世界眼光，深入追问和重新探索神话意义的时代。在中国历代典籍中，"禹赐玄圭"神话作为大禹治水功成和夏禹开国历史最核心的物化符号，在民间和精英的历史叙事中，同样隐藏着一条"模仿典范"的线索，即宣告治水成功的"玄圭"逐渐转变成始于天地开辟以来三皇五帝曾经的"天命"符瑞，强调天命所归和王权更替的正当性与典范性，同时还充满了对德能具备的圣王治世——黄金时代的认同与期待，以及中国治水型创世神话特有的"不认命"抗争精神。

　　周凯琳、曾睿《浅析中西神话故事中英雄人物神性化与人性化的差异：以大禹与宙斯为例》(《散文百家》2020 年第 3 期)一文通过对中西神话故事中人性化和神性化差异的对比分析，得出大禹和宙斯这两位神话人物所折射出来的不同文化主题，引发我们对中西方个人主义和集体主义精神内涵的探究。

　　袁小云《〈诗经〉中大禹神话解读》(《湖北文理学院学报》2020 年第 3 期)一文指出，大禹是人类文明的始祖之一，《诗经》中保存了与禹有关的神话传说。在《诗经》的记载中，大禹的形象经历了逐渐从神到人的演变过程。诗篇中洋溢着浓厚的大禹崇拜意识，显示出周人对大禹神话传说的熟悉以及周文化对于禹文化的认同。

　　通读本节"大禹文化"与上节"虞舜文化"研究的最新论著，可以发现学界同仁对大禹治水史事及相关神话传说的意义研究有深度的挖掘与宣传，尤其是浙江绍兴地区对"虞舜文化"宣传、研究的重视，已经提升到"文化绍兴"建设的高度。但是，我们也应该意识到，虞舜、大禹毕竟是上古时代的史前人物，其中免不了神话传说的成分；再有就是关于虞舜、大禹的出生地、史迹地、活动地等仍存有争议，而搁置争议、共同宣传、相互学习的做法，也许值得尝试。

第三节　越国历史文化研究

　　2020 年，学界同仁围绕越文化(包括吴越文化)、越国与吴越争霸史、越国历史人物(勾践、范蠡、计然、文种、西施等)等专题开展研究①，成果丰硕。

---

　　①　关于越国的历史、越国与吴越争霸史、越文化(包括吴越文化)简况，越国历史人物(勾践、范蠡、计然、文种、西施等)的基本情况，请参阅拙编《浙学研究综合报告》，浙江人民出版社2020 年版，第 31—40 页。

一、越文化、吴越文化的综合研究

2020 年越文化、吴越文化的综合研究主要涉及吴越文化的缘起、越文化与文学创作之间的关联性、越文化的比较研究及吴越文化的当代应用研究等多个主题。

（一）吴越文化的缘起研究

李富强、卫彦雄、吕洁《百川归海：百越文化融汇于中华文化的历史图景》（《贵州民族研究》2020 年第 11 期）一文指出，越人是中国上古时期至汉代活动于中国南方的一个土著族群。东汉之后，逐渐少见于史籍记载。总的来说，百越族群或逐渐消融于华夏—汉族之中，或在与华夏—汉族的互动中逐渐演变为壮侗语民族。不论是前者，还是后者，其后裔都成为中华民族大家庭的一员，百越文化也因此融汇于中华文化的汪洋大海之中。"百川异源，而皆归于海。"这是百越民族文化的一个历史图景，也是多元一体的中华民族形成与发展史的一个片断和侧影。百越文化融汇于中华文化的历史研究，有助于深化对中华民族及其文化的了解和理解。

侯蓓《初探宣博馆藏陶瓷器中的吴越文化因素》（《东方收藏》2020 年第 9 期）一文指出，吴越文化是古越人植根于原始农耕文明基础之上，吸收中原商周文化元素，在长江下游一带逐渐发展起来的地域文化。其中心区在太湖、钱塘江流域。

孙艺丰《江陵东周楚墓出土青铜兵器中的吴越文化因素分析》（《文物鉴定与鉴赏》2020 年第 7 期）一文指出，江陵，据史料记载为楚国郢都所在地，今在湖北一带。自新中国成立以来，考古学家在江陵地区发掘了大量的楚墓，墓内随葬器物有青铜礼器、兵器、陶器等。考古学家发现江陵地区东周楚墓出土的青铜兵器，许多都具有明显的吴越文化特征，这些兵器经由婚姻、战争等形式将吴越文化带入江陵地区，极大促进了吴越文化的发展。

（二）越文化与文学创作之间的关联性研究

王黎君《越文化视阈下的语丝散文研究》[《绍兴文理学院学报（人文社会科学）》2020年第2期]一文指出，语丝散文是中国现代散文发展脉络中的重要一环。作家集合在《语丝》杂志旗下，以"任意而谈，无所顾忌"为文体和风格追求，将五四散文从《新青年》随感录时期的议论体引向丰富和多元。而作家群体中越地作家的群集，也使语丝散文与越地文化、越地传统散文产生了勾连，自由、幽默和讽刺，是贯穿越地古今散文的精神和风格特质。语丝作家以此为基底，其个性化的写作形成了一种被称为"语丝体"的散文文体，完成了对传统散文的继承和超越，以及现代散文的自觉。

王嘉良《论小说形态更新与中国文学的现代转型：以越文化视阈内的小说变革为例》（《天津社会科学》2020年第6期）一文指出，越文化的深厚积淀，崛起了由鲁迅领衔的新文学作家群，引领中国现代小说变革潮流，为文学转型提供了范例。透过越地作家随着现代小说意义的被发现、被充分演绎而逐层推进的小说内涵更新，及其汲取外来文艺思潮造就小说形态创新，当能从小说形态转型视角确切阐释文学转型的必然性、可能性及其有效路径。

（三）越文化的比较研究

林胜华、林玥杏《越文化史乘中的浙江姑蔑文化探析》（《文化创新比较研究》2020年第31期）一文指出，姑蔑文化是地域文化同一性与内聚性的外显，其丰富多样的事项是特定地域人们的集体记忆，也是研究该地域历史和精神播迁的文化活化石。该文通过姑蔑与越国平行的地域单位、越国与姑蔑国联盟共同抗吴、楚灭越后浙江姑蔑墟太末里三个方面的阐述，寻踪传承浙江文化及其现代价值的阐扬，了解曾经灿烂辉煌、深厚广博的姑蔑文化，为浙江的顶层文化设计提供智力支持和文化支撑。

何慧燕《从鸟崇拜现象看越文化与古代日本文化的渊源关系》（《产业与科技论

坛》2020 年第 5 期）一文指出，受稻作文化东传日本的影响，古代日本文化与越文化有着千丝万缕的关联。古代越族和古代日本都盛行鸟崇拜。该文从文献记载、出土文物、古代传说等几方面入手，分析越文化及古代日本文化中的鸟崇拜现象，发现两者间的共通之处。

（四）越文化、吴越文化的当代应用研究

陈雨康、乔玉洋《吴越文化与江苏新时代发展》（《戏剧之家》2020 年第 20 期）一文提出了地域性传统文化的特质在江苏地区产业发展过程中的运用途径，为推动江苏省各个产业的转型升级提供了依据和参考。

李政、谢小林《浅析吴越文化元素在景观小品设计中的应用》（《居舍》2020 年第 9 期）一文以吴越文化为例，阐述景观小品设计所面临的现状，探讨景观设计该如何提炼地域文化，从色彩、材质、形态角度运用吴越文化元素，增强景观小品的内涵。

二、清华简《越公其事》中所涉越国与吴越争霸史研究

吴越争霸是春秋中晚期的重大历史事件，有关吴越相争的记载多散见于《国语》《左传》《史记》《吴越春秋》等典籍之中。2017 年 4 月，清华简研究团队发布了《清华大学藏战国竹简》第七辑的整理报告，其中《越公其事》一篇详细记述了句践从兵败栖于会稽，到励精图治，最终灭吴的过程，文义基本完整，书写整饬，为越国与吴越争霸史研究提供了宝贵的第一手资料。

刘萌《清华简〈越公其事〉叙事研究》（长春理工大学硕士学位论文，2020 年 5 月）一文立足于中西方的叙事理论成果，将传世文献与出土文献相比较，探讨《越公其事》的叙事特征及其叙事思想，发掘其叙事成就及影响。通过对《越公其事》的叙事研究，一方面将其与传世文献相联系，有助于理清先秦叙事文学的发展脉络；另一方面从表层的内容和语言出发，深入文本的思想主旨和写作意图，有助于进一步

挖掘简文所蕴含的社会历史内容。

彭华、李菲《清华简〈越公其事〉研究述评》(《地方文化研究》2020 年第 5 期)一文指出,《清华大学藏战国竹简(柒)·越公其事》自公布以来,相关领域的专家学者对其进行了探讨和研究。综合来看,学术界对《越公其事》的研究主要集中在文字考释、书写风格考察、史实考证、文献对读、文本叙事与流传探索等方面,也有部分学者从思想史和制度史的角度对《越公其事》作过一些探讨。

吴萱萱《〈越公其事〉中句践灭吴故事考论》(杭州师范大学硕士学位论文,2020 年 5 月)一文旨在结合《越公其事》与传世文献,重新解读这一故事,更深入地探究句践其人其事。

黄爱梅《〈越公其事〉的叙事立场及越国史事》(《社会科学战线》2020 年第 8 期)一文指出,《越公其事》是一篇重要的涉及越国史事的战国文献,明显带有"抑吴扬越"的叙事立场,其原作者很可能是越人。楚人则因"抑吴"的相同立场接受了此篇文献,同时按照本国的习惯用语,改写了其中对于越王的称谓。这也许揭示出战国时期历史文献在转写、流传过程中的一个小细节。同时由于《越公其事》的叙事立场,其所述越国史事有较高的可信性。其中提到勾践在振兴越国过程中,特别注意整顿地方大小聚落及边邑,体现了君主权威对社会基层组织的渗透和控制;又通过"正乐"的方式,和合越民,凝聚越国人心。这些都是以往文献记载未曾提及的内容,为我们了解春秋晚期越国君主权力集中、向独立国家形态转型的进程,提供了新的线索。

谢乃和《试论清华简〈越公其事〉的思想主题及其文本性质:兼说殷周之际兵学观念的流变》[《杭州师范大学学报(社会科学版)》2020 年第 6 期]一文指出,清华简《越公其事》记载了春秋晚期以越王句践灭吴为主题的史事,其内容含括吴越行成、句践施行"五政"及其起兵灭吴等主要情节,分别从战争背景、过程及结果的角度讲述了句践灭吴的主要经过。其中,"五政"是《越公其事》的叙事核心,凸显句践灭吴的战争结果是其国内政治自然延续的军事观念。从其所强调战争胜负取决于国内治道(而非战国以后逐渐占据主流的诈谋技巧类的取胜之术)所体现的早期兵学思想倾向来看,《越公其事》主体思想应属战国早期以前。不唯如此,其言事相兼的叙事体例颇异于重"言"的语体文献,《越公其事》可视为一篇具有重要史料价值的"事语类"文献。

陈洪《从出土文献看早期历史故事的生成:以句践灭吴故事为例》(《阅江学刊》2020 年第 6 期)一文指出,在中国早期历史文献中,故事与历史纠结难分。历史常常以故事为载体呈现和流传;故事往往以历史为内核,叙述情节。对比清华简《越公其事》与《国语》《左传》相关篇章发现:历史文本的生成,往往以某个或某些史实为核心,不断衍生出不同的文本,甚至故事化文本;历史故事不断衍生,原因在于叙述者的叙事视角、情感立场不同,在不同程度上编写历史故事,导致人物形象的叙事出现差异;故事与神话一样,也有原生故事、次生故事之分;后出历史文献抄写先出历史文献,大致存在照录、省略、增饰与变易四类情况,其中增、减的多是故事。因此,先秦诸史关于吴越相争的记载多有历史故事。

三、越国历史人物研究

2020 年学界关于越国历史人物的研究,主要聚焦在越王句践的谋臣计然、范蠡,还有西施的研究。

(一)计然研究

赵九洲《计然其人其事考》(《石家庄学院学报》2020 年第 2 期)一文指出,计然其人存在与否,构成了历史上的一大公案,计然确实存在,但地位和作用与后世说法不完全吻合,其形象有一个发展演化的过程,其演变构成了独特的计然现象,从中可以窥探并把握古人"名人必有名师"的心理。计然与计倪就是同一人,他有出众的才华,在越国复兴过程中发挥了重要作用。计然与文种虽不无瓜葛,却绝不是同一人,他也绝不是道家的文子。

（二）范蠡研究

白奚《范蠡对老子学说的继承与发展》（《中国哲学史》2020 年第 1 期）一文指出，范蠡是早期道家的重要人物，他在很多方面传承了老子的思想，并在长期的政治、军事活动中发挥和应用，开创了道家思想成功指导社会实践的新局面，为道家学说的发展开辟了新的领域和新的方向。范蠡对老子学说的继承和发展主要表现在推天道以明人事等思维方式上，特别是他提出的"因"论更是对老子思想的重要推进，对战国时期的黄老道家产生了深刻的影响，成为黄老道家最重要的哲学方法论。范蠡上承老子，下开战国黄老道家，他的思想在很大程度上与《史记·太史公自序》所述道家要旨相契合。

白奚《从范蠡之言溯黄老道家思想研究》（《中国社会科学报》2020 年 9 月 29 日）一文认为，要追溯黄老道家的思想源头，必须上溯到老子的思想方为完整自洽，这就需要从思想发展的脉络上确认范蠡同老子的思想联系，舍此则不能呈现黄老思想在整个先秦时期的完整发展脉络。

谢梦琳《唐代诗人对〈史记〉范蠡形象的接受》（《开封文化艺术职业学院学报》2020 年第 9 期）一文指出，《史记》丰富发展了前代出现的范蠡形象，成为后世文人创作的重要来源。唐代诗人结合个人独特的生活体验和情感经历，创作了许多与范蠡相关的诗，塑造了各具特色的范蠡形象：谋略过人的臣子、功成身退的智者、逍遥超脱的隐者等。唐诗接受《史记》范蠡形象，与《史记》在唐朝广泛传播、范蠡的特质符合唐代诗人的心理需要两方面有关。

盛江华《范蠡商业思想对当代创业行为的借鉴意义》（《邢台学院学报》2020 年第 4 期）一文指出，范蠡的商业思想内涵丰富，包含守备候时、农末兼营、作物循环、平粜合宜、积著待乏等多个方面。其诚信的经营理念、杰出的商业谋略和"富行其德"的社会责任感，不仅在当时影响深远，也对当代创业活动有着深刻的启迪作用和借鉴价值。

（三）西施研究

2020 年 11 月 13 日,由诸暨市人民政府主办的"第九届西施文化节开幕式"举行。诸暨市文化广电旅游局相关负责人表示,西施文化是诸暨的一张文化"金名片",举办此次西施文化节,旨在进一步将西施文化与建设现代文明、振兴地方经济、提升历史文化名城形象有力结合,有力推动美丽文化与美丽经济的"美美与共,交相辉映",更好地彰显西施故里的生态之美、人文之美、和谐之美。

诸暨市文学艺术家联合会编《西施文献汇辑(先秦至五代卷)》(浙江古籍出版社 2020 年 12 月版)一书,汇编历代古籍文献史料中涉及西施(或西子)的相关内容,是填补西施文化基础资料空白的集大成之文化工程。此书的出版,为西施文化的深入研究提供脉络清晰的可持续性研究资料,为今后探讨西施文化研究的方向和空间、更切实地挖掘其文化价值提供原始史料,是诸暨文化建设的一件大事,为文化浙江建设增添了重要成果。据悉,2021 年,诸暨市文联将继续推进《西施文献汇辑》"宋元卷""明代卷"的整理工作。

余依宸《建构的吴越美人:西施形象与江南文化嬗变》(《文教资料》2020 年第 10 期)一文指出,西施作为中国家喻户晓的四大美人之一,有关她的传奇故事更是引人入胜。然而,据史考,西施只是先秦历史中一个抽象的美人符号,所谓的西施传奇实际上是历代文学家有意附会、层层建构的结果。伴随着这位越国美人形象的丰满,吴越文化实现了向江南文化的转型。在历史的流变中,这位清秀佳人最终和隽雅江南一起,成为这片水乡润土的文化符号。

闫友新《论王维〈西施咏〉的多重意蕴》(《今古文创》2020 年第 21 期)一文指出,王维的《西施咏》淡化了西施对历史事件的参与,侧重虚构她在特殊境遇下的个性心理、行为,发人联想,由此呈现出丰富的意蕴:西施因地位骤升而对同伴的疏远,委婉地讽刺了贵富贱贫的世态炎凉;以西施得宠后的骄奢来批判李林甫等人依恃君宠的恣意妄为;宠臣肆无忌惮的根源在于玄宗的宠信无度,故而诗歌还讽喻了君王任人的"无是非"。

当代著名史学家陈寅恪云:"一时代之学术,必有其新材料与新问题。取用此材料,以研求问题,则为此时代学术之新潮流。"纵观 2020 年学界同仁围绕越文化、越国与吴越争霸史及越国历史人物的个案研究,可以发现,正是清华简,即《清华大学藏战国竹简》第七辑《越公其事》的整理公布,为越国与吴越争霸史研究提供了宝贵的第一手资料,而《越公其事》所涉越国历史事件、历史人物也成为近年来"越文化"研究的一抹亮色。当然,随着《西施文献汇辑》的整理出版,西施及西施文化研究也将成为越文化研究的一个学术增长点。

第三章　汉唐浙学研究

本章主要胪列 2020 年度学界同仁围绕会稽郡,东汉《越绝书》《吴越春秋》,王充、嵇康,三国时期东吴历史文化,汉唐余姚虞氏家族,东晋王羲之、王献之,唐代褚遂良、贺知章、陆贽、罗隐的最新研究成果。浙东唐诗之路及相关研究,也纳入"汉唐浙学"关注范围。此外,五代十国时期的吴越国以杭州为国度,故而吴越国的历史文化也可以纳入"大浙学"的范畴[①]。

第一节　汉唐会稽郡研究

2020 年,涉及汉唐会稽郡的论文有 3 种。

许超《两汉孙吴会稽郡诸部都尉考》[《宁波大学学报(人文科学版)》2020 年第 5 期]一文认为,在两汉孙吴时期的地方行政体制中,都尉主要掌管军事。边郡都尉常分部别置,会稽郡下就设有西部、东部、南部都尉。西部、东部都尉的设立,主要是为了镇抚于越遗民与东南沿海的闽越、瓯越势力。出于保障东南沿海航线安全的需要,东部都尉在东南沿海间频繁迁徙。南部都尉的设立,则是在大分裂背景

---

① 关于会稽郡的设置始末、吴越国历史及汉唐浙学人物基本情况,请参阅拙编《浙学研究综合报告》,浙江人民出版社 2020 年版,第 41—61 页。

下，孙吴政权对地方武装势力镇压和掠夺劳动力资源的结果。

权玉峰《宋齐会稽太守考论》（《中华历史与传统文化论丛》辑刊，2020 年卷）一文指出，东晋南朝会稽郡较之他郡颇为特殊，是京畿地区最为重要的区域之一。中村圭尔认为，东晋南朝的中心在江南地区，"从经济作用的大小来进行探讨江南各郡的话，第一个需要提及的无疑应是会稽郡"。田余庆认为，会稽是三吴地区开发潜力最大的地方，该地区在军事上同样重要，进而提出会稽是三吴腹心的观点。此后，关于会稽的研究不断涌现，取得了颇多成绩，主要集中在经济、政治、文化以及家族等方面，而学界对会稽地区的行政长官关注不足，该文则对南朝宋、齐时期的历代会稽郡太守予以稽考。

李贺《鲁迅辑录〈会稽先贤传〉考补》（《古籍整理研究学刊》2020 年第 1 期）一文认为，《会稽先贤传》为古代"先贤传记"之一种，作者为三国时吴人谢承。是书原有七卷，亡佚较早，后世诸书征引、节录内容数则。鲁迅先生据诸书征引内容辑录《会稽先贤传》一卷，含八人事迹，所辑内容相对较多，然并不完善。兹在此基础上，广据诸书征引、辑录之内容，重新进行辑补，得十三则，并对文字内容进行勘正辨析。《会稽先贤传》虽存吉光片羽，然皆可宝也，其所蕴含的史料、文化、文学价值皆不容小觑。

第二节　《越绝书》《吴越春秋》研究

一、《越绝书》研究

2020 年 8 月，张仲清译注的"中华经典名著全本全注全译丛书"本《越绝书》由中华书局出版。

2020 年学界研究《越绝书》的论文有两种。

钟岳文《〈吴越春秋〉〈越绝书〉：记载吴、越两国史事的重要典籍》（《月读》2020

年第 4 期）一文认为，说到吴王阖闾（以及夫差）和越王句践，我们就会想到"吴越争霸""卧薪尝胆""西施入吴"等历史故事。细究起来，吴越两国的历史之所以能广为流传，至今为人们津津乐道，主要是因为《吴越春秋》与《越绝书》这两部记载吴、越两国史事的重要典籍的不断刊刻与流传。

姚琴《余嘉锡〈越绝书〉成书问题辨证之辨证》（《贵州文史丛刊》2020 年第 4 期）一文认为，余嘉锡《四库提要辨证》一书对《越绝书》的作者及年代、书名篇目进行了考证与辨析。其继承了陈振孙的观点，对《四库总目提要》所倡杨慎"隐语"之说进行了批评，并得出《越绝书》"成非一时一人"的结论。《辨证》其说有得有失，但总体而言对后世研究提供了重要启发。

二、赵晔与《吴越春秋》研究

东汉赵晔所撰《吴越春秋》一书，历叙吴、越两国史事，而重在叙述春秋末期吴、越两国争霸的历史故事。该书虽大量取资于《左传》《国语》《史记》等史籍，但并不拘泥于此，而又采撷掺入了不少佚闻传说，其中恐怕也不乏作者的想象塑造之辞；同时，它又注意到故事的完整性，注意写清其来龙去脉。《吴越春秋》固然是研究中国文化者必须阅读的要籍，但长期以来却缺少通行的精校精注之作。

张觉《吴越春秋校证注疏》（岳麓书社 2019 年 12 月增订本）的出版，可以说是为广大研究者和一般读者提供了一个既具精核博洽之功力又具雅俗共赏之功能的《吴越春秋》通行本。陈文韬《精校精注之〈吴越春秋校证注疏〉》（《中华读书报》2020 年 5 月 20 日）一文指出，《吴越春秋校证注疏》（增订本）力求毕校、证、注、疏之功于一役，故对书中之疑难尽量加以考释疏证，并努力做到信而有征。

刘钊《关于〈吴越春秋〉一段疑难文意的解释》（《文献》2020 年第 1 期）一文认为，《吴越春秋·吴太伯传》"吾以伯长居国，绝嗣者也，其当有封者，吴仲也，故自号勾吴，非其方乎"一段文意存在疑难，不易理解。以往的注释和翻译大都有问题。其实句中"绝嗣者也"的"绝"字应该是"继"字之讹。句中"吾以伯长居国，继嗣者也"是用太伯在周的身份,即以"继嗣者"扣合"勾吴"的"勾(句)"的通假字"后",而"其当有封者,吴仲也"是用应该接受分封的吴仲的名字中的"吴"字扣合"勾吴"的"吴"。

吕全义《〈吴越春秋〉"折易"新解》(《汉字汉语研究》2020 年第 2 期)一文认为,《吴越春秋·吴太伯传》"牛马过者折易而避之"之"折易"一词当读为"踮場"或"踅場"。该句应解为:路过隘巷之牛马跳到隘巷之边或绕着隘巷之边而行,以避开被弃于隘巷之后稷。

刘丽萍《〈吴越春秋〉"金简玉书"考》(《中国社会科学报》2020 年 10 月 19 日)一文以神话叙事为本体,以物为考察中心,通过原著本证法、文物印证和文献互证的旁证法,考证"金简玉书"的材料、制作技术、功能、文献记载场景,试图说明《吴越春秋》中的"金简玉书"并非赵晔生造,有存在基础,但确系赵晔再造。

应该肯定,近年来学界关于《越绝书》《吴越春秋》的文献整理与深度研究已经取得了不少的科研成果。可惜的是,近年来加入浙学研究队伍的部分学者对此等研究古越文化的第一手文献不够重视。

第三节　王充、嵇康研究

一、王充研究

2020 年学界的王充研究,涉及《论衡》文献、王充生平事迹及其学术定位、王充哲学(本体论、认识论、人性论)、文学、政治、人才思想等诸多专题。

(一)《论衡》文献研究

李浩《〈论衡〉征引"诸子类""诗赋类"文献新探》(《唐山学院学报》2020 年第 2

期）一文认为，依照《汉书·艺文志》图书分类法，参考汉代出土文献研究成果，以文献文化史视角梳理、分析《论衡》所引"诸子类""诗赋类"文献，鸟瞰王充的知识来源与阅读视野。同时，将上述文献细分为王充"读过""可能读过""仅作为论据提及，难以断定是否寓目原书"等情况详加申述，指出部分文献对《论衡》话语表达、学术建构的影响，并在具体论述中补充、修订若干前人的观点。

董方伯《〈论衡〉引〈诗〉研究》（《宜春学院学报》2020年第4期）一文认为，王充是东汉时期独具个性的文人，他的《论衡》一书直接引《诗》共19处，这些诗句或取自古文经，或取自今文经，或与传世文献文字有异。从王充引《诗》的情况可分析，他采取"以我为主"的写作方式，将《诗》与其他儒家经典按话题类别进行引用，从而说明问题，并且取意不拘泥于《诗》的通行解说，而采用自己的阐释方式。同时，他所引述的诗文大多来自于《大雅》《小雅》，可以看出他强烈的现实政治意图，又往往将诗文引作反驳的靶子使用，证明了他"善与人异"的性格和"疾虚妄"的特点。

胡敕瑞《〈论衡〉词语补释》（《南京师范大学文学院学报》2020年第2期）一文对《论衡》中一些颇为费解和容易误解的词语进行解释。其中有些词语不但一般读者不甚了了，就是专家学者也时有曲解。在解释这些词语时，作者注重引用同时期的文献——包括出土文献。

计洋《点校本〈论衡注释〉地名及年代注释考辨》（《吉林省教育学院学报》2020年第8期）一文指出，中华书局1979年版《论衡注释》点校较为精良，但其中的注释因当时研究成果所限，有不足之处，现予以补充校正，以资学术研究之用。

张涅《〈论衡·问孔〉的误读及其意义》（《浙江社会科学》2020年第10期）一文认为，王充在《论衡·问孔》篇中批评了孔子思想，指出《论语》有"不知难问""意沉难见""上下多相违"等问题。其实，这是不明《论语》原始语录体特征而造成的误读。在原始语录体中，语录意义是由句义加上具体语境和涉及的特定对象才形成的，原本只对于话语涉及的对象有意义，而且为在场者所知，记述时自然可以作省略处理。所谓"难见""相违"的问题，在进入语录产生的场景后并不存在。不过，这种误读中所呈现的逻辑性、系统性的思想方式意义巨大，对于大一统经学的批判精神也极为可赞。

吉峰《王充〈论衡〉中的传播语言论释读》(《广西职业技术学院学报》2020 年第 5 期)一文认为,考察王充的传播语言论是否受经学的影响,其首要任务在于从《论衡》中梳理出涉及文学传播语言方面的核心观点。再对照经学思想,看看有无承接的关系。王充的"古今言殊"语言论与《易》经中的"尚变"观念极为接近,可视为对其思想的承袭。同时,王充对"尚变"思想还进行了传播思想角度的延伸,主张传播语言的方式要"文露易观";在传播语言的态度上,则提倡"言文一致"。

(二)王充生平事迹及其学术定位研究

李浩《王充教育经历新证》(《唐都学刊》2020 年第 1 期)一文认为,王充幼年习业乡塾,接受了典型的汉代经学教育,其所习典籍及借由经学训练而形成的基本知识结构,与东汉的王公贵胄、知识精英、底层胥吏并无不同。王充确曾赴京师洛阳研修《论语》《尚书》等儒家经典,而非在郡国的经学教育机构学习上述典籍。王充与班彪、班固过从甚密,《论衡》不仅常引二人言论、行事以为论据,且字里行间充满温情,"王充系自学成才""王充不曾师事班彪"等说法难以成立。

颜莉《王充与先秦道家》(《商丘师范学院学报》2020 年第 1 期)一文认为,"自然""天"与"气"是王充哲学思想的核心概念。王充认为"天"是自然的"天","气"是自然的"气","气"是构成万事万物的物质基础,"天"也由"气"构成,"天道自然无为"思想也建立在以"气"为万物本原的基础之上。王充继承道家自然主义思想,提出"自然无为"的天道思想;吸收道家的"气自然"论,建立了自己的元气论。王充对道家的"自然""天""气"等概念进行了吸收与发展。

王海燕《以〈论衡·逢遇〉浅析王充之仕宦哲学》(《黑龙江教师发展学院学报》2020 年第 6 期)一文认为,王充《论衡·逢遇》篇揭示了封建社会仕宦遭遇的种种怪象,剖析了才能低下、品行恶劣者受到重用,而才高行洁者却不得志的社会怪状。基于此,该文侧重分析《论衡·逢遇》篇中王充关于仕宦之途的思考,从仕途中的辩证关系、"遇"与仕途的思考等方面加以阐述,以期对他人有借鉴作用。

吴秉勋《王充思想新探：从〈论衡〉的"合"概念诠释其"命定论"》（《青年文学家》2020 年第 35 期）一文认为，王充以"疾虚妄"批评了当时的谶纬思想，归结出命定论和偶然论等哲学命题，他的论述总是围绕着"性""命""偶""自然"等概念，这些哲学性强烈的词汇是研究《论衡》时必须注意的几个重要观点。不过，王充在通过"偶然""自然"来建构世界观时，经常会连带提出一个"合"的概念：例如论述"偶"时，会刻意让"偶合"二字连用；论述"自然"时也总是强调"合于自然"的说法。这种"合"的概念，减淡了他的命定论的消极色彩而更近于道家顺乎无为，安时处顺的超脱生命之道。

（三）王充哲学思想（本体论、认识论、人性论）研究

颜莉《王充儒道思想评介》（社会科学文献出版社 2020 年 4 月版）一书以王充对先秦儒、道思想的评介为切入点，有别于学界常用的从史学、经学、文献学等维度研究王充思想，而是注重从哲学的角度考察、梳理王充对先秦儒、道思想的理解与评判、继承与发展。

李祥俊《王充性命论思想体系研究》（《晋阳学刊》2020 年第 1 期）一文认为，王充的思想奠基于自身的生活实践和生命体验，通过反思人生境遇提出以性命论为中心的思想体系。王充认为天地合气化生万物，天道自然无为，以人生禀气为基础讲人性自主、崇尚知识创造的人生价值观，对天人感应论、有鬼论等外在决定论进行批判，进而对当时流行观念所依据的儒家经学等提出批评。

王维《王充〈论衡〉中"命"的意蕴及其当代价值》（《理论观察》2020 年第 1 期）一文指出，王充的"命"里包含两层意思。一是作为"天命""天令"的命。二是王充认为人的遭遇也是命，此处的"天命"也包括两层含义：第一是人的生死夭寿，第二是人的贫贱富贵。

温晋媛《王充的天道观研究》（中国社会科学院硕士学位论文，2020 年 5 月）一文指出，王充的天道观以天道自然为典型特征，且贯彻到其人性论和命运观中。王充的天道观在当时社会的思想意识形态中，具有不可小视的冲击性和颠覆性，在中

国哲学史上具有难能可贵的范式意义。

张巍《王充认识论研究》（沈阳师范大学硕士学位论文，2020 年 5 月）一文指出，应时代之需，王充以其非凡的斗争勇气，本着求实的精神，高举"疾虚妄"的批判大旗，坚持唯物主义的认识论，对谶纬神学、鬼神迷信等当时社会上的虚妄之言进行揭露与批判，对反对神学经学以及后世中国哲学思想的发展起到重要的作用。

樊雅媛《王充的认识论思想研究》（江西师范大学硕士学位论文，2020 年 5 月）一文指出，认识论长久以来是哲学研究最核心的问题之一，两千年前的哲学家王充也在积极探讨这个问题。王充的认识论思想集中反映在他的巨著《论衡》一书中，在《论衡》中王充极力反对"圣人生而知之"的先验论，旗帜鲜明地主张"圣人不能先知"，驳斥天人感应论。

颜莉《王充人性思想及其启示》（《平顶山学院学报》2020 年第 3 期）一文认为，王充对孔子人性学说有继承也有发展，受孔子"性相近也，习相远也"的影响，特别重视"教告率勉"对人性的影响；受孔子"中人以上，可以语上也；中人以下，不可以语上也""唯上知与下愚不移"的影响，将"性"分为三品，认为中品之性容易改变，上品、下品之性较难改变，而且改变之后又"不可复变"，所以，王充强调"教告率勉"对人性的影响。

（四）王充文学、政治、人才思想研究

张峰屹《"气命"论基础上的王充文学思想》（《文学遗产》2020 年第 4 期）一文认为，王充"疾虚妄"的社会人生及文化思想，乃是以其"用气为性，性成命定"的"气命"思想为理论基石的。王充文学思想的基本内涵，主要有务实用世的文学体用论、崇实黜虚的文学特征论、古今观念中体现的文学价值观、"鸿笔须颂"的颂世文学思想。这些文学观念，自然也都建立在其"气命"思想的基础之上。

吴明明《论经学对王充文学语言观的影响》［《绍兴文理学院学报（人文社会科学）》2020 年第 2 期］一文认为，在汉代经学的学术氛围中，王充对文学语言的论述不可避免地受到经学的影响。择其要者而言：一是主张"外内副称"，体现尚"和"的语言表现观；二是提出"言以明志"，体现尚"用"的语言功能观；三是强调"古今言殊"，体现尚"变"的语言发展观。立足于经学，展开对王充文学语言观乃至两汉文论思想的研究，不失为一种重要且有效的研究方法和途径。

韦柳娜《王充"真美"文学观的局限性探析》（《名作欣赏》2020 年第 12 期）一文认为，王充的"真美"文学观在中国古代文艺思想发展史上有着深远的影响，对文艺思想和文学创作起到过积极的促进作用，然而过于追求真实性，大力批判虚构与夸张，对文学的发展也有一定的消极影响。客观看待其中的局限性，正确认识文学真实性与虚构性之间的关系，才能真正把握文学的实质，促进文艺思想的发展。

朱承《君子有德必有位？——以王充的"逢遇论"为中心的考察》（《中共宁波市委党校学报》2020 年第 1 期）一文认为，王充在传统"德位是否相称"的问题意识下，提出自己的"逢遇"论，将君子、士人的政治际遇诉诸偶然性，批评了时人"贤人可遇，不遇，亦其自咎也"的狭隘观点，并以此来为自己政治上的"不遇"提供解释。王充对当时的政治现实进行了一定的揭示，反映了传统士人在政治命运上的被动性和不确定性，具有积极的思想史意义。但王充将君子、士人的政治际遇归结为偶然性，忽略了人的主观能动性以及实际政治中的谋略、情势等因素。另外，王充也没有提出对于君主专制及用人体制的反思，反映了他自己对君主仍然抱有幻想和期待的一面。

高恒天《〈论衡〉中的君臣民政治伦理关系探析》（《船山学刊》2020 年第 4 期）一文认为，《论衡》作为王充的传世之作，以其异于主流话语而流传于世，在政治伦理思想方面，阐发了君臣民三者间的应然政治关系。主张君对臣应"佞可觉知""观心定贤"，臣对君应"参政治国""褒君颂君""实事疾妄"，君对民应"安民""慰民""化民"，臣对民应"疾虚妄"而"归实诚"，而民对君对臣应"悟迷惑而知虚实"。如此，则可形成一个君明臣贤民良的社会。

二、嵇康研究

2020 年的嵇康研究,主要围绕嵇康的玄学(自然、名教)思想、儒道、文学、音乐思想、人物交游及比较研究等议题展开,其中有 4 篇硕士学位论文专题研究嵇康,取得了丰硕的成果。

(一)嵇康玄学(自然、名教)思想研究

龚一卓《嵇康"越名教而任自然"思想管窥》(《大众文艺》2020 年第 3 期)一文认为,嵇康"越名教而任自然"思想注重人性的自然显现。主张"去伪显性",去除外在伪装,显现人性与自然的真实;颐养"浩然之气",特立独行,不与当权者同流合污。嵇康思想形成既摒弃迂腐的名教天理,又承袭了儒家、道家及黄老之学的精髓。作为魏晋玄学的代表思想之一,嵇康为魏晋文学与魏晋名士之风开辟新领域。嵇康的思想所表现出的"缜密思辨""理性辨别""表露真情"等特点是魏晋玄学思想特征的强化与显现,而当下文学创作所强调的"思辨性""本心",与嵇康思想的这一特点一脉相承。

陶佳宁《嵇康"越名教而任自然"思想研究》(《牡丹》2020 年第 14 期)一文认为,嵇康"越名教而任自然"思想对魏晋玄学思潮演变和整个社会风尚的形成都有着重要影响。"越名教而任自然"这一命题反映嵇康对虚伪名教的束缚的反对和对个性解放的提倡,主张遵循自然规律,顺应自然本性发展。但实际上,嵇康并不是反对一切道德和名教,而是主张通过"任自然"来获取心灵的回归,超越当下而回归古时顺应自然和人之性情的名教。

宋帅《嵇康自然思想研究》(河北大学硕士学位论文,2020 年 5 月)一文指出,嵇康崇尚老庄之学,他继承与发展了老庄的自然思想,并将其贯穿玄学理论体系的始终。在思想构建上,其延续了汉代"元气"论的观点,肯定了万物禀气而生的自然本性,从而进一步分析天地万物存在、变化及发展的自然客观规律。嵇康将天地万

物看作是一个和谐有序的统一整体，并以"自然之和"作为其所追求的最高价值目标，旨在实现天地万物各任自然的"至和"之境。同样，嵇康以"自然"为人格本体，更加注重个体的自然天性，主张任人自然之性情，其吸收了道家的养生智慧，肯定了人的自然之本性，通过养生之道使人之形、神皆能顺乎自然，从而实现人与自然合而为一的和谐状态。嵇康尊崇自然，藐视礼法，擎起老庄"自然"思想的旗帜来批判虚伪名教对于人之本性的束缚，"越名教而任自然"的思想不仅表现出嵇康对于现实"名教"的厌恶，更体现了其对于理想"自然"的追求，嵇康将"心"与"自然"紧密相连，并主张通过"越名任心"来实现人之本心与"自然"的真实回归，从而达到庄子"逍遥自由"的精神境界。嵇康独特的自然论玄学促进了文人生命意识的觉醒，并在整个魏晋玄学思潮演变的过程中起到了承上启下的作用。

曾持《成为养生主体的困难：论嵇康养生论中"自然"的两个悖论》（《云梦学刊》2020 年第 4 期）一文认为，在嵇康思想中，"自然"概念存在两个悖论：自然义直（品性）与养生对身体保存之间的悖论；自然任情与养生对情的控制之间的悖论。这两个悖论背后隐含的是嵇康作为文人养生的典范必须面对的社会政治问题，嵇康选择以道家自然逍遥的形象展现于社会中以反对名教。政治社会的介入让嵇康的养生必须涉及自然义直与逍遥形象这些本质上与养生偏离的东西，可"自然"这个概念又恰恰涵盖了自然义直与飘逸逍遥这两种形象，这显然让作为养生主体的嵇康无所适从，并导致其养生的失败。

（二）嵇康思想特质研究

杨杰《嵇康玄理的内在理路与魏晋玄学主题、分期说反思》（《文史哲》2020 年第 6 期）一文指出，魏晋玄学主题、分期说是两个相关的议题，因主题而设分期，因分期而显主题。自汤用彤、牟宗三分别以"本体存在""境界形而上学"解读魏晋玄学以来，以王弼、郭象为魏晋玄学之双高峰而构建的主题、分期典范长期以来未有突破。嵇康玄理以"尚和论"为根本指归，逻辑上形成了其由性情到养生及政治再复归到性情的内在理路，这是一个境界形而上学与价值形而上学相统一的、符合中国传统哲学特点的哲学模式,构成了竹林玄学的独特基调。这种理路从"和"的角度解决道家境界形而上学的实践形态问题与价值形而上学的生活界限问题,其问题意识与理论解答是由内向外的,与王弼、郭象以外限内的玄学思路不同,这是生命哲学与政治哲学两种不同的玄学形态。以嵇康玄理为玄学的枢纽反思竹林玄学,在此基础上重新审视玄学之主题与分期问题,对嵇康玄学与魏晋玄学之价值可以有一个新的理解及阐释。

靳玲珑《嵇康创作对屈原的接受》(吉林大学硕士学位论文,2020 年 5 月)一文致力于嵇康作品的接受研究,以戴明扬先生校注的《嵇康集》和王逸的《楚辞章句》为主要参考资料,以前人的研究成果为基础,从文学研究的角度探讨嵇康创作对屈原的接受。

邓丽娟《嵇康形象的历史建构和美学意蕴》(广东外语外贸大学硕士学位论文,2020 年 5 月)一文指出,嵇康是魏晋风流的代表人物,嵇康形象的形成不是自然的产物,而是植根于中华美学和中国古典哲学的结果。嵇康也由此成为千百年来文人关注的焦点,并且深深地影响了中国文人的创作心态。研究嵇康,无疑有利于揭示中华美学的发生机制,进而分析魏晋名士形象对后世产生深远影响的根源。

(三)嵇康儒道思想研究

王宇欣《嵇康儒道思想研究的文献综述》(《长江丛刊》2020 年第 9 期)一文认为,在魏晋思想史的研究中,嵇康无疑是一个重量级的人物。无论是他的养生思想、音乐美学思想,还是自然名教思想,都内含一个核心内容——儒道关系。鲁迅的《魏晋风度及文章与药及酒之关系》首次以独特的视角指出了嵇康思想中的儒家成分以及其思想的矛盾冲突。不过 20 世纪 80 年代之前,学界对于嵇康思想的研究主要侧重于他的道家思想。之后,学者们逐渐把目光放到嵇康的儒家思想以及他思想的矛盾冲突方面。嵇康的思想既有道家的逍遥自由,又充满了儒家的道德情怀,两者虽然冲突,但亦有相合之处。相较而言,嵇康思想中儒道冲突的研究较丰厚,而儒道融合的研究仍有不足。而对于嵇康思想的研究,只有既厘清了其中儒道冲突的表现，又考察了儒道融合的内涵，才能从整体上把握其思想特质。

喻林《论嵇康〈声无哀乐论〉受佛教思想的影响》（《皖西学院学报》2020年第4期）一文认为，学者们一般从儒、道两家思想来解析嵇康《声无哀乐论》的思想渊源，但却不能解释"声无哀乐"这一美学命题超越儒、道的深层原因。《声无哀乐论》中提出的音乐与人的情感分离的思想（哀乐之"名实俱去"）并非来源于儒道两家，而是更接近佛教"无我"的认识观；"躁静者声之功，哀乐者情之主"观点与佛教中的"守意"说相通；"淫之与正同乎心"也与佛教理论重视主体修行的观点一致。嵇康作品语言以及画作的一些佐证也证实了其与佛教的渊源。

李中塬《嵇康锻铁与成仙之关系》［《河南科技大学学报（社会科学版）》2020年第5期］一文认为，嵇康行为中最具代表性的便是锻铁，并且具有象征意义。嵇康有浓厚的成仙信仰，这与他所处的社会环境造成生命长度锐减等原因有关，山阳的地理位置以及采仙药服食成仙的实践也起到促进作用。其作品流露出的与仙人共游和进入仙境的愿望也很浓厚。汉魏道教兴盛，炼丹术的理论和实践都有重大的突进，"铸鼎成仙"信仰的不断扩大与普及，为其提供了必要的条件。在这些因素的影响下，嵇康锻铁自然就具有了成仙的特殊象征意义。

（四）嵇康文学、音乐思想研究

董爽《嵇康论体文研究》（河南大学硕士学位论文，2020年5月）一文指出，嵇康身上汇聚着思想家、文学家、音乐家、书法家等诸多光环。作为文学家的他，创作了诗、赋、书、论、箴、传等多种文体的作品。就嵇康自己的作品来说，他的论体文比其他文体更能展现其多维的个性特色、丰富的思想内涵、超凡的逻辑思维。嵇康之论，充满了创新意识与哲学思辨精神，无论是在论辩方法上还是在文学性审美上都堪称魏晋之最。

王泳丁《嵇康〈声无哀乐论〉给当代音乐教育带来的启示》（《北方音乐》2020年第7期）一文首先阐述了嵇康《声无哀乐论》的核心观点，之后分析了音乐思想带给当代教育的重要启示，旨在通过此次论述分析，为当代音乐教育提供一定的新思路,使音乐教育更加具有科学性和合理性。

胡小双《帕克"音乐美学"与嵇康"声无哀乐论"的比较分析》(《文化学刊》2020年第4期)一文认为,帕克在《美学原理》一书中以一章节的内容分析音乐与美学的关系,嵇康在《声无哀乐论》中以东野主人对话秦客的方式表达自己对音乐的看法。帕克与嵇康的观点有相似之处,也有不同之处。不同之处在于,帕克提出"音乐美学",认为音乐具有感情色调,音乐所激发出来的感情是主客体的统一,音乐是模仿自然的;嵇康提出"声无哀乐论",认为音乐不具有感情色调,音乐所激发的感情是主体特有的,音乐是自然的。两者的相似之处在于,他们都认为音乐是客观的,主体在音乐审美过程中占据主导地位,音乐具有客观规律,乐音能引起主体的感情,但有时只是一种直观的感受。

薛佳伟《论嵇康〈声无哀乐论〉中"和"的音乐审美理想》(《今古文创》2020年第41期)一文从《声无哀乐论》中"声"与"乐"的概念入手,援引道、儒两家文献,论证了"和"是嵇康终极的音乐审美理想。嵇康之所以将其文名为"声无哀乐"而主要论"声",则是因为其更能体现道家"至乐无乐"的观念而更利于深入论述音乐之"和"的内涵。

吴冠宏《李贽对嵇康的评议及两者在音乐思想上的异同》(《中国文化》2020年第1期)一文认为,李贽《焚书·读史》中有四篇评议嵇康作品的文章,其中有三篇存在肯定嵇康其人却质疑嵇康作品的现象,该文即由此契与不契的差异探入,试图探索个中原委。至于另一篇《琴赋》为李贽读嵇康《琴赋》而产生的议论,李贽"琴者,心也"的论述命题,显然与嵇康"声心异轨"的音乐主张有别。

（五）嵇康的人物交游及比较研究

马易旋《嵇康与嵇喜对"至人与己"关系的不同解读》(《名作欣赏》2020年第3期)一文认为,嵇康和嵇喜都是庄子思想的接受者,在魏晋这个动乱黑暗的时代,他们都想拯救世道,但不同的性格让他们做出截然不同的人生选择。

王鑫《从〈与山巨源绝交书〉看嵇康与山涛的关系》(《河南科技学院学报》2020

年第 3 期）一文，分别从"绝交书"中"丑言"的真实涵义、嵇康的出世入世观念及嵇康语言风格三个方面入手，探求"绝交书"背后嵇康与山涛的关系，了解魏晋之交嵇康的政治态度，窥视魏晋名士的精神状态。

行文至此，可以发现：王充、嵇康这两位会稽（绍兴）籍的哲学家、思想家依旧是 2020 年学界同仁关注的焦点。其中，关于王充研究的新进展是《论衡》文献的系统研究以及王充哲学思想从本体论、认识论、人性论角度的全方位解读；对于王充儒道思想的研究，也是 2020 年王充研究的亮点。而嵇康及魏晋玄学关注的核心话题"名教与自然之辨"，以及围绕《声无哀乐论》而有的嵇康的音乐美学思想探究，一直以来就是研究嵇康的热门话题，2020 年也不例外。也应该指出，以儒道思想为视角关注王充、嵇康的思想来源与学术特质是 2020 年王充、嵇康研究的一个聚焦点。而王充、嵇康的个案研究，也是硕士学位论文选题热点之一。

第四节　三国东吴历史文化研究

三国时期东吴历史文化研究，主要集中在对东吴政治军事、文学艺术思想的探讨与吴王孙策、孙权及东吴君臣关系的个案研究。

一、东吴政治军事思想研究

2020 年，学界不见有东吴政治军事思想研究的专论。

二、东吴文学艺术思想研究

2020 年，学界不见有东吴文学艺术思想研究的专论。

三、吴王孙策、孙权及东吴君臣关系个案研究

徐光明《乾纲独断下的自卑与无奈:孙权郊祀新论》(《南京晓庄学院学报》2020年第1期)一文认为,孙吴嘉禾元年的郊祀事件,君臣之间就此事往来讨论数次,最终孙权乾纲独断,否决臣下的提议,郊祀未能成行。孙权与群臣的郊祀之论,涉及地理、身份、经典三个层面,其中不无群臣与孙权矛盾纠葛、逢迎回避的心理斗争。这场郊祀之论的直接诱因是公孙渊称藩事件,引发孙吴君臣间各自为营的政治考量,反映君臣之间存在的文化与政策差异。孙权对郊祀事件的冷淡处理,根本原因在于孙氏出身低微和偏安江东的现实,折射出孙吴政权合法性、正当性欠缺的历史事实。

谭良啸、施霞《孙权的十三次哭泣解读》(《湖北文理学院学报》2020年第12期)一文认为,孙权在汉末三国奋战的五十多年里,因人因事哭泣十三次。其中三次因亲人,八次是因文武大臣的死或事,这可以看到他的仁义贤德,与群僚既君臣又骨肉亲人的情感。这些哭泣,源自他的品德、性情,是其性格的表现;这些哭泣,是他的真情流露,表现出他丰富而重情重义的情感。

王怀成《三国两晋孙权历史形象演变:以〈三国志〉裴松之注为中心》[《四川师范大学学报(社会科学版)》2020年第2期]一文详考《三国志》裴松之注引三国、两晋诸史家对孙权事迹的记载和评论,全面梳理孙权历史形象的演化,可以发现:三国史家多视孙权为年轻有为、英姿勃发的英雄;西晋史家在记录史实的基础上,都着重以道德、德行、仁爱等为标准对孙权进行褒贬;东晋史家多责孙权缺乏政治道义和深谋远虑。故裴松之注引的两晋史籍使得孙权的历史形象和地位不断下降,声名日渐消沉,遂在三国核心政治人物中显得最为平庸。裴注之后,孙权的历史形象基本定型。孙权历史形象的发展和演变,与三国两晋史家的政治立场和思想基础有密切的关系,历代史家逐渐以更为客观的眼光分析和审视前朝历史,孙权的是非功过遂日益明晰。

李银祥、巫昌华《孙权军事思想研究》（《军事历史》2020年第4期）一文认为，在汉室倾危、群雄割据、军阀混战的东汉末年，孙权猝然受命统御东吴，以固据江南、图谋天下的远大抱负，正确处理富国与强兵、政治与军事、守成与进取、安内与拓外、进攻与防御、联盟与对抗等诸方面关系，集众力用众智，领导吴国实现了发展壮大，对三国鼎立格局的形成和确立起到了举足轻重的作用，为结束社会混乱，促进中华民族融合发展做出了重要贡献。

迟羽西《〈三国演义〉东吴人物论》（牡丹江师范学院硕士学位论文，2020年5月）一文对《三国演义》东吴集团的人物群体作系统研究，得出结论：东吴集团正是在英明果决的吴主的带领下、君臣齐心的不懈努力下发展壮大起来的。东吴的兴盛到走向衰败也无疑证明了明君贤臣、君臣相契是繁荣国家的重要因素。同时揭示了君臣离心、骄纵奢侈必然导致败国的规律。

关四平《〈三国演义〉东吴君臣关系新论：以张昭与孙氏兄弟关系为中心》（《学术交流》2020年第9期）一文认为，在《三国演义》中，东吴的君臣关系居于蜀汉之下、曹魏之上，属于"义气相投"模式。张昭是东吴的文臣之首与士林领袖，探讨张昭与孙氏兄弟的复杂关系，可管窥东吴君臣关系之一斑，对总结《三国演义》史料取舍的得失，探讨中国古典小说与历史的关系等问题，也具有参考价值。

2020年学界研究孙策的论文仅有两篇：刘勃的《借助袁术与划清界限　孙策渡江：在家乡建立起恐怖统治》（《国家人文历史》2020年第23期），周渝的《孙策为东吴留下了多少宝藏？霸王的大陆：江东群星闪耀时》（《国家人文历史》2020年第23期）。

2020年学界关于三国时期东吴历史文化的研究，主要聚焦在对吴王孙权历史事迹、人物形象的解读以及《三国演义》文本中东吴君臣关系的论述。可以预见，关于孙权的个案研究依旧是未来学界关注的重点。

第五节　汉唐余姚虞氏家族研究

2020 年的余姚虞氏家族的人物个案研究,主要集中在对虞翻经学、虞世南书法理论与文学思想的研讨。

一、虞翻经学研究

王贻琛《以学统术:虞翻"大衍筮法"说探微》(《周易研究》2020 年第 2 期)一文认为,虞翻对"大衍筮法"有自己独到的见解。他指出大衍之数以数涵象,筮占操作以数显象。通过建构数与天地、五行、天干、太一相对应的诠释系统,揭示大衍之数内涵天地、五行、阴阳消息、太一诸象,令《易》之学得到概要呈现,筮占操作即建立在这一学之基础上的术之用。大衍之数所内涵的象借筮占操作的机缘,在以数推演模拟宇宙大化的模式下次第显现,最终呈现于筮占所求得的卦。学彰显的是哲学与价值的理性,术体现的则是非理性的信仰,二者的关系须作批判性反省。

二、虞世南的书法、文学思想研究

舒昊《"浙东唐诗之路"诗书名家系列:虞世南诗书考论》(《作家天地》2020 年第 10 期)一文认为,虞世南诗歌厚积薄发,内蕴深厚;书法端严柔美,虚和冲正;书论文章取两者之长将书法妙意融入文学创作中,促成新的美学意蕴。

刘亚刚《居高声自远,非是藉秋风:虞世南〈孔子庙堂碑〉赏析》(《书法教育》2020 年第 5 期)一文认为,《孔子庙堂碑》由虞世南撰文并书,初刻于贞观四年(630)前后。碑石现藏于西安碑林博物馆。《孔子庙堂碑》的碑文,记载了唐高祖李渊武德九年(626)十二月二十九日,下诏以隋朝故"绍圣侯"孔嗣哲之子孔德伦为"褒圣侯",及修缮孔庙等事。此碑不仅有一定的文献价值,更在书法领域有着响亮的名声。

陈丹、王希俊《晋唐风韵：王羲之〈黄庭经〉与虞世南〈破邪论序〉比较分析》[《文艺生活（艺术中国）》2020 年第 1 期]一文认为，王羲之所书《黄庭经》，楷法严谨，其气亦逸，有秀美开朗之意态，有诸多名家临本传世，他们皆从中探究王书路数，汲取营养。而虞世南被公认其书气韵高古不下晋，所书《破邪论序》气息高古。

赵利光《论欧阳询、虞世南楷书在元代的复兴》（《书法》2020 年第 8 期）一文认为，元代的复古思潮推动了书法的全面复兴，楷书也迎来了新变。元代楷书在回归"二王"传统归旨时，面临范本的缺失和颜体的障碍两方面困境，在挑战与机遇并存的背景下，元代书家选择承袭"二王"衣钵的初唐名家欧阳询、虞世南楷书为突破口，追溯魏晋古法。从鉴赏到实践，元代书家对"二王"谱系下欧阳询、虞世南楷书的认知和观念的认同表现出阶段演变的特征，不同身份书家的广泛参与，使欧阳询、虞世南楷书在元代走向普及并世俗化。

第六节　浙东唐诗之路研究

2020 年，浙江社科界围绕"浙东唐诗之路"也开展了多场学术研讨活动。

2020 年 9 月 11 日，浙江省社科联与杭州市社科联联合召开"文化浙江·大讲堂——钱塘江诗路"杭州段专题研讨会。来自浙江卫视、钱塘江文化研究会、杭州市区县（市）的专家和学者共话钱塘江诗路，畅谈诗路文化带的建设和发展，寻找和挖掘钱塘江诗路的渊源、历史、文化基因，研究新时代诗路建设的重大价值和时代意义，为"文化浙江·大讲堂——钱塘江诗路"专题片的拍摄建言献策。①

2020 年 10 月 12 日，"浙江省诗路文化带建设暨浙东唐诗之路启动大会"在天台召开。浙江省委书记袁家军作出批示，省长郑栅洁出席大会并按下浙东唐诗之

---

① 《省市社科联召开"文化浙江·大讲堂——钱塘江诗路"杭州段专题研讨会》，浙江社科网，2020 年 9 月 14 日。

路启动键。袁家军在批示中指出,高水平建设诗路文化带是全面展示浙江诗画山水、推进美丽浙江和文化浙江建设的内在要求,是忠实践行"八八战略"、奋力打造"重要窗口"的重要举措。①

2020 年 11 月 21 日至 22 日,"中国唐诗之路研究会首届年会暨第二次学术研讨会浙江诗路文化带高峰论坛"在天台举行。与会专家学者一致认为,近年来,唐诗之路文化建设在浙江如火如荼开展之际,相关学术研究也取得了新的进展。做好浙东唐诗之路学术研究,任重而道远。台州在唐诗之路中具有重要地位,是众多唐代诗人登临壮游、访道礼佛、隐逸修真的向往之地;一脉天台山与水,半部中国全唐诗,天台山是浙东唐诗之路的目的地和精华所在。②

2020 年 12 月 8 日下午,中国唐代文学学会唐诗之路研究会"天台山研究中心"授牌仪式在天台县温泉山庄举行。仪式现场,中国唐代文学学会唐诗之路研究会会长卢盛江为天台县授予"天台山研究中心"金牌,并聘请天台县副县长张成名为中国唐代文学学会唐诗之路研究会地方文史委员。③

2020 年学界关于"浙东唐诗之路"研究的论文有十余篇。

王娜《浙江"唐诗之路"品牌建设刍议》(《台州学院学报》2020 年第 1 期)一文认为,目前浙江的"唐诗之路"品牌建设存在品牌意识淡薄、品牌流失、品牌价值尚未得到有效开发与利用等问题。应通过强化品牌建设意识、妥善解决品牌流失问题等多个路径促进浙江"唐诗之路"的品牌建设。

王宏芹《想像与回响:浙东唐诗之路上的临海书写》(《台州学院学报》2020 年第 1 期)一文认为,临海是台州州治,在浙东唐诗之路上有着枢纽地位。杜甫因郑虔被贬台州司户参军而作有一系列与临海相关的诗歌,但其中多有想象夸张之词。

---

① 《浙江省诗路文化带建设暨浙东唐诗之路启动大会在天台召开》,《浙江日报》2020 年 10 月 13 日。

② 《中国唐诗之路研究会首届年会暨第二次学术研讨会浙江诗路文化带高峰论坛在我县举行》,天台新闻网,2020 年 11 月 23 日。

③ 《中国唐诗之路研究会"天台山研究中心"成立》,《天台报》2020 年 12 月 14 日。

任翻是晚唐诗人，曾三登巾山，留有三诗。任翻的巾山吟咏语言清新、诗境空寂，成为后代诗人巾山题咏的范本。杜甫与任翻的吟唱是浙东唐诗之路上临海书写的典范。

何方形《浙江唐诗之路的创新与影响略说》（《台州学院学报》2020 年第 1 期）一文认为，"浙江唐诗之路"多自发而作，对山水景象有真切描写与深入引申及发挥的空间，斐然可观，取得令人瞩目的空前成就。大体包括三个方面：山水诗情，相得益彰；名篇迭出，超然绝尘；垂范后代，法门无限。

吴淑玲《驿路唐诗边域书写中的丝路风情》[《河北师范大学学报（哲学社会科学版）》2020 年第 2 期]一文从驿路诗人书写视角关注唐人在安西书写中所描绘的丝路风情，涉及驿路行驶的异域文化使者、军队驿使、商旅驼队、民族杂居景观、驿路两侧的异域风俗景观等，揭示了那个时代的丝路印迹。

梁苍泱、梁福标《民间传说与"浙东唐诗之路"的建构与延伸》[《绍兴文理学院学报（人文社会科学）》2020 年第 6 期]一文认为，浙东民间传说是唐诗内容的重要组成，作为吟咏对象、意象所指或典故本事，成为"浙东唐诗之路"建构的基础。"浙东唐诗之路"上的诗人与诗作往往又经时人口传和载记，作为新的特型化、经典化的"民间传说"，进入唐以后诗人的写作，形成"浙东唐诗之路"延伸的脉络。"浙东唐诗之路"是历史、诗学和文化心理的复合体，其历史原型是唐代诗人基于古籍载记和传说，在浙东地域进行的游历和诗歌创作；其诗学塑型则是诗人在其中对自我与浙东山水人文的诗意塑造。宋明以来该诗路上文人的书写和民众的传说，又是将唐及以前的诗路原型历史化、诗化，尤其是诗人传说经典化的过程，如此螺旋式上升，方构成了延展至今上千年的"浙东唐诗之路"。

王洁、吕清海《"浙东唐诗之路"：历史渊源下的本土文化景观分析——以台州市天台县为例》[《艺术与设计（理论）》2020 年第 6 期]一文认为，"浙东唐诗之路"是一条将唐诗、艺术及宗教连接起来的文化遗产线路，天台是其目的地，两者具有深厚的历史渊源。

肖维鸽、莉莲《浙东唐诗之路文旅一体化开发探索》[《绍兴文理学院学报（人文社会科学)》2020 年第 1 期]一文首先分析了浙东唐诗之路文化旅游开发现状,然后结合长三角文旅一体化发展背景,指出浙东唐诗之路文旅一体化开发是实现文旅融合,打造浙东唐诗之路黄金旅游带的必然选择。在此基础上,从整合共推国家级乃至世界级诗路文旅资源、共筑诗路文旅融合共同体、共推诗路文旅项目和共建诗路文旅新型智库等方面探索浙东唐诗之路文旅一体化开发的基本策略。

余中樑《"浙东唐诗之路"视域下若耶溪景区的深度开发研究》(《宁波职业技术学院学报》2020 年第 1 期)一文认为,若耶溪是"浙东唐诗之路"的重要组成,具有较高的文学旅游价值。若耶溪兼具秀美的自然风光、闲适的田园风光和丰富的历史文化内涵,并且有大量文人诗作流传至今。通过对若耶溪文学作品的深入解读,结合景区现状分析,我们可对若耶溪进行深度开发,构建"唐诗之路"文学旅游地。

行文至此,可以得知:"诗路文化带"是"诗画浙江大花园"的标志性工程,这是一件很有意义的事,也是一项很有内涵的工作,也是"文化浙江"建设的一张"金名片"。由此,"浙东唐诗之路"研究成为浙江省内外学界(主要是文学界)关注的热点,这从 2019、2020 年数次在绍兴、台州召开的与"浙东唐诗之路"有关的学术研讨会,可以确证。浙江省内以绍兴、台州(天台)的历史文化工作者最为活跃,而《台州学院学报》《绍兴文理学院学报》则是刊发"浙东唐诗之路"研究论文的主要出版物。需要警惕的是,"浙东唐诗之路"的挖掘与研究要摒弃地方本位主义,科学规划、统筹推进十分必要。

第七节　汉唐时期的其他浙学家研究

东晋时期著名书法家王羲之、王献之的书法艺术,属于"汉唐浙学"中一个组成部分。在唐代,浙江还有书法家褚遂良、著名诗人贺知章、政治家陆贽、文学家罗隐等,他们亦可归入唐代浙学家之列。2020 年,学界同仁围绕着王羲之、王献之、褚遂良、贺知章、陆贽、罗隐,也有一定数量的研究成果,进而推动了汉唐浙学的综合研究。

一、王羲之、王献之研究

2020 年，学界同仁关于王羲之的研究论文有百余篇，主要集中探讨他的生平思想、《兰亭集序》及其书法理论，兹择要综述。

蒋君慧、彭庆阳《王羲之湖州为官之考辨》（《书画世界》2020 年第 12 期）一文认为，关于王羲之曾任吴兴太守一事，由于《晋史》没有记载，传世文字也少有涉及，故在过去难以下定论。而通过王羲之在湖州为官时期的艺术活动以及地方志史料的记载，来确认王羲之湖州为官的史实。

李永《从道教学视野考察王羲之父子书法"即兴创作"》（《宗教学研究》2020 年第 1 期）一文认为，魏晋书法创作受玄学影响，讲究"得意"，偶然寄兴，随机生发，意到气到，一鼓作气，一挥而就，与环境形成互动，往往产生意想不到的艺术效果与社会效应。天下第一行书《兰亭序》就是即兴创作的书法杰作。二王作为天师道徒，其书法即兴创作既展现了自身创作才能，又反映了通过书法弘道扬德，普度众生的情怀；同时，也蕴含了畅神登仙的艺术效果。然而，这种创作是平时积累悟道功夫的结果，即所谓"外师造化，中得心源"。

佐藤利行、荣喜朝《王羲之与道教》[《浙江大学学报（人文社会科学版）》2020 年第 4 期]一文认为，王羲之共有近七百封书信流传于世，其中很多与道教、药方以及服食养生有关。王羲之信奉道教，在其书信中多见"道家""大先师""大贤"等词。他在治病方面信赖道士，在书信中会使用"救命""祈祷"等词。在和道士许迈交往后，王羲之努力服食养生，并对药方产生了极大的兴趣。王羲之视自己的孙辈为心灵的慰藉，在遭受孙辈接连夭折的打击后，他十分痛苦，通过药方来充实自己的现实生活，利用服食养生努力活在当下。

王云飞《王羲之〈兰亭诗〉儒释道玄内容研究》（《书法》2020 年第 9 期）一文认为，东晋王羲之现存《兰亭诗》六首，涉及儒家、道家、玄学、佛教、道教相关内容，体现了魏晋南北朝儒释道玄的大融合。具体而言，《兰亭诗》涉及《论语》孔子"舞雩而归"的典故,涉及郭象独化、因循玄学思想,涉及《庄子》万物平等的思想以及"相与于无相与"的内容,涉及道教求真探玄的思想。东晋佛教徒僧肇关于物不迁的理论也可以作为理解王羲之时空观的背景知识加以了解。

甘中流《略论王羲之之于黄庭坚书法》(《中国书法》2020 年第 4 期)一文认为,作为北宋书法变革的重要一员,黄庭坚以其独特的书法风格及锐意进取的精神向为研究者所称道,"自成一家始逼真"及"韵胜"已然成为他的标识。然而,黄庭坚还有另一面,即对以王羲之为代表的魏晋书法的景仰与追寻。可以说对王羲之书法的探究是黄氏书法创造活动不可或缺的一环,这方面常常为相关论者淡化。

杨舒雅《东晋玄学对王羲之书法艺术的影响》(《中国民族博览》2020 年第 18 期)一文认为,魏晋时期是书法史上的里程碑,为书法艺术注入了活力,也对后世产生了深远的影响。东晋时期,玄学走向成熟时期,书圣王羲之的书法艺术成就也离不开他生活的时代,将玄学结合王羲之的书法创作,可以探索他接触玄学的契机,分析其中的联系和对王羲之书法艺术创作产生的影响。

马为骥《魏晋玄学视域下王羲之书论体系成因探析》(《文化学刊》2020 年第 10 期)一文认为,汉末至魏晋二百余年是中国书法由古拙向"新妍"渐变,奠定以王羲之为宗的书法审美体系基础的重要时期,也是玄学发展成为一门容纳儒学、道学、刑学、名学等思想,成为热点思潮的时期。玄学的兴起与发展为书法审美自由提供了必要的思想土壤。这二百余年间,书论成为书法与玄学之间的桥梁,在历经钟繇、卫氏家族和王氏家族的不断融合发展完善后,王羲之"尚意"书法理论体系终于形成。可以说,以玄学为意识形态基调的魏晋社会,造就了王羲之和王献之书法的"新妍"面貌;王羲之和王献之书法又以其在书法史上不可动摇的地位,促使魏晋玄学理念历久弥新。

姬力昭《王羲之书法艺术渊源及其对后世的影响》(《新西部》2020 年第 14 期)一文从政治环境、家庭环境和个人学书经历三方面分析了王羲之的书法艺术渊源,阐述了王羲之的书法成就:在楷书方面,一改前貌;在行书方面,用笔上中、侧锋并用,笔速较快,笔画之间前呼后应,体态生动欹侧,独具风神;在草书方面,变章草为今草。王羲之书法艺术对后世的影响体现为：完成了书法发展的顶层设计，他把毛笔的"尖、圆、齐、健"四大性能全部发挥了出来，丰富了书法发展的形式元素。

陈岸峰《王羲之的〈兰亭集序〉及其突破》[《南京理工大学学报（社会科学版）》2020 年第 5 期]一文认为，王羲之的杰作《兰亭集序》，实乃集书法、文学、思想及文化之大成者。

温南江《〈兰亭集序〉里的"三个"王羲之》（《中学语文教学参考》2020 年第 19 期）一文认为，从《兰亭集序》看王羲之其人，可以看到三个不一样的王羲之。一是生活里的王羲之，逍遥自在，因人际和谐、景色优美、情趣雅致而乐在其中。二是玄想时的王羲之，机智无比，看穿了当下的快乐，发现其背后是生命的无情流逝；又从"情随事迁"推演出"情随命迁"的残酷现实。三是本真的王羲之，身处绝望之境，在情感上有不能承受之痛，在认识上有无能为力之感，甚而对整个人类历史都充满了绝望：人不能真正认识自己。

朱曼曼《古代朝鲜半岛文人笔下的王羲之》（《青年文学家》2020 年第 8 期）一文认为，王羲之的书法约在南北朝时期传到朝鲜半岛，在朝鲜书法家、文人群体中引起强烈反响。他们对王羲之的崇拜既表现在书法作品中，也表现在各代流传下来的诗文中。

2020 年，学界同仁关于王献之书法研究的论文主要有：江维中《王献之〈洛神赋十三行〉小楷风格研究》（《汉字文化》2020 年第 4 期），孙稼阜《名家临名帖——鲜于枢临王献之〈鹅群帖〉》（《书法》2020 年第 8 期）。

二、褚遂良书法研究

2020 年学界同仁对褚遂良书法艺术及籍贯地进行研究的论文主要有：宋妍婧《褚遂良楷书研究简述》（《流行色》2020 年第 1 期），王文英《褚遂良与〈大字阴符经〉之谜》（《意林文汇》2020 年第 4 期），张衍远《褚遂良两版〈圣教序并记〉明清接受变迁》（《书法教育》2020 年第 5 期），夏生虎《从古典向妍丽挺进：论褚遂良对晋唐楷书的继承与创变》（《大众书法》2020 年第 6 期），吴浩然《浅析褚遂良书风形成原因与影响启发》（《艺术评鉴》2020 年第 9 期），陈杰《褚遂良是哪里人》（《杭州》2020 年第 17 期）。

三、贺知章诗文研究

盛大林《贺知章〈回乡偶书〉异文之考辨》（《黄河科技学院学报》2020 年第 7 期）一文认为，唐诗《回乡偶书》只有 28 个字，其中多达 10 个字存在异文，有几个字的异文甚至不止一个。中小学教科书及各种出版物莫衷一是，常令读者困惑不已。该文考据版本源流，分析上下诗意，结合诗韵格律，观照风俗文化，透过人情世理，逐字逐句进行全方位的分析比较，做出了最佳的文本选择。

黄理兵《在历史情境中寻找唐诗真相：以贺知章〈回乡偶书〉、王维〈酬张少府〉等为例》（《中州大学学报》2020 年第 5 期）一文认为，根据贺知章《回乡偶书》的写作背景，并考察汉语史上"相见"一词的意义，认为诗人是荣归故里，"儿童"是与他在正式场合行相见礼，诗中没有悲凉情绪，只有开心和满足。

四、陆贽思想及其籍贯研究

韩慧芬《陆贽儒学思想研究：以荀学的视角》（中国政法大学硕士学位论文，2020 年 5 月）一文指出，陆贽作为中唐时期著名的政论家，学本六经，又精研诸子史传，只要对其说理论事有益，都是其重要材料。虽然其思想来源广泛，但主要来源仍是儒家思想，其中受荀学的影响比较大，其思想带有明显的荀学色彩。

周敏法《唐代名相陆贽籍贯考辨》（《都会遗踪》辑刊，2020 年卷）一文指出，唐代著名宰相陆贽的籍贯自唐宋起就记载不一，迄今尚无定论。主要有浙江嘉兴和上海华亭两种说法，当前主流观点赞同他是浙江嘉兴人。而作者通过对《云间志》和唐诗以及上海地区区划沿革等有关史料综合考辨，认为陆贽祖籍嘉兴，生于华亭,理应属于上海人。

五、罗隐研究

王列生《从罗隐看才子如当末世》(《天水师范学院学报》2020 年第 1 期)一文指出,晚唐末世,罗隐乃一代才子,其《谗书》《两同书》和诗集《甲乙集》堪证。在他前后不同的两个时期,进取与抗争,则有致其历 55 年漂泊的末世价值逻辑制约,而侥幸归附一代藩王钱镠,却在"救身"的同时深陷"心死"的人生晚期,或者说才子身份解构的厄运期,这意味着另外一种价值悖论正以隐存方式制约其选择归附的人生转折。因此,以罗隐为个案的知识命题就在于,就末世论形而上学而言,才子如当末世,始终无法规避人生价值悖论所带来的生存宿命,因而从根本上将失去自我救赎的可能性,当然社会救赎也就更加无从谈起。从这个意义上说,才子如当末世,是才子枉为才子的悲剧性人生宿命。

第八节　五代吴越国历史文化研究

2020 年 11 月 23 日至 24 日,由临安区政协、区委宣传部、浙江农林大学主办的"第三届吴越钱王文化论坛"在杭州临安举行,来自浙江省社科院、省古建筑设计研究院、浙江农林大学、杭州师范大学等研究机构的 20 余位专家学者和钱氏后裔代表,分别从历史、文化、文物等角度,探讨吴越国时期经济开发、城市建筑、与今"一带一路"沿线国家交往、新时代城市更新与发展、吴越钱王文化的文创产业转化等一系列课题。①

2020 年的五代吴越国历史文化研究,主要集中在吴越国文献、石刻、造像、佛寺,以及钱镠、钱俶的人物个案研究。

---

① 信息摘录自《我区举行第三届吴越钱王文化论坛》,临安新闻网,2020 年 11 月 24 日。

一、吴越国文献、石刻、造像、佛寺研究

任光凌《〈葆光录〉成书年代及传播考略》（《兰台内外》2020 年第 26 期）一文认为，《葆光录》是一部记录唐末五代吴越国史事的作品。其成书年代，学界多认为是吴越人入宋作。据《永乐大典》残本条，考今本中"太宗少时帅师伐淮"事，此处"太宗"非宋太宗，而是吴越"世宗"钱元瓘，《葆光录》当成书于五代吴越国时期。

邓娅娅《五代吴越国石刻书法艺术特征研究》（杭州师范大学硕士学位论文，2020 年 5 月）一文以五代吴越国石刻书法为研究对象，回溯当时的政治、文化环境，多角度地探究了五代吴越国石刻书法产生的社会原因、艺术特色和风格取向等问题。

赖天兵《杭州七宝山仁王寺摩崖造像调查及相关问题》（《敦煌研究》2020 年第 2 期）一文认为，杭州市七宝山仁王寺遗址以北的佛教造像，存造像三龛，凡五尊，拥有我国古代已知体量最大的汉传僧人像龛。依据造像造型、题材结合史料分析，推测摩崖造像始凿于附宋之后。10 世纪后，两浙地区开始成为全国的佛教中心之一。七宝山造像突破了汉地僧人像的制作规模，宏大的僧人像、西方三圣来迎像的塑造，是南方地区佛教信仰进一步本地化、大众化的重要标志。

江静《日延与吴越国时期的中日交流》（《浙江社会科学》2020 年第 11 期）一文认为，在吴越国与日本的交往中，日本僧人日延起到了非常重要的作用。他受朝廷派遣，护送中土散佚的天台宗典籍来到吴越国，并在四年后携带钱弘俶造阿育王塔、唐代新修《符天历》以及千余卷内外典籍回到日本，并向朝廷上呈了在华日记。他不仅是文化使者，也负有收集吴越国情报的政治使命。他的出使是意欲脱离以中国为中心的东亚封贡体系的日本谋求与中国交往的一种新尝试，也是吴越国欲以佛教交流为纽带，将日本纳入东亚秩序的一种努力。这种以僧人为媒介的外交方式被北宋所继承，成为北宋前期两国官方交往的主要模式。

二、钱镠、钱俶研究

赵春昉《五代十国吴越钱镠与前蜀王建之比较研究》（《地域文化研究》2020 年第 1 期）一文认为，五代十国时期，社会动荡，战争频仍，短短 54 年间出现 15 个政权，涌现众多历史人物。907 年，前蜀与吴越立国，吴越钱镠与前蜀王建均由一介平民成为一方明主。他们二人有诸多的共通之处，在他们治理之下，吴越国成为东南最为富庶的国家，前蜀成都成为西蜀最为安定繁荣之地。钱镠与王建二人经历、政绩颇多相似，这种"历史共生现象"值得研究者重视。

纳春英、魏铭辰《从修筑杭州罗城看钱镠的统治策略》（《唐史论丛》辑刊，2020 年卷）一文指出，在中国古代城防系统中，罗城是城郭的外城，在军事防御中起极大的作用。杭州城在五代之前只有子城并无罗城。董昌及其继任者钱镠先后与杨行密、孙儒和王郢等势力发生过多次战争，至钱镠任职苏杭观察使时，杭州城的防御设施已经不能满足军事需要。因此钱镠于景福二年（893）七月，发动二十万民夫和十三都军士修筑杭州罗城，史载这次修筑的罗城周长七十里。

李最欣《论钱镠的文学成就》（《创意城市学刊》辑刊，2020 年卷）一文认为，钱镠的文学成就主要表现在其文艺观点和诗歌成就两方面。在文艺观点方面，钱镠喜好文艺而不沉迷文艺，符合"士先器识而后文艺"的古训；在诗歌成就方面，钱镠诗以爱民保民为突出主题，以乐观开朗为主要情调，以笔力雄健为基本特色。

钱运春《移民、政府作为与吴越国经济发展》（《历史教学问题》2020 年第 6 期）一文认为，钱镠在底定吴越境内后，通过政府积极作为，募卒入伍、募民垦荒、募商兴市，为吴越国经济快速发展奠定了基础。北方大量移民的到来，为这个战略实施提供了基础的劳动力资源，是吴越国经济优于同期其他国家的重要保证。

吴天跃《钱俶刻印〈宝箧印经〉与吴越国阿育王塔之关系重考》（《世界宗教研究》2020 年第 4 期）一文首先引述和辨析了中日学者关于日僧道喜《宝箧印经记》的最新研究进展，提示其背后道喜的撰述立场可能影响了历史记述。继而考察目前存世的钱俶刻印《宝箧印经》的贮存方式、吴越国阿育王塔的内部构造,试图厘清经、塔的真实共存关系,发现两者往往分离贮存。最后将钱俶所刻《宝箧印经》与其所造阿育王塔在东南沿海吴越至宋大塔中共存的仪轨实践和历史背景作一引申推测,认为《宝箧印经》乃是一种"法舍利",吴越国阿育王塔在当时应是作为"法身舍利"和江南佛教圣物加以供奉,而非根据《宝箧印经》所造。钱俶造塔纳经的幕后推动者很可能是力倡印经造塔弘法的吴越高僧永明延寿。

综合分析 2020 年学界同仁围绕"大浙学"视域的"汉唐浙学"研究,不难发现,对于汉唐时期浙江籍具体人物的专案研究,比如王充、嵇康、虞世南、王羲之的研究是亮点,对"浙东唐诗之路"的研究是近年来的学术增长点;对会稽郡、东吴、吴越国历史文化研究也有一些成果,但是缺乏对汉唐时期浙江历史文化("汉唐浙学通论")综合研究的论著,这也是学界同仁需要着力开拓的研究领域。

第四章　宋元浙学研究

北宋浙学的代表人物与学术流派主要有：(1)"宋初三先生"之胡瑗，在湖州讲学之时创立的"湖学"。(2)"庆历五先生"杨适、杜醇、王致、王说、楼郁，以经史、实学为圭臬，在明州(宁波)传授经史、有用之学。(3)同时，王安石在鄞县也有传播"新学"(荆公新学)之功，共同促成了新儒学在明州(宁波)的传承与发展。(4)永嘉"皇祐三先生"王开祖、丁昌期、林石，在永嘉(温州)传播中原文化，开创"永嘉道学"。(5)永嘉"元丰九先生"周行己、许景衡、沈躬行、刘安节、刘安上、戴述、赵霄、张辉、蒋元中，将洛学、关学传入永嘉。(6)游酢在萧山，杨时在余杭、萧山从政期间的讲学活动，是谓程颢"吾道南矣"云云而有的"道南学脉"在浙江(杭州)的传播；这样一来，以二程洛学为主的理学(亦作"道学""新儒学")便在浙西(杭州)、浙东(明州、永嘉)传播开来，同时也促成了"南宋浙东学派"(狭义"浙学")的创设。按照"大浙学"的提法，经史之学、文学、自然科学、方志学等都属于"大浙学"的范畴，则(7)北宋著名隐逸诗人林逋、北宋科学家沈括，宜归入"浙学家"之列，后者的学术代表作《梦溪笔谈》则属于"浙学经典"之一种。

2020年，学界同仁关于宋元浙学研究的新进展，主要集中在宋元时期浙江籍的思想家及两宋浙东学派。同时，定都临安(杭州)的南宋朝历史文化、衢州南孔文化，也属于本书提倡的"大浙学"的关注领域。

第一节　两宋浙东学派综合研究

郭庆财《南宋的学派之争与文学嬗变》(人民出版社 2020 年 1 月版)一书主要探讨了王安石新学、道南学派、朱子学派、湖湘学派、浙东学派、陆九渊学派之间的论争,以及朱熹、陆九渊、叶适、吕祖谦、刘克庄、真德秀、魏了翁的文学思想,从新的角度描述出了南宋文学流变的脉络,力求对学术论争做出历史与逻辑的阐释,并勾勒出南宋学术争鸣引发的文学效应。

杨万里《以学术之眼切文学之脉:评郭庆财新著〈南宋的学派之争与文学嬗变〉》[《山西师大学报(社会科学版)》2020 年第 4 期]一文指出,郭庆财的新著《南宋的学派之争与文学嬗变》(人民出版社 2020 年 1 月版)从横向辨析了南宋时期王安石新学、道南学派、朱子学派、湖湘学派、浙东学派、陆九渊学派等各学术流派间的论辩旨趣,纵向梳理了南宋学术思潮的发展脉络,进而总结和抽绎出朱熹、胡寅、陆九渊、叶适、吕祖谦、刘克庄、真德秀、魏了翁、王应麟等学术大家的文学观念及其影响,体现出作者较为宽广的学术视野和较强的思辨能力。

王立斌《浙东学派与五峰书院》(《新阅读》2020 年第 9 期)一文指出,浙东三派合流永康之有五峰,犹信州之有鹅湖。五峰会讲,早在南宋就盛极一时,南宋小朝廷偏安江左,激起尖锐的民族矛盾和阶级矛盾,此时的思想文化界,异常活跃,学派迭起,书院林立。金华素有"小邹鲁"之誉,永康也向称文化之邦。这时,吕祖谦、陈亮、叶适崛起于浙东,开创金华学派、永康学派和永嘉学派,形成三足鼎立,三派合称浙东学派或婺州学派。

第二节 北宋浙学研究

一、胡瑗与"湖学"研究

2020年，学界研究胡瑗教育思想的论文有若干篇。

沈江龙、陈友益《胡瑗"明体达用"教育思想的形成及其当代价值》（《湖州师范学院学报》2020年第1期）一文认为，胡瑗"明体达用"教学思想不仅适应了宋初社会经济发展对教育的要求，同时顺应了北宋统治者"治国安邦"的政治需要。"明体达用"教育思想理念先进，符合教书育人的要求，对近现代社会产生了深远影响。

耿红卫、程成《胡瑗教育思想对语文教师专业化发展的启示》（《语文建设》2020年第6期）一文认为，胡瑗提倡的博学教育思想、个性化教育思想、综合性教育思想和榜样教育思想为当下语文教师如何塑造自己，从而引领学生成才提供了丰富的教育实践经验，对其专业发展具有一定启发和借鉴价值。

李文兵《胡瑗先生论"教育的基本规律"》（《湖州师范学院学报》2020年第6期）一文认为，教育与社会发展的关系、教育与人的发展的关系，是现代教育基本理论中最为重要的内容，被潘懋元先生称为"教育的两条基本规律"。早在1000多年前北宋的胡瑗先生及其弟子也曾对这两个问题进行过类似的阐述。对他们的教育观点进行研究，既有利于西方现代教育理论的本土化，也有利于中国传统教育思想的国际化。

二、明州"庆历五先生"研究

"庆历五先生"是指北宋庆历年间（1041—1048）明州（今浙江宁波）的五位学者：杨适、杜醇、楼郁、王致、王说。

2020年,未见研究"庆历五先生"的论文。

三、王安石任鄞县县令的"治鄞方略"研究

2020年,研究王安石与鄞县之间关联的论文有1篇。

刘岩《王安石延请杜醇再探析》(《商丘职业技术学院学报》2020年第2期)一文认为,延祐《四明志》认为,王安石知鄞时曾先后作书两封给慈溪名儒杜醇,请他执教鄞县县学。这个看法得到了全祖望、钱大昕的认同,两篇书信也被名以《请杜醇先生入县学书》并收入王安石文集。但延祐《四明志》的说法存在着很多漏洞,经过分析,杜醇入的更可能是慈溪县学,而首篇《请杜醇先生入县学书》很可能出自慈溪令林肇之手,第二篇《请杜醇先生入县学书》可能就是王安石亡佚的"师说"。

四、永嘉"皇祐三先生""元丰九先生"及北宋永嘉学派综合研究

"皇祐三先生"指北宋皇祐年间三位率先在永嘉(温州)传播中原文化的学者:王开祖、林石和丁昌期。永嘉"元丰九先生"是北宋在元丰年间"游太学""及程门"的永嘉籍学者:周行己、许景衡、沈躬行、刘安节、刘安上、戴述、赵霄、张辉、蒋元中。

2020年,研究"皇祐三先生"及北宋永嘉学人的论文有6种。

全定旺《东山书院:永嘉学派开创与传承之地》(《学习时报》2020年3月13日)一文指出,北宋皇祐年间,王开祖设塾讲学于永嘉城东华盖山,华盖山又名东山,故后世称王开祖讲学之所曰东山书院。东山书院初无书院之名,仅为王开祖讲学的固定场所。据《温州府志》所载,宋淳祐十二年(1252)至明代,永嘉书院、鹿城书院为温州府主要书院,皆标榜永嘉之学。明代温州士人追本溯源,尊王开祖为永嘉学派创始者,故称其讲学之所为东山书院,并加以修复扩建。

兰军《学缘与血缘:北宋永嘉学术传衍路径探究》(《宋史研究论丛》辑刊,2020年卷)一文指出,北宋是永嘉学派初创期,以学缘与血缘为基础建构的社会关系网

络成为永嘉学术传衍的主要路径。皇祐年间，王开祖在华盖山创办东山书院讲明理学，首开以书院为基地，借助学缘关系传播永嘉学术之风。林石、丁昌期除于塘奥塾、醉经堂讲学外，另辟以宗族联姻为媒介的传学渠道，建立起与元丰九先生间的学脉传承。周行己、许景衡等永嘉洛学士人既通过官学、书院、书塾讲学等拓展学术社群，又通过相互联姻及家学传承等血缘关系网络凝聚地域学术认同，形成鲜明的永嘉学术风格。

王锟《永嘉学派研究平议》[《温州大学学报（社会科学版）》2020 年第 2 期]一文认为，永嘉学派草昧于北宋"皇祐三先生"和"元丰九先生"，开创于南宋郑伯熊、薛季宣，继陈傅良之弘扬而至叶适集大成。永嘉诸贤自南宋以来就进入学者讨论的视野。近百年永嘉学派的研究，始于清末民初的温州籍学人对永嘉学派的文献整理及精神弘扬，小成于 1980 至 1990 年代，大盛于 2000 年以来的十余年，推动了宋代永嘉学派研究的繁荣。然而在学术内在层面，永嘉学派的研究仍有待诸多改进与补足之处。

李正柏、刘巧云《斋心沐形：论刘安节、刘安上的实践美学及其人生境界》[《美与时代（下）》2020 年第 7 期]一文认为，永嘉学派刘安节、刘安上兄弟上溯至《易》，以实践重新弥合"道"与"器"的裂纹，强调社会实践的重要性，将格物致知的内省与外拓并重。通过引入庄子的思想资源，同时又摒弃其相对主义方法，结合儒家思想，形成了刘安节、刘安上"斋心沐形"的独特理论。"斋心"与"沐形"的合一，使得世俗成为无功利审美的对象，相较于之前的学者通过内省获得"仁乐"而言，对于刘安节、刘安上来说，"仁"就是"乐"本身。

张声和《周行己：伊洛渊源百世师》（《温州人》2020 年第 17 期）一文认为，周行己，世称浮沚先生，永嘉学的创始人之一，被列为元丰九先生之首。他自筑浮沚书院，传授程颐伊洛之学，最早将伊川之学传播至温州，其学术研究与教学活动对温州乃至浙江学术产生重要影响。

张声和《许景衡：浮云有南北　明月满空虚》（《温州人》2020 年第 19 期）一文认为，许景衡 22 岁进士及第，历仕哲、徽、钦、高宗四朝，执政于朝事中心，官至右丞、资政殿学士,堪称一代名臣。他是温州"元丰太学九先生"之一,永嘉学派早期的学者。《宋史》评价他:"景衡得程颐之学,志虑清纯,议论不与时俯仰。"《四库全书总目》评:"其文章也坦白光明,粹然一出于正。"

五、游酢、杨时与"道南学派"研究

李家林《理学家游酢的清廉故事》(《炎黄纵横》2020 年第 7 期)一文认为,"程门立雪"的主人公游酢,不仅是著名的理学家,还是以清廉著称的循吏。元丰六年(1083),游酢接到朝廷任命,到萧山担任县尉,任上以清廉著称。

王利民《洛学传人杨时的交游与诗歌创作》(《赣南师范大学学报》2020 年第 5 期)一文认为,写诗是杨时的基本生存方式之一,其诗作数量既多,在诗坛的交游亦广,加上程氏洛学正宗传人的地位,他自然成为南方理学诗人群体的中心人物。杨时一生主要事业在理学,诗乃其余事。在诗歌理论上他承袭了程颐的文道观,标举《六经》之"明天道、正人伦"。从艺术上讲,杨时论诗文推重温柔敦厚的气象,否定诗歌的怨忿和讥刺,其律诗齐整有法,致心平易,没有兀傲奇崛的气骨,也缺乏活泼流动的韵致。

肖满省《道南学派发展视域下的杨时易学》(《闽江学院学报》2020 年第 3 期)一文认为,杨时是道南学派的开山鼻祖,在传承程氏易学、发展道南易学方面具有特殊的贡献。其贡献主要体现在三方面:校正、刊刻《伊川易传》,使程氏易学得以广泛传播;发挥程子治《易》方法,主张"以心通《易》,以身行《易》";将程氏《易传》的儒理通俗化、事理化,又着眼于对《周易》象数之学的研究,补程氏易学之所未备。杨时的易学思想在道南学派的形成发展过程中起着不可忽视的作用。

六、林逋、沈括研究

（一）林逋研究

2020年，研究林逋诗歌的论文有若干篇。

要婷《林逋诗词中的意识指向》（《名作欣赏》2020年第5期）一文认为，今人对林逋的研究，多集中于诗歌分类、隐逸思想、诗歌风格等方面，然对其诗词中的意识指向还未有人涉及。林逋诗词创作中蕴含的忧患意识、人文旨趣、内省态度以及理性精神，对我们了解其审美意识和创作心理有很重要的意义。

要婷《林逋诗歌中的人文旨趣》〔《太原学院学报（社会科学版）》2020年第2期〕一文认为，林逋诗歌中蕴含着丰富的人文意象和自然意象，透过这些意象可以窥探到林逋诗歌是纯粹的表现自我、吟咏性情，是儒佛道三家思想的融合与统一。林逋诗歌，以自适为归宿。

陈莜烨《林逋〈山园小梅·其一〉的传播与接受》（《阴山学刊》2020年第4期）一文认为，《山园小梅·其一》位列宋诗一百首经典篇目排行榜第二位，其魅力长久不衰。后人和作、吊挽、模仿等作颇多，或习其范式，或化其诗意，"暗香""疏影"也渐成为梅花代名词；诗家的推崇，批评家对"疏影"一联的讨论、诗歌整体的评价以及相较其他咏梅诗的高下比较等，使该诗更为人所知；诗人人格形象、时代圃艺之风、孤山名胜旅游等因素也无形推动诗歌传播与接受；"跨体""跨学科""跨国"接受现象，更显诗歌影响的广泛性与持久性。

（二）沈括与《梦溪笔谈》研究

2020年学界研究沈括与《梦溪笔谈》研究的论文主要有以下数篇。

1.沈括生平事迹研究

孙国军、胡廷荣、李义《沈括使辽终点及最后七驿路径详考》〔《赤峰学院学报

(汉文哲学社会科学版)》2020 年第 12 期]一文认为,对沈括使辽最后七驿路径及终点的确认,学界目前分歧较大。该文使用较大比例尺地形图,依沈《使虏图抄》所记诸驿程间路段的里程、方位逐段追寻,并辅以终点、潢水桥等部分实地调查,对沈括使辽最后七驿路径及终点作详考,其中确认终点犊儿山,即今西乌珠穆沁旗原宝日嘎斯台苏木东南 30 里的孤峰巴彦乌拉。

2.《梦溪笔谈》研究

郭建华、杨凤瑞《〈梦溪笔谈〉中的农田水利条目内涵探析》(《文化创新比较研究》2020 年第 27 期)一文在李约瑟、胡道静、金良年等人的研究基础上,首次归纳出《笔谈》中的农田水利方面的主述条目与关涉条目,并从政治性与科学性两个角度对相关条目内涵加以解读,可以丰富《笔谈》内涵,为其中的农田水利条目赋予新的含义。

周云逸《沈括〈梦溪笔谈〉对本草专书的纠误》(《中医药文化》2020 年第 5 期)一文认为,《梦溪笔谈》对本草学的论述具有重要研究价值。《梦溪笔谈》有《药议》篇,对本草专书的纠误有 16 则,涉及纠正药名重出之误、药物异名之误、药性之误、药物形状之误、合药原则之误、采摘时月及用法之误。

杨贵环、王孝峰《从〈梦溪笔谈〉看沈括的文学创作观》(《名作欣赏》2020 年第 36 期)一文认为,沈括的《梦溪笔谈》涉及内容广泛,其中的艺文卷部分更是记载了不少的诗文作法以及音韵准则,为后世保留了不少的文献史料。在《梦溪笔谈》中不论是沈括对唐人诗述评、集句诗简论以及鹳雀楼诗歌文学现象的评价,还是取材构思需保持严谨的态度、匠心独运成就好的文学创作以及重视语言锤炼是诗文创作的关键等文学主张,沈括都有着自己的思考与推重,而这也成为我们研究沈括文学创作观的重要依据。

第三节　南宋浙学研究

南宋理学发展的学术高峰是朱熹理学与陆九渊心学,又因为南宋都城是临安

（杭州），故而两浙便自然成为南宋理学传播的中心区域，狭义的"浙学"，即南宋浙东学派借此成型：（1）以薛季宣、陈傅良、叶适为代表的"以经制言事功"的永嘉学派，还有郑伯熊、郑伯英、蔡幼学、徐谊等同调；（2）以陈亮为代表"专言事功"的永康学派；（3）以吕祖谦、吕祖俭为代表的"金华学派"（"婺学"）；（4）金华唐仲友的经制之学。与此同时，还有（5）以范浚、张九成为代表的浙江本土心学家，（6）宗于江西陆九渊心学的"甬上四先生"杨简、袁燮、舒璘、沈焕。而朱子学在浙江的传播，按地域则可析分为（7）以陈埴、叶味道（木钟学派）等为代表的永嘉（温州）朱子学，（8）以杜煜、杜知仁、杜范等南湖学派为代表的台州朱子学，（9）以宋元之际"北山四先生"何基、王柏、金履祥、许谦为代表的金华朱子学，亦称"北山学派"。此外，（10）南宋文学家李光、王十朋、楼钥，也属于广义的"浙学家"。

一、薛季宣、陈傅良、叶适与南宋永嘉学派研究

（一）南宋永嘉学派综论

2020 年 5 月 14 日，温州市社科联邀请温州大学、温州医科大学等在温高校学者齐聚一堂，就"永嘉学派"的当前研究现状与下步研究开展座谈。与会者坦言，目前"永嘉学派"的研究重复较多，受地域限制较明显，呈现出一定的地方主义色彩。研究经费不足、研究人员分散等因素也制约了"永嘉学派"研究的深入与发展，建议相关部门投入专项经费，通过建设研究基地、开展学术研讨等措施搭建平台推动"永嘉学派"的研究，充分调动学界的积极性，集结人才与学术成果。应重视"永嘉学派"内容的普及宣传，通过科普读物、社科讲座、进入中小学课堂等形式传播优秀传统文化，为后续研究注入更强的生命力。[①]

2020 年 11 月 28 日，由永嘉县委宣传部、永嘉县文化与广电旅游体育局和永嘉

---

① 《市社科联召开"永嘉学派"研究座谈会》，温州社科网，2020 年 5 月 15 日。

县社会科学界联合会共同主办，浙江日报温州分社、温州大学永嘉学派研究院、温州广电传媒集团全媒体新闻中心协办的"首届永嘉学派高峰论坛暨第七届永嘉书院论坛"在永嘉书院举行。论坛分上、下午两场进行。上午举行题为"永嘉学派现代化的价值与意义"的学术沙龙，邀请国内永嘉学派研究专家杨国荣、陈安金等参加。下午的"首届永嘉学派高峰论坛"由董平作《浙东学派的学术定位》、陈安金作《学派崛起在永嘉》专题讲座。[①]

2020 年 12 月 5 日晚，"电视思政大课永嘉学派与新时代温州人精神"在温州电视台公共频道开播，温州大学党委书记谢树华，马克思主义学院副院长孙邦金、温州市委政研室综合处处长倪考梦等主讲。其中，孙邦金以《永嘉学派和温州人精神的内核》为题，剖析了永嘉学派的产生以及永嘉学派中的温州人精神内核，在"道在器中，事上理会""因地制宜，工商皆本""以利和义，义利并举""民自为生，藏富于民"四个方面，从哲学层面对温州人精神的内核进行剖析。总之，这堂思政课深刻解读了永嘉学派与新时代温州人精神的丰富内涵，探寻新时代温州人精神的文化基因，进一步激扬新时代温州人精神，更加自觉肩负起当好建设"重要窗口"的建设者、维护者、展示者的使命担当。[②]

朱红、王绪琴《永嘉学派的学理转向及其意义》（《哲学动态》2020 年第 1 期）一文认为，永嘉之学扬弃了理学注重心性修养的治学方向，转向强调致用的经制之学。永嘉学人多为理学家所指摘，甚至被视为异端，但这正表明了永嘉学派的学理转向。永嘉学派经制之学的建构，涉猎广泛，注重社会生活，助力南宋在经济等领域走向鼎盛。然而，历史的发展出现了反转，明朝采取了闭关锁国的策略，打断了"南宋模式"的延续。永嘉学派的出现，本质上是一场儒学内部相异于经学传统的批判与启蒙的思想运动。

---

① 《首届永嘉学派高峰论坛圆满举办》，活力温州网，2020 年 11 月 30 日。
② 《思政大课永嘉学派与新时代温州人精神开播！温州大学师生热议这堂"云思政课"》，温州大学新闻网，2020 年 12 月 7 日。

陈安金《论南宋时期温州的"文化自觉"：以永嘉学派为中心》[《温州大学学报（社会科学版）》2020 年第 6 期]一文认为，南宋时期永嘉学派的兴起，带动了温州本土文化意识的蜕变，可以说永嘉学派思想的形成过程便是南宋温州"文化自觉"的一个缩影。薛季宣为实现国家复兴大业，开始突破"洛学"修养论、治国论框架，立足现实提出了一系列兴利除弊的主张，并试图以"一定之谋"获取儒学支持，温州的"文化自觉"就此发端。陈傅良拓展了薛季宣之说，开始从人性论的层面来贯通内圣外王，从劝君"负责"的角度劝谏君王积极担负起实现国家复兴的历史使命。叶适以《尚书》为依托，建构了以道论、德论、人性论、修养论为主要内容的"实学"体系，推动实现了儒学的转型。至此，永嘉学派在思想主旨和体系上基本实现了独立，南宋温州的"文化自觉"在某种意义上得以完成。

冀晋才、吴妮妮《朱熹与永嘉学派关于"欲"的思想之分歧》[《温州大学学报（社会科学版）》2020 年第 1 期]一文认为，朱熹和永嘉学派思想的分歧在对"欲"概念的认识和处理上表现得最为鲜明。朱熹思想中的"欲"概念是出自于理论推理，其内涵分两部分，即生于"性"者其本体为"理"，是为"理欲"；生于"心"者，本体为"气"，是为"人欲"或"私欲"。永嘉诸子思想中的"欲"则更多的是对自然存在的人欲的总结。对"欲"的处理上：朱熹主张修心，即守诚虚静、不被外界的利欲所诱而妄动；永嘉诸子则主张兴实政、实德以保民、养民，满足人们普遍的利欲诉求，并以利欲去引导人们向善，用制度去限制人们为恶。两派关于"欲"的思想之分歧，根源在于两派思想家们各自不同的生活地域和不同的学术经历。

冀晋才、曾振宇《永嘉学派对程学话语体系的突破》（《甘肃社会科学》2020 年第 5 期)一文指出，南宋初，因掌控儒学话语权的程学难以解决强国御辱、恢复中原等现实需求，儒学界兴起了一股谋求突破程学的学术思潮。永嘉学派以情欲论为突破口展开了尝试，程学话语体系本身的局限性也为其提供了突破的缺口。在对"情"和"欲"的概念诠释上，摒弃程学用"气"来诠释"情"和"欲"的方法，否定了程学将"情"和"欲"割裂于人性的观点，直接从现实生活中观察"情"和"欲"及其善恶，并将二者视为人性之固有内容；在对以治欲为中心的修养论和治国论的认识上，否认程学"万事以修身为先"、修身即"穷理、去欲、复性"的观点,指出圣王之道蕴含于其实政实德之中、以保民养民为要。由此,永嘉学派对程学之天人观、"道"和"道统"进行了系统地批判和重构,基本实现了突破程学话语体系、重构儒学的学术意图。

(二)薛季宣研究

2020 年,学界有研究薛季宣的论文有 1 篇。

张声和《薛季宣:已自东山誉高洁》(《温州人》2020 年第 15 期)一文对薛季宣的生平学行及其在永嘉学派中的学术地位予以揭示。

(三)陈傅良研究

2020 年,研究陈傅良的论文有 4 篇。

张声和《陈傅良的时务诗与交友诗》(《温州人》2020 年第 1 期)一文认为,陈傅良诗中有丰富的社会时务记述,有珍贵的学者交往内容。

蔡新祥《止斋高足助理〈春秋〉:记南宋永嘉学派学者周勉》(《文化交流》2020 年第 5 期)一文认为,南宋永嘉学派学者周勉,自小求学于大儒陈傅良,而同时期的永嘉学派著名学者叶适与他们均有往来。

陈劲《孝宗中兴与庆元党禁视域下的南宋儒学走向:以朱熹与陈傅良交游为中心的考察》(《孔子研究》2020 年第 4 期)一文认为,孝宗中兴时期,南宋儒学群体之间的交游频繁,陈傅良一直以"不欲与争"的态度与朱熹相处;宋宁宗即位后,身处庆元党禁风波下的朱熹、陈傅良则摒弃学术差异,在朝堂上同舟共济,政见亦趋于一致。朱熹和陈傅良虽然在思想观点上有所不同,但因为同属儒学群体,有着共同的价值追求和相近的交游圈,故而视彼此为莫逆,以他们为代表的道学与浙学群体之间的交流也对南宋的学术繁荣和朝局走向等产生了广泛的影响。

王琦《性理与事功的贯通:陈傅良〈经筵孟子讲义〉刍议》[《长沙理工大学学报(社会科学版)》2020 年第 5 期]一文认为,《经筵孟子讲义》是陈傅良为宋宁宗讲学的讲稿，浓缩了其学术思想精髓，但至今未有学者对其进行系统研究。陈傅良借助《孟子》经义的诠释，寄寓了其以孔子之道—学术、明教化、正人心、成圣王的政治理想，并形成了以义理解经，说理透彻，劝诫帝王等诠释特点，具有言事功而不废性理，重外王而不失内圣，经世致用、兼容并包的学术特质。朱熹因学术旨趣及学派竞争等原因，将永嘉之学贬斥为功利之学的观点，是有失公允并带有门户之见的。

（四）叶适研究

2020 年 8 月 18 日至 20 日，"叶适事功学说与当代价值文化研讨会"在台州路桥举办。研讨会上，来自浙江大学、浙江省社会科学院、温州大学等高校科研单位的与会专家学者分别围绕叶适的"崇义养利"之学及其时代价值、叶适的易学思想、叶适的学术交往及其学说在台州的传承和"十四五"之际叶适与永嘉学派研究传承的回顾和展望等内容进行主题发言。据悉，叶适与路桥颇有渊源，他晚年辞官后在螺洋讲学，当地尊称叶适为"叶大侯王"，建有专门供奉叶适的毓英庙和叶大侯王衣冠冢。①

2020 年 10 月 15 日，由温州市文史研究馆、温州市社会科学界联合会联合举办的"叶适诞辰 870 周年纪念座谈会"在温州市人民大会堂四楼新闻厅召开座谈会上，王宇、洪振宁、孙邦金等 6 位专家从不同层面和角度，对叶适的思想、永嘉学派精神及其在"浙学"中的历史地位、现代价值等方面进行了认真探讨。②

2020 年的叶适研究，聚焦于他的哲学及经学思想。

陈仁仁《叶适的道物观略论》[《温州大学学报》（社会科学版）2020 年第 2 期]一文认为，浙东事功学派代表人物叶适有较明确的道物观，这也是他的世界观。在叶适看来，世界的根本存在是"物"，"物"是"道"存在的前提，"道"不能独立于"物"

---

① 《浙江路桥召开"叶适事功学说与当代价值"文化研讨会》，中国新闻网，2020 年 8 月 20 日。

② 《温州召开纪念叶适诞辰 870 周年座谈会》，温州网，2020 年 10 月 16 日。

之外纯形而上地存在，即所谓"物之所在，道则在焉"，这是叶适对于道与物之根本关系的总体看法。万物之存在表现的是一种多样性的存在，而"物之理"则表现为一种统一性的存在，于是"物之理"就成为了沟通"道"与"物"的中介，或者说"理"就是"道"在"物"中的表现。叶适的道物观为其事功思想奠定了世界观和认识论上的理论基础。

允春喜、陈林昂《义利合一与国家治理：叶适功利主义思想研究》[《青岛农业大学学报（社会科学版）》2020 年第 2 期]一文认为，南宋思想家叶适基于时代背景形成其独具特色的本体论、认识论和方法论的政治哲学理论体系，否定以朱熹为代表的南宋理学道统观，提出了"义利合一"的国家治理理念。叶适反对传统儒家的重农抑商观念，支持工商业发展，提倡土地私有制，提出稳定纸币币值，主张社会应理财而不能敛财，并将财富藏于万民。这种富有前瞻性的经济发展与国家治理理论，主张本末并举的思想逻辑，具有鲜明的时代特征与现实意义。

辜俊君《公平正义与功利关系的再阐释：以朱熹、叶适义利之辩为进路》（《甘肃理论学刊》2020 年第 3 期）一文认为，从古至今，公平正义与功利二者关系的问题一直是学界的争论焦点，到了市场经济全球化的今天，如何合理处理二者关系直接影响到社会的和谐与进步。公平正义与功利的关系在儒家理论视域中即义利关系，南宋时期儒家义利思想趋于成熟，出现了以朱熹为代表的"融利于义"义务论义利思想与以叶适为代表的"成利致义"功利主义义利思想两大思潮，二者围绕着义与利何者更具优先性的问题展开了激烈论辩。以此义利之辩为思想进路，可为公平正义与功利二者关系的现代诠释提供来自中国智慧的思想借鉴。

王莉《叶适孟学思想研究》（四川省社会科学院硕士学位论文，2020 年 5 月）一文从叶适生平著述、道统论、心性论以及仁政论等方面，分析探讨叶适对于孟子思想的肯定、批判与发挥。如他在道统论方面，秉承尊孔重儒的原则，明确指出孟子不能续道统的问题，凸显叶适秉承孔子道统思想但又与程朱"道统论"颇不相同；在心性论方面，叶适持"内外交相成"等观点，认为，程朱在诠释孟子"心性论"上存在与时代脱节之弊端，与南宋面临的时代困局尤其以富强为目的治国之道并不相干。

为此,他从事功与南宋面临的严峻现实出发,在批判程朱道统论的基础上发展了孟学思想,建构了以事功为核心的思想理论体系,亦对明清"实学"的发展产生了一定影响,成为"非孟"潮流中具有鲜明特色的重要组成部分,表现了叶适本人希望通过著书立说引导南宋朝廷致力政治、社会、经济建设以走出危机的人生愿景。这正是叶适孟学思想研究之价值所在与显著特点。

（五）郑伯熊、郑伯英、徐谊研究

2020 年,学界没有研究郑伯熊、郑伯英的专论,研究徐谊的论文有 1 篇。

吴龙灿《以悟为宗别为一家:永嘉金溪同调徐谊学术与交游钩沉》[《温州大学学报（社会科学版）》2020 年第 2 期]一文认为,南宋时期,永嘉诸子之一徐谊,却倾心于象山心学思想和实践。徐谊为南宋名臣,曾主导"光宗内禅"政变,道德功业显著。有着"永嘉金溪同调"学术史定位的徐谊学兼永嘉之学而别创心学,以悟为宗,别为一家。观其交游,一方面与永嘉学派鼎盛时期代表人物陈傅良、叶适等同道共进,一方面与陆九渊及其门生慈湖杨简、奉化舒璘、鄞县袁燮、镇海沈焕"甬上四先生"过从甚密,其学侣同调及其门人学行颇为可观,对永嘉学派当代研究和新时代发展有着重要的启示意义。

二、陈亮与永康学派研究

2020 年学界的陈亮研究,主要围绕陈亮的事功思想、文学思想（词论）、军事思想及人物交游展开。

（一）陈亮的事功思想研究

谭斯浩《陈亮事功思想及其对现代企业发展的启示》（湘潭大学硕士学位论文,2020 年 5 月）一文指出,陈亮的"事功"思想体系的根源可以追溯至中国的儒家文化的传统之中,他在儒家文化之中的"内圣外王"基础上进一步发展,从更加现实的层面出发,形成了独特的事功思想体系。陈亮事功思想对现实的政治、经济、文化各个方面都有着积极的意义,他提倡社会改革创新,求真务实,充分考虑公民和国家的利益,促进南宋的统一,这些思想不仅仅是对整个南宋有着重要的意义,他的"事功"思想内涵对现代社会也具有极高的价值。

阮航《陈亮思想的功利主义转向论析》(《江汉论坛》2020 年第 11 期)一文认为,陈亮的前后期思想存在极大的区别。其思想早期追随宋代新儒学,坚持以内圣之学为本的基本价值立场;而至迟于公元 1178 年,陈亮已从内圣之学的信徒转变为一名激进的功利主义者。这一转向的发生,主要源自陈亮的性格特质、科举失败与仕途挫折、参与政治途径的改变,以及师友群体的变化。这一转向是从新儒学内部发生的。它既是对新儒学的反叛,也是基于对新儒学的深切理解,折射出儒学发展过程中内圣之学与外王之学之间的紧张关系。陈亮基于其功利主义立场而与朱熹展开的王霸义利之辨,也对后世儒学思想的发展产生了深远的影响。

(二)陈亮文学思想(词论)研究

庄国瑞《论陈亮散文之成就:兼议其文章经典化为何未能成功》(《江西社会科学》2020 年第 10 期)一文认为,陈亮的文章在南宋中兴时期文坛独树一帜,突出成就在于:注重事功策略,具有指向未来的独特思想取向;文气宏劲言辞尖锐,具有以气驱遣辞章的特点;为文善于摆脱庸常表达,这源于其学术修养深厚、行文注意把握章法与节奏变化、遣词用语能在学古中创新。陈亮散文在其生活时代所获的影响及其自我评价,与在后世产生的传播效果之间有较大差距,他的文章在南宋后未能持续走上"经典化"的道路,究其原因在于南宋散文整体上受到轻视,且南宋诸人对于北宋六家的创新未实现更大突破,此外,陈亮具有代表性的文章文学性不够突出,而且其学术与后世主流学术取向相异,故缺少传承者发扬其学术与文章。

周超《陈亮词与永康学派之事功思想》(《名作欣赏》2020 年第 32 期)一文认为,陈亮重视词的社会功用,通过作词来抒发自己的经济之怀。在词的创作中,陈亮以政论入词,通过直抒己见、借用典故、词文互鉴的方法将永康学派的事功思想与词紧密结合在一起，使部分词作中透露出强烈的政治功利色彩，而这一结合打破了传统，对于提高词的地位也有着重要影响。

陈心澈《陈亮爱国词中蕴含的"英雄意志"与崇高体验》（《大众文艺》2020年第8期）一文认为，陈亮爱国词是其词作中占比最大最富特色也最具艺术感染力的部分，"英雄意志"的外延即指人的精神意志力量，陈亮词继承英雄先辈的生命意志，并将自我献身于意志追求中，是"英雄意志"的极致展现。

（三）陈亮的军事思想研究

李耀仙、张丽平《读陈亮〈酌古论〉：一部研究古代战争史的科学著作》[《西华师范大学学报（哲学社会科学版）》2020年第2期]一文认为，陈亮《酌古论》可谓其军事理论的典型代表作。从内容和作用上看，《酌古论》通过对历史人物军事活动的分析，把兵书和史书结合起来，从中吸取经验教训，为当时抗金的现实斗争服务，是进步的，爱国的。陈亮在《酌古论》中提出了政治决定战争胜负的原则、战争服从于战略的原则、战术的制定必基于"善量彼己之势"的原则和国内战争应当自力更生不借外援的经验教训，在研究战争和战争史上做出了重要贡献。

（四）陈亮的人物交游研究

邱阳《陈亮与吕祖谦交游考》（《历史文献研究》辑刊，2020年卷》一文指出，南宋时期，浙东地区之学术与文学不论规模还是成就皆领全国之风骚。陈亮与吕祖谦二人作为浙东学派的核心人物，力倡经世致用之学，为学派成为与朱熹理学、陆氏心学鼎峙之学术势力贡献甚巨。陈亮生性豪迈，却于诸友中对蔼然和善之吕祖谦最为服膺。吕氏作为兄长，不论在为人还是为学方面皆曾对陈亮给予真诚的帮助与指导，故陈氏视其为海内唯一知己。惜吕祖谦英年早逝，失却兄长教导的陈亮其后遂与性格同样并不平和的朱熹爆发思想史上著名的"王霸义利之辩"。探寻陈亮与吕祖谦交游之迹，对于了解二人尤其是陈亮的思想演变历程不失为一有效途径。

三、吕祖谦与"金华学派"研究

2020 年学界的吕祖谦研究，主要聚焦于吕祖谦与朱熹的交游及二人合编的《近思录》综合研究，吕祖谦的经学、文学、政治、历史、教育思想、文献编纂及版本，吕祖谦思想对外传播等。

（一）吕祖谦与朱熹的交游研究

杜海军《朱熹论〈东莱集〉录文多伪说指谬》(《兰州学刊》2020 年第 10 期)一文认为，朱熹与人书信多次谈到吕祖谦文集收录文字的"真伪相半"，《朱子语类》中朱熹更明确指出吕伯恭《文集》中的《答项平父书》为傅梦泉作。但是，考证发现，《答项平父书》中的人与事都与吕祖谦有关，如其中说到侍郎舅父为曾逮、说到"病废"者为吕祖谦，说到"诸表弟"为吕祖谦舅父家子弟，说到曾逮与项平甫结识时间也相应，所以说，朱熹指《答项平甫书》为傅梦泉作是错误的。《四库全书总目》批评朱熹对吕祖谦抵隙攻瑕，不遗余力，因此，凡朱熹论吕祖谦文字，皆需分析看待。

（二）《近思录》综合研究

尹晓宁《身心合一：论〈近思录〉中的理学工夫要诀》[《国际社会科学杂志(中文版)》2020 年第 3 期]一文认为，《近思录》是中国思想史上的一部重要著作，后人将其视为"性理之祖"。《近思录》的精华在内圣工夫，其中蕴含着理学"身心合一"的工夫要诀：心即是身，身即是心，身心相通，身心相印，修身即修心，心修身亦修。理学主静、持敬、涵养、省克等工夫次第，以及最后产生的圣贤气象，无不融入了这一要诀。它不仅贯穿于工夫的始终，而且也是工夫深浅和真伪的试金石。明代王阳明心学的"知行合一"说，也与这一要诀暗合。

周欣《理学递相推进：退溪李滉〈近思录问目〉的问学主题述论》[《常州大学学报(社会科学版)》2020 年第 5 期]一文认为，《近思录》系朱熹与吕祖谦集结北宋周敦颐、二程及张载的著述语录编纂而成的理学著作，至南宋始受到普遍的重视与广泛的传布。随朱子学东传韩国之后，退溪及其门人弟子以《近思录》为核心讲述问答，创造性地诠释"生之谓性""冲漠无朕"等义理问题，融入"四端七情""理有体用"等范畴，展现理学话语演进的多种互动，尤其在理学精神趣向方面表现得较为突出，注重涵泳性情，强调践履工夫，引领着圣学的精神气象。退溪以"传播—接受—转述"为路径，通过内在递进的逻辑理路，将《近思录》根植于东亚文化圈。

（三）吕祖谦经学、文学思想研究

彭荣《吕祖谦〈易说〉的诠释特点》[《宁波大学学报（人文科学版）》2020年第2期]一文通过比较吕祖谦《易说》与程颐《易传》，分析《易说》的解《易》体例及其中体现的理学思想，认为：吕祖谦从"势""理"两个维度解《易》，视诸卦阴阳爻是循环转移的，他把《易》视为讲道德修养的书，体现了鲜明的实用主义倾向，又以柔顺为"明德"，突破了程颐的解《易》思路。此外，《易说》还对君臣职分作了限定。总之，《易说》较全面地体现了吕祖谦的易学思想。

朱汉民、徐艳兰《"巧"在文道并进：吕祖谦重建文统的旨趣》[《湖南大学学报（社会科学版）》2020年第6期]一文认为，朱熹用"东莱之弊尽在于巧"，批评吕祖谦之学问"投机取巧"。学界关于"巧"具体何指，聚讼纷争，且莫衷一是。回归具体历史语境，吕祖谦之"巧妙"，主要在于其文章工夫，表现在其对文道并进的重视与修辞技法的推崇。此种"巧妙"的文章工夫，彰显了吕祖谦重建文统的旨趣：为了实现文以传道、文以经世，他建构了以修辞技法为门户，以文道并进为堂奥，以经世致用为旨归的宋学之文统。

（四）吕祖谦政治、历史思想研究

彭洋《吕祖谦的社会控制思想研究：以〈东莱左氏博议〉为例》（《西部学刊》2020年第5期）一文认为，吕祖谦《东莱左氏博议》是他通过整理《左传》阐发义理之说的著作，有大量与社会控制思想相关的论述。吕祖谦社会控制思想的哲学基础是

"理""心"同本的宇宙本体论、反视内观—认识论,其内在社会控制思想包括以心御气、以礼防欲、无间则仁,社会外在控制思想包括守嫡庶长幼之分、称物平施,本质是为南宋专制皇权实施愚民统治服务。

金鑫《吕祖谦史学思想对高中历史教学的启示》(淮北师范大学硕士学位论文,2020 年 5 月)一文指出,吕祖谦作为南宋著名的史学家,复杂的社会环境、优良的家学传统等造就了他的史学成就,在理学盛行的年代,他的史学思想不仅没有太多理学的烙印,反而丰富精深,包含很多先进科学的治史理念和方法。

程源源《论吕祖谦的历史编纂学成就:以史书体裁为中心的考察》[《郑州大学学报(哲学社会科学版)》2020 年第 4 期]一文认为,吕祖谦在历史编纂学上取得了突出的成就。吕祖谦对史书编年体进行了创新与发展,所做《左传》系列著作是研究其编年体学术思想的重要依据,其著作叙事完整,重视史论;编年体史书《大事记》一书分为"大事记""通释""解题"三部分,融合了编年与纪传叙事方法于其中。对其他史体也多有创新,其中于人物传记创立了"以文存人"的编纂方法,于类书分设"制度"与"详说",于史钞创新了"简汰而刊削之"的编纂方法。吕祖谦的历史编纂特点,主要体现在综合运用多种史书体裁、高度重视史书体例,以及历史编纂多为"始学者设"等方面。

(五)吕祖谦教育思想研究

包俊亚《吕祖谦"育实材"思想对新时代高职教育的开示》(《现代职业教育》2020 年第 1 期)一文认为,吕祖谦是南宋婺学开创者也是著名教育家。他汲取儒家教育传统中诸多优秀因素,构建起以"讲实理,育实材而求实用"为主旨的体系宏大、包容性极强的教育理论体系。他主张教育必须"讲实理",强调教育应服从于政治,必须为政治服务;并主张学以致用,培育实用人才;以亲身实践,为国家培育了一大批实用人才。他为中国教育发展史留下了一个从实践中总结出的符合教育规律的传统:博学、实干及尊重学术自由。

李慧《吕祖谦教育哲学思想研究》(《西部学刊》2020 年第 20 期)一文认为,吕祖谦提倡"矫正气质论"的教育价值论、"明理治心"的德育目标和"经世致用"的智育目标，并提倡教师上德论和学生学习论的教育主体论。在一生的讲学实践中，追求"循序渐进、因材施教""勇于存疑、不囿权威""求同存异、往复论辩"和"反求诸己、检点日用"等教育方法。他的教育哲学思想启示我们：要在人才培养中提倡实事求是精神，提倡追求真理、兴利除弊的改革精神，提倡兼容并蓄、开放创新的学习精神。

（六）吕祖谦的文献编纂及版本研究

慈波《〈宋文鉴〉编刊之争再审视》（《文学评论》2020 年第 2 期）一文认为，《宋文鉴》是代表性宋代诗文总集，吕祖谦悬"一代之书"为准的，力破坊本《宋文海》之芜杂孤陋，在编选标准的确立、选源的蒐讨、文类的析分、选篇的择定等方面都卓有建树。书成受赏，又有赐名、撰序的荣耀，但也引起缴还词头、密奏攻击的政治纷争。隐微的历史事件背后，是理学人士与近习势力的一次初步角力。理学家内部对此书的评价也褒贬不一。吕祖谦力主弥合周程、欧苏之裂，《宋文鉴》试图将文章与学术、政治理想统合起来，以获得文与理的平衡。这与道学家作文害道的观念分歧显著，却成为南宋浙东学术主流。《宋文鉴》的价值不应局限于文学领域之内，它同时也是全面了解与诠释以吕祖谦为代表的南宋浙东学术思想的良好载体。

李昇《〈观澜文集〉"东莱集注"与南宋伪注现象》（《文学遗产》2020 年第 4 期）一文认为，《观澜文集》是南宋林之奇编纂的一部诗文选本，如今所见该集版本是"东莱集注"本，清人阮元、方功惠都认定是吕祖谦集注的，学界对此也未置疑。但细读"东莱集注"，可见有犯吕氏家讳者，有注引者称谓不类吕祖谦口气者，部分注释产生于吕祖谦卒后，甚至抄自南宋末年产生的其他集注本，这些说明"东莱集注"存有伪注。结合"东莱集注"有抄自庆元六年（1200）魏仲举家塾刻本《新刊五百家注音辩昌黎先生文集》的情况，可以推断"东莱集注"本产生于庆元之后的南宋末年，作伪者为坊间书贾，作伪原因是为托吕祖谦大儒之名。这是南宋坊间伪注现象的一个缩影。

巩本栋《〈古文关键〉考论》(《文学遗产》2020 年第 5 期)一文认为,吕祖谦《古文关键》的编纂,虽出于举业的需要,然亦有其学术渊源,并受到朱熹的启发。《古文关键》在南宋有多种刊本,书前的《总论看文字及作文法》与书本身,原有一个由分到合的过程。作为"举子事业",此书所标举的"关键"之法,实是指文章意脉的起承转折、开合变化。

叶文举《"学欧平淡,不可不学他渊源":论吕祖谦〈古文关键〉对欧文的选评及其文道观》(《南京师范大学文学院学报》2020 年第 3 期)一文认为,欧文是吕祖谦《古文关键》最为重要的选录与评点对象之一,吕祖谦对欧文"平淡""有渊源""议论文字最为反覆""祖述韩子"等特性的认知,既有对前人欧文批评观念的承袭,又有一定程度的创新,尤其彰显了吕祖谦对文章立意和行文技巧的重视。他弥补了传统宏观式、感悟性文章批评的不足,在欧文批评史上迈进了一步。同时,吕祖谦也表现了自己的文学理念,如对古文的重视、对平淡文风的推崇、对文章行文技巧的关注。吕祖谦的文道观包含更多的是文道并重的元素,其文学思想同样呈现了"兼总"的特点。

(七)吕祖谦思想对外传播研究

王珂《明末使行文献中的中华共同体意识初探:以莱州府东莱吕先生书院的记载为中心》(《潍坊学院学报》2020 年第 5 期)一文认为,明末,后金势力在中国东北地区崛起,明朝之间的陆路使行路线受阻,朝鲜使臣选择利用海路往来朝鲜汉城与明朝北京之间,并留下大量记录使行见闻的珍贵文献。祖籍莱州的吕祖谦是与朱熹齐名的南宋大儒,明清时期,莱州府建立祠堂,祭祀吕祖谦并建立东莱吕先生书院以彰显莱州之名,传承其精神和学说。吕祖谦的学说自传东传朝鲜的初期开始,就一直为朝鲜文人所推崇并对朝鲜文人产生了较大的影响。故朝鲜使臣在途经莱州府驻地掖县时,多会前往东莱吕先生书院拜谒并留下记录。

四、唐仲友及其经制之学研究

2020 年，学界不见有对研究唐仲友及其经制之学的论文。

五、张九成、范浚的心学研究

2020 年，学界同仁关于张九成文献的研究成果有两篇，不见有范浚研究论著。

刘健雄《〈横浦集〉校勘献疑》（《图书馆理论与实践》2020 年第 3 期）一文认为，《横浦集》是宋代学者张九成的文集，为杨新勋整理的《张九成集》之一部分。其整理相比前人有所精进，但仍有一些疏漏处。文章以杨新勋先生整理本为中心，就该集校勘提一些自己的看法，以求在将来重新出版时有所帮助。

刘健雄《〈孟子传〉校勘补遗》（《四川图书馆学报》2020 年第 5 期）一文认为，《孟子传》是宋代学者张九成的著作，由杨新勋整理为《张九成集》的一部分。文章在对校各本的基础上，以整理本为中心，就其校读出现的一些疏漏做出补充，以期对其将来重新出版有所裨益。

六、"甬上四先生"研究

"甬上四先生"是指南宋时期尊崇陆九渊心学的杨简、袁燮、舒璘、沈焕，因他们四人生长、活动在慈溪、鄞县、奉化等地，位处四明山麓、甬江流域，后人称为"甬上四先生"（亦作"四明四先生""明州四先生"）；又因他们学术活动主要集中在宋孝宗淳熙年间，也有人称之为"淳熙四先生"。

2020 年的"甬上四先生"研究，主要围绕杨简、袁燮展开。

李丕洋《圣贤德业归方寸：杨慈湖思想研究》（中国社会科学出版社 2020 年 5 月版）一书，鉴于近年来研究杨简的某些著作和论文存在不少误读慈湖心学的问题,以通俗的现代语言重新诠释了慈湖心学的基本思想,旨在使人正确理解杨简心学思想的原本内涵,了解慈湖心学在宋明理学发展历程中的重要地位和历史意义。

郭庆财《杨简的心、意观与诗学思想的传承》[《浙江师范大学学报(社会科学版)》2020 年第 1 期]一文认为,"心""意"是杨简思想中最核心的范畴。杨简以"不起意"为宗,抛弃了陆九渊"发明本心"之后的修养工夫,只剩下切己自反一节,以自觉为本心。心灵自觉的体验影响于杨简诗歌,表现为直呈心象、即景即真,妙机其微、生意流行,自然无邪、肆口成章等诗歌精神。不过,本心至善的道德预设和一切随顺的心境是有深刻矛盾的,后者必然会导致儒学立场的消解,这也是杨简心学的困境。至其后学包恢,又重新回归了陆九渊思想,尤其强调陆学中修养的一面。他的诗论一则强调诗人"志"的持续培养,二则构拟了由琢磨锻炼而入自然之境的诗学进路。

徐建勇《杨简心学工夫论》(《齐鲁学刊》2020 年第 1 期)一文认为,杨简心学的工夫,基本上是沿着内外两条道路进行,最后统一于心。向内,杨简心学工夫沿着毋意、反观之路,去体认"本心"的完满自足及其自现之后与传统伦理道德的一致性,到达"永"的境界。并在时时警醒,事事诚敬之中,保有"永"的境界。从而使"本心"上升为"心",获得了普遍性、超越性和绝对性。这是体认工夫。向外,其工夫由家孝到德行最后到国治,成就己心。

卢盈华《杨简的心一元论辨析:从一元论与二元论的诸种含义说起》(《道德与文明》2020 年第 4 期)一文认为,不同于朱熹的性、理与气、心的(在存在论与概念独立上的)二元论,也不同于陆象山与王阳明心与理的关联式的一元论,杨简的思想形态展现出化约式的一元论。杨简以心来吞没理,或者说将理还原为心,注重人的主体精神与心的整全一体。他的心一元论也体现在对"意"的拒斥,意便是区分为二的思维活动。虽然杨简认同道德情感与德性价值,但是道德情感应该如何表现才符合理想秩序,仁义礼智如何实现才是合理正当,对他来说并没有客观的规范,人们只能各自根据其内心所认定为正确的方式行事。因此,其学说无可避免地会导向主观主义。

　　刘琉、孙小迪《南宋〈乐记〉理学化阐释的两种路向：朱熹与杨简〈乐记〉中礼乐思想比较》（《中国人民大学学报》2020 年第 6 期）一文认为，朱熹和杨简作为南宋理学和心学的代表人物，对于《礼记·乐记》的理学化阐释丰富了古代乐论中有关礼乐思想的探讨。虽然同是基于理学心性论之上讨论《乐记》，却以不同的学术路向和哲学诠释法对《乐记》中礼乐关系重新阐释。把两者对《乐记》的阐释纳入学术思想史的视野中，通过对比注疏体例、治学方法和哲学诠释路向的异同，辨彰不同学术特质阐释下的礼乐思想。

　　吴震《阳明学时代何以"异端"纷呈？——以杨慈湖在明代的重新出场为例》（《浙江社会科学》2020 年第 1 期）一文认为，朱子"却是杨敬仲文字可毁"的一句棒喝不啻是对杨慈湖宣判了"死刑"。故在宋末明初的很长一段时期内，慈湖著作及其思想几乎处于淹没不闻的状态。然而随着阳明学在 1520 年代的涌现，一向被视作异端人物的慈湖之书忽然现世，自此以往，朱子学与阳明学的两大思想阵营就慈湖思想展开了激烈的论辩。这是一场没有结论的论辩，因为这场论辩更多地具有象征意义，象征着在阳明学的时代，各种观点即便是"异端"思想也有可能在学术舞台上纷纷出场。反过来说，正是由于阳明学的出现，独尊天下的朱子学遭遇了前所未有的"危机"，从而为各种思想的多元展现提供了可能。

　　李翔点校《絜斋集》（浙江大学出版社 2020 年 4 月版），主要依照原书体例，综合袁燮《絜斋集》现有版本作校勘、标点，基本覆盖袁燮作品的方方面面，每卷正文后出校勘记。另外，书后附上《宋史·袁燮传》、袁燮研究索引及系列插图等相关资料，以便读者阅读。

　　李翔、魏芳《南宋四明袁燮家族变迁探述》（《名作欣赏》2020 年第 11 期）一文认为，袁燮家族为南宋四明地区著名的文士家族。对其家族变迁的探述对探讨浙东地方精英崛起也颇具代表性。

七、永嘉(温州)朱子学研究

永嘉学者叶味道,作为朱熹晚年主要弟子,与同乡陈埴(生卒年不详)一道开创了永嘉朱子学即"木钟学派"。陈埴先师事叶适,后又拜朱熹为师,与叶味道致力于在永嘉地区传播朱子学

2020 年,学界同仁撰写的与永嘉朱子学研究相关的论文有 1 篇。

程水龙《论东亚对叶采〈近思录集解〉的推崇与质疑》[《集美大学学报(哲学社会科学版)》2020 年第 3 期]一文认为,朱熹、吕祖谦共编的《近思录》在后世"被经典"。叶采为朱熹再传弟子,其《近思录集解》在中国本土宗朱的社会背景下颇受推崇,得到《近思录》绝大多数注者读者的赞赏,其传本之多、种类之繁,几乎替代《近思录》原书而行传播程朱理学思想之实。朝鲜半岛、日本学者面对《近思录集解》或赞赏之,或探讨其不足,明确地质疑,两国学者间同中又有异。朝鲜学者或增删、或辨疑、或校订,其民族的主体意识由面对宗主的自卑走向自尊。日本学者则不盲从,敢于批判,将中土文献为己所用,解说时增附己见,流露出一种民族自信意识。在朝、日社会发展中后期,朝鲜朱子学思想逐渐成熟,日本学者已渐失严格固守中国本土尊崇《近思录集解》的心态。

八、台州朱子学研究

据黄宗羲、全祖望《宋元学案》卷六十六《南湖学案》载,台州籍的朱熹门生,有天台潘时举,仙居吴梅卿,临海林恪,黄岩赵师夏、赵师渊、杜煜、杜知仁等人,他们为朱子理学在台州一带的传播、弘扬而尽心尽力。学者称杜煜为"南湖先生",缘此称所创学派为"南湖学派",是为台州朱子学。

2020 年,学界不见有台州朱子学研究的论文。

九、金华朱子学研究

朱熹之后，促成朱子学继续在浙中金华地区传播的是朱熹的弟子、女婿黄榦。黄榦将朱子学传于何基，何基传王柏，王柏传金履祥，金履祥传许谦，何、王、金、许被称为"金华四先生"或"宋元北山四先生"，"金华朱子学"（"北山学派"）由此形成。

2020 年，学界对"北山四先生"研究的论文有若干篇。

金晓刚《朱子世嫡："北山四先生"名号的层累构造》（《中国社会科学报》2020 年 10 月 13 日）一文认为，"北山四先生"一词最早出现在乾隆年间由全祖望补修的《北山四先生学案》中。康熙年间，黄宗羲、黄百家纂修《宋元学案》时，关于四先生的学案，原名为《金华学案》。全祖望补修改为《北山四先生学案》，但是这样的改名，似有待商榷。《宋元学案》在全祖望手中亦未竣稿，黄宗羲后裔黄璋、黄征乂等人在续修时，又将《北山四先生学案》返改为《金华四先生学案》。一方面是为了恢复祖先的原意，另一方面可能也意识到北山四先生的名号似不合理。但是到道光年间，王梓材、冯云濠在校定时，重新采用全祖望设计的架构，改回《北山四先生学案》。《宋元学案》全书校竣后刊刻，很快在社会上广泛流传，并一跃成为宋元理学史的经典著作。世人很自然地沿用其中的论点，北山四先生的名号也被习惯接受并沿用至今。

金晓刚《从"一乡之士"到"万世真儒"："朱子世嫡"北山四先生从祀孔庙的历史考察》[《浙江师范大学学报（社会科学版）》2020 年第 5 期]一文认为，孔庙入祀人物的进退，昭示了历代正统观以及时代汲求的变化。北山四先生虽在南宋至元代获官方尊崇，并在地方祠祀，但婺州士人建构的"朱子世嫡"说法并未得到其他朱学派系以及国家的认可。明初宋濂、王祎等乡后学凭借政治地位将这一说法载入《元史》，使之逐渐成为理学史的主流。明代请祀四先生的屡次失败，说明唐代以来"代用其书，垂于国胄"以及长幼亲疏的从祀标准在明代仍持之甚严。清初的学术环境与雍正的统治策略，促成四人在雍正二年顺利入祀。请祀的挫败与成功，反映了入祀标准由"传经"向"明道"的转变,同时也折射出官方对程朱理学利用的强化以及"治统"与"道统"逐渐合一的历史趋势。

李小成《革新、反叛与理性回归:北山学派的〈诗经〉研究》(《上饶师范学院学报》2020 年第 1 期)一文认为,朱熹思想盛于东南,金华弟子秉承真传,相沿传习,自成一派,其核心思想乃传承朱子之四书学。该派在《诗经》研究方面渊源有自,其发展经历了研究方法的革新、反叛和理性回归三个明显的阶段,成绩卓著者为王柏和北山学派最后一位传人许谦。他们独特的研究方法在《诗经》学史上有着独特的贡献。

王素美《北山先生何基的理学思想与学术路径》[《河北大学学报(哲学社会科学版)》2020 年第 6 期]一文认为,何基的学术思想在于"严守师说",即严守朱熹天理论的核心思想,而其学术路径主要在于苦读"四书",并博采众长、吸收众说而融会贯通。何基吸收了张载的"理""气"说的合理成分,用"格物致知"方法作"形上""形下"的分析,并继承了孟子、程颐、程颢的思想观点,融会贯通构建了自己的"理"之本体论。同时,何基继承朱熹哲思与诗思兼融的学术路径,并对弟子王柏进行了学术路径的传授。

李小成《理学格局下王柏对〈诗〉学的反叛》[《西安文理学院学报(社会科学版)》2020 年第 2 期]一文认为,王柏学问本于朱熹,是宋代著名的经学家。王柏《诗疑》秉承了宋代学术上的疑古之风,是在欧阳修、苏辙等北宋大家的学术成果基础上,又传统学习朱熹《诗集传》《诗序辩说》等疑古创新之作,再加上自己的学习研究而作的,对《诗经》的完整性和其他方面提出了大胆的质疑,并有勇而删诗的方案。

陈良中《许谦〈读书丛说〉思想研究》[《重庆师范大学学报(社会科学版)》2020 年第 6 期]一文认为,许谦《读书丛说》是元代重要的经学著作,带有读书札记特点。是书注重典章制度的考辨,对蔡沉《书集传》之说多有辩驳,提出了孔子删《书》独存其善的观点。许氏解《书》注重发掘《尚书》之善,以《书》中圣贤精神修身淑世。

十、南宋其他浙学家研究

除南宋浙东学派的浙学家群体外，李光、史浩、王十朋、楼钥等政治家，"永嘉四灵"、陆游、戴复古等文学家，也可谓"大浙学"视域中的"浙学家"。

（一）李光研究

2020 年，不见有研究李光的论文。

（二）史浩及其家族研究

2020 年，史浩及其家族研究的论文有两篇。

梁鑫《史浩与〈童屴须知〉》（《文教资料》2020 年第 32 期）一文认为，《童屴须知》为史浩晚年辞官隐退家乡鄞县期间所作，作为蒙养读物，核心内容围绕"事君事亲、修身行己"展开，达到正齐家风、振作家庭之目的。《童屴须知》采用诗文体，深入浅出地宣扬儒家伦理思想和处世之道，在编纂手法上颇有特色，反映出宋代理学化思潮下童蒙教育更加注重人伦纲常灌输的时代特点。

游彪、龙耀祥《由"鄞县"到"临安"：两宋之际四明史氏的崛起道路》（《人文》辑刊，2020 年卷》一文以南宋时期曾任宰相的史浩及其家族为研究对象。指出，四明史氏家族的早期渊源带有后世再建构的色彩，其中信史部分至多只可上溯到两宋之际。新发现的《徐氏夫人墓志》与《史师仲墓志》反映出了这一时期史氏家族成员在培养子弟、经营生计等方面所做的努力。史氏家族的第四代、第五代成员促进了史氏家族向士人家族的转型进程，在该家族发展史上起到承前启后的巨大作用。至南宋时期，家族成员史浩又得到了宋高宗的信任，成为宋孝宗的老师，并参与协调了两代帝王之间的关系，这在很大程度上提升了四明史氏的地位和声望。

（三）王十朋研究

2020 年,研究王十朋的论文有 4 种。

蒋燕娜《近四十年来王十朋研究综述》(《宁夏师范学院学报》2020 年第 8 期)一文认为,关于南宋名臣王十朋的研究发轫于 20 世纪 80 年代,经历了 90 年代的成长,进入了新世纪第一个十年的研究兴盛期,并在第二个十年达到研究高峰期。发轫期的研究尚未以王十朋为中心,成长期完成了王十朋全集的整理和生平系年的研究,兴盛期的关注点落在王十朋生平事迹和诗文研究上,高峰期在兴盛期的基础上增加了对王十朋的整体性和思想品节方面的研究。通过对近四十年的王十朋研究成果的梳理,相关研究主要集中于整体、生平、思想和作品四个方面,今后的研究或可从作品辑佚、思想研究、《集注》编者确认以及王十朋对温州地域文化的影响等角度深入挖掘。

陈元锋《王十朋的唐宋经典作家论》(《新宋学》辑刊,2020 年卷)一文指出,宋代文学的发展是一个对文学典范不断筛选、重建的动态进程。与北宋文学处在由学唐向变唐转变阶段不同的是,南宋文坛进入了文学经典化与理论总结的自觉阶段。除了大量的诗话、文话外,文坛名家的集序题跋、赋咏品题都成为促进经典流传、典范定型的关键推手。王十朋就是其中之一。

张敏《〈荆钗记〉中的荆钗意象探析》(《文化产业》2020 年第 29 期)一文认为,《荆钗记》是我国杰出的古典戏曲作品,被称为"四大南戏"之一。在剧作中,作者巧妙地借用了荆钗这一意象展现主题思想。作为全剧的核心意象,荆钗既是王十朋与钱玉莲爱情发生发展的见证,又展现了作者对于王十朋所处的宋代社会"直求资财"和"榜下捉婿"腐朽封建婚姻观念的批判。

张思桐《〈荆钗记〉中"字迹相似"情节分析》(《戏剧之家》2020 年第 30 期)一文认为,《荆钗记》作为四大南戏之首,以其跌宕的情节和才子佳人的守护,历来受到人们的喜爱。《荆钗记》对王十朋至情至深、刚正不阿、不趋炎附势的形象描写则从王十朋与孙汝权"字迹相同"这个情节开始,不仅埋下整篇文章矛盾的导火索,使得

文章结构完整，还让人物形象呼之欲出。《荆钗记》作者对"同字迹"这个小情节的描写，起到了画龙点睛的效果

（四）楼钥研究

2020 年，研究楼钥的论文有 3 篇，涉及他的交游与诗歌研究。

刘蔚《范成大与楼钥交游考论》[《中山大学学报（社会科学版）》2020 年第 6 期]一文认为，范成大与楼钥均是南宋政界和文坛之翘楚，二人有着近三十年的交谊。范、楼交游始于隆兴元年楼钥应进士举而范成大点检试卷时，并因共有的使金经历而益加密切，在范成大出任楼氏世居之地明州知州时达至高峰。范、楼长期的交游基于人品学识、思想政见的相近，在范成大的有生之年，二人始终同声相应，同气相求，惺惺相惜。范成大与楼钥家族、亲属长辈的熟识对二人的交游有所助力，诸多共同的友人形成密切相关的交游网络，也进一步增进了二人的关系。范、楼的艺文同好成为交游的重要媒介，二人的艺文交游又促进了彼此的创作：范成大的《揽辔录》成为继楼钥《北行日录》之后又一部上乘的使金行程录，其生平代表诗作《四时田园杂兴》也对楼钥伯父楼璹的《耕织图诗》有所借鉴；楼钥也一直对范成大仰企前规，在诗中寄寓恢复之意，抒发爱国情怀，成为后乾淳诗坛的杰出代表。范、楼之交是南宋中兴时期士大夫交游的一个缩影，他们共同推动了南宋政治和文学的繁盛。

刘伊念《宋代律赋用韵研究：以楼钥律赋为例》[《山东理工大学学报（社会科学版）》2020 年第 6 期]一文认为，楼钥作为南宋时期为数不多的律赋大家，无论是立身为人，还是作品内容、风格都有相当大的代表性。律赋作为科场应试文体，本身就有一套极为严格的程式和套路，称其为"戴着镣铐的舞蹈"并不为过。楼钥律赋现存十四篇，如其为人："宽平乐易，并包兼容，渺无涯涘。"其有相当深厚的小学功底，所设韵脚紧扣题意，有的甚至与题目重合，但无一依次用韵。

梁洪汀《文学地理视阈下的楼钥使金纪行诗》（《今古文创》2020 年第 42 期）一文认为，宋孝宗乾道五年（1169）冬，楼钥奉命出使金国，全程历时月余，往返数千

里,途中他以地名和时间为线索,挥笔写下了十三首纪行诗,作品中不但有离家远游常见的羁旅之愁,还饱含着对故土的深情和对金虏的痛恨,格调沉郁雄健,颇具前人以诗为史的遗风。这样的特色既是产生于彼时两国对峙的特殊历史环境,也受到创作者由宋入金、横跨南北的频繁空间位置变换的深刻影响。

(五)"永嘉四灵"及其相关研究

"永嘉四灵"是当时生长于浙江永嘉的四位诗人:徐照、徐玑、翁卷、赵师秀,因四人字、号中都带有"灵"字,而温州古为永嘉郡,遂称其四人为"永嘉四灵"。

2020年,研究"永嘉四灵"的论文仅有1篇。

祁彦芳《赵师秀〈约客〉的艺术特色及创作元素》(《文学教育》2020年第11期)一文认为,生活即艺术,艺术是提炼了的生活,生活是任何艺术的源泉,诗歌艺术也不例外。赵师秀的《约客》就在日常最为平常的事物中发现诗意的典范,也是日常生活中创造审美世界的代表。诗歌艺术创作的元素非常广阔,不只是那些宏大的历史事件、英雄事迹和人文古迹。日常生活才是诗歌创作"取之不尽、用之不竭"的创作元素。《约客》以雨夜朋友失约的生活小事为题材,创作出了这首意蕴深厚、审美情趣高远的传世佳作,这给后世诗歌创作审美追求、创作元素多元化开辟了途径。

(六)陆游研究

2020年11月13日,适逢爱国诗人陆游诞辰895周年纪念日,由中国陆游研究会、中华文学史料学学会、绍兴文理学院共同主办的"2020爱国诗人陆游与浙江诗路文化国际学术研讨会"在绍兴咸亨酒店召开。来自世界各地的100多位陆游和浙江诗路研究专家线上线下相结合,共同参加交流研讨。与会专家指出,陆游作为享有盛誉的一代诗歌大家,其爱国主义精神激励了一代又一代中国人,其治学方法也对今天的学术研究具有重要启发意义。陆游的思想和文学作品是绍兴人、也是全体中国人的宝贵精神财富,是中华优秀传统文化的重要组成部分,具有极高的研究价值。建设"浙江诗路文化带"，是写入浙江省政府工作报告的一项重要文化工程，而陆游与浙江诗路文化带有着千丝万缕的联系，无论从何种视角着眼，他都不失为浙江诗路文化的缔造者、建设者之一。

2020年，学界研究陆游生平事迹及其诗词文学创作、文献整理的论著有80多篇（种）。兹择要综述。

1. 陆游生平事迹研究

杨雨《陆游传》（长江文艺出版社2020年8月版）一书，讲述了陆游壮志难酬的悲情一生，展现了他始终不渝的爱国之志和不朽诗才。从武艺高强的打虎英雄到泪溅龙床的诤臣，从流芳百世的诗坛领袖到一往情深的痴心人，本书聚焦传主的多个侧面，着眼于他的仕途、爱情、创作，还原出一个有血有肉、有情有义的陆游。

梁中效《陆游的关中情结述论》[《陕西理工大学学报（社会科学版）》2020年第1期]一文认为，学术界将关注陆游的目光多集中在"从戎南郑"，视为诗人"生的高潮、诗的高潮"。实际上，陆游身在汉中，心在关中，其关中情结被学界普遍忽视了。"凭高望鄠、万年诸山，思一醉曲江、渼陂之间，其势无由，往往悲歌流涕，"在此思想基础和国家战略的层面上，他才明确提出了"却用关中作本根"和"先取关中次河北"的大宋王朝复兴战略。陆游关中情结的理想是收复中原，"卜居"鄠杜，躬耕灞浐，"永为河渭民"。

吴昌林、丑送《陆游宦赣诗歌中的江西地域书写及其意义》[《安徽农业大学学报（社会科学版）》2020年第5期]一文认为，陆游曾经先后两次履职江西，并且在其宦赣期间，共创作了近两百首诗歌。在这些诗歌中，陆游对江西地区的自然风光以及人文风情进行了大量精彩的书写，为读者展示了丰富多彩的江西形象，从而为我们认识和品味江西的地域风采开拓了一条文学的途径，也为我们了解陆游宦赣期间的生活状态以及精神状态提供了帮助。

2. 陆游诗词文学创作研究

包伟民《陆游的乡村世界》（社会科学文献出版社2020年9月版）一书以陆游留下的诗作为材料，研究南宋时期浙东山阴会稽平原的乡村社会。该书包括三方面内容,一是探索陆游个人乡居生活的方方面面,包括经济来源、衣食住行等;二是探索陆游这样的士人在乡村中的作用,也就是社会角色;三是勾勒乡村经济生产、生活习惯、民俗的大致面貌。这三个层面的内容,交错地体现在全书各章节中。

杨雪芹、吴华峰《陆游物候诗初探》[《齐齐哈尔大学学报(哲学社会科学版)》2020 年第 1 期]一文认为,在陆游近万首诗中,描写物候的作品约占百分之四十。这些作品大部分创作于南宋淳熙十六年(1189)罢官隐居山阴乡村期间。官场失意使诗人的关注点转向了祖国的大好河山和农村风光,从而创作出大量描写物候的诗歌。陆游诗歌中的物候描写不仅在客观上记录了当时的生态环境,为研究气候变化提供了可供参考的材料,还包括对农事生产的关怀,体现了诗人的忧民情怀,展现出强烈的生命意识。

魏淳淳《陆游四季诗研究》(河南大学硕士学位论文,2020 年 5 月)一文指出,陆游一生笔耕不辍,诗歌创作数量颇丰,流传至今有九千三百多首。这些诗歌中将近四分之一数量的篇目传达出一定的季节感,其中在题目上明确标明诗歌季节的四季诗达一千三百多首。由此可见,陆游诗歌创作与季节有着紧密关联。

白效咏《一曲哀弦向谁诉:陆游沈园题壁考辨》(《浙江社会科学》2020 年第 6 期)一文认为,陆游《钗头凤》词,据宋人笔记记载,是陆游在沈园邂逅前妻唐氏时抒情写怀的题壁之作。自清代以来,屡有人对此提出质疑。今考陈鹄、周密、刘克庄三家记载,与陆游诗序参证,能形成完整的证据链。"宫墙柳"无关乎绍兴有无宫殿,本是比喻,指嫁入宗室濮安懿王后裔家的唐氏。《钗头凤》一词及前人所记其写作背景无可置疑。

赵豫云《论陆游乡居诗与宋代戏剧:以浙东运河、鉴湖流域为中心》[《绍兴文理学院学报(人文社会科学)》2020 年第 6 期]一文认为,乡居期间的陆游活动范围广布于浙东运河与鉴湖流域,其乡居诗中有大量的、长时间跨度的关于浙东运河和鉴湖沿线市镇、乡村文娱演出的系统生动记录与描摹,如与戏剧有血缘关系的民间歌舞、民俗演出,商业性质的、有组织的堂会歌舞演出和民间说唱,以及较专业和商业化的戏剧、戏曲演出等。

张贺《陆游〈老学庵笔记〉中的诗论》（《开封文化艺术职业学院学报》2020 年第 8 期）一文认为，《老学庵笔记》中具有丰富的诗论，如"夺胎换骨""点石成金"论、"活法"论、"现实主义诗"论、"工夫在诗外"论等。陆游晚年所作的《老学庵笔记》仍然受江西诗派诗学主张的影响，但他对江西诗派理论秉持扬弃的态度，并没有全盘吸收。陆游主张作诗要遵循生活的客观规律，要以真实性为原则。这是陆游诗论的核心。另外，陆游还强调生活是诗文创作的源泉，反对过度人工雕刻。

张福清、陈韵杰《论陆游巴蜀诗的自然、人文意象及其精神取向》（《中国韵文学刊》2020 年第 4 期）一文认为，巴蜀宦游是陆游人生中重要时期，巴蜀的山川景色、蜀中人物，都对陆游产生了重要影响，并反映在其文学创作之中，以寄托自己的人生理想和人生感慨。陆游巴蜀诗中的自然、人文意象主要有自然山水、花卉蔬果、动物意象三大类，它们承载着陆游报国无门而悲苦的爱国情怀，展示陆游孤芳自赏而自视甚高的心境和对巴蜀风土人情的一往情深。

刘咏涛、张荣瑜《锦官来往九经春：论陆游的巴蜀情结及其成因》（《文史杂志》2020 年第 6 期）一文认为，陆游是情感丰富的现实主义诗人，在蜀九年，足迹遍布全川。其诗文的巴蜀情感非常深厚丰富，东归后还念念不忘"吾蜀"，大量形诸诗文，从而构建起他浓厚的巴蜀情结。这之中，巴蜀文化的影响是显而易见的。

周伟《诗情将略化作门面客气：陆游词的自我认知与他者评价》[《山东农业大学学报（社会科学版）》2020 年第 4 期]一文认为，振荡流俗、激扬士气是陆游词的一大创作旨归；其词带有浓厚的社会功利性。陆词是在剑南情韵催发下自觉创作生成的产物，带有抒情直接、以气势动人的特点；陆游有"诗情将略"的自评意识。陆游"以诗为词"带来了剑南情韵抒发过于直接的问题，再加上诗词作品数量的繁冗，引发了"门面客气"的他评问题。无论是从爱国词还是应景酬赠词上看，陆词书写的多是个人的真情实感，因此"门面客气"的问题不能成立。这其间的评价差异反映了"以诗为词"本身的局限性：容易引起词本质属性走向消亡，容易导致词音乐性的削弱甚至丧失。陆游正是一个把"以诗为词"做到极端的典型案例。

3.陆游文献整理

杨雪编绘《陆游诗词集》（江苏文艺出版社 2020 年 1 月版），在编写体例上，集众家之长，益独家之见，辟《原文》《注释》《译文》《创作背景》《赏析》和《轶闻异物录》六个栏目。在收录原著方面，不仅收编陆游的代表作《示儿》等诗四十五首，且收录了他的词《钗头凤·红酥手》等二十九首和散文《过小孤山大孤山》一篇，并附《陆游大事记》。

（七）戴复古研究

2020 年，学界研究戴复古诗歌思想的论文有 1 篇。

陈兰村《戴复古晚年诗作中的老年心态与诗艺的成熟》（《台州学院学报》2020年第 4 期）一文认为，戴复古的晚年心态主要表现为：思归求安，但求诗名；子孙孝敬，感受亲情；读书忘老，村居潇洒。其晚年诗作内容侧重表现为：关心时局，忧国忧民；多写乡居生活，多抒家族亲情。无论国事家事，更有真感情，更具真境界，更自成高格。其晚年诗艺主要体现为：晚节渐于诗律细，其诗远宗杜甫，近学陆游，终显成效；增加用典，扩大张力，对仗工巧，更趋成熟。

第四节　南宋朝历史文化研究

由于南宋朝定都临安（杭州），按照"大浙学"的视域，南宋史、南宋临安（杭州）研究、南宋儒学、衢州南孔文化等，也可以视为"南宋浙学"的一个重要组成部分。兹对 2020 年的相关研究予以总结。

一、南宋史综合研究

2020 年第 3 期的《国际社会科学杂志（中文版）》，以"南宋政治与社会新探"为主题，刊登由杭州市社会科学院南宋史研究中心提供的 13 篇论文。其中所含内容,有些是当今学术界对南宋历史比较感兴趣的一些问题,有些则是学术界以往少有涉及的问题,足以引起进一步的讨论。比如,何忠礼《论宋代士大夫的"共治"意识》一文指出,宋朝最高统治者崇尚文治,随着科举制度的日益完善,知识分子的队伍空前壮大。由科举出身的士大夫,大都是知识分子中的精英,他们怀着"君主与士大夫共治天下"的意识,在施政中具有较强的民本思想和家国情怀,对改善政治、安定社会起到了重要作用。儒家思想的长期熏陶,科举制度的公平取士和对举人的关心照顾,以及帝王对知识分子人格的尊重,当是形成士大夫"共治"意识的主要原因。由于重视知识分子,使文化软实力得到加强,从而促进了忠君爱国价值观的形成,既防止了"内乱",又增强了抵御外侮的力量,使宋朝的国祚得以绵长。

曹家齐《中国大陆南宋史研究二十年回顾》(《中国社会科学报》2020 年 9 月 14日)一文指出,进入 21 世纪以来,国内历史研究呈现新的格局。就宋史研究而言,主要表现在两个方面,一是新的理论思考,二是新的研究议题。在此前提下,作为宋代史的重要组成部分,南宋史亦成为学界颇为关注的研究时段和对象。说起南宋史专题研究,其重要表现是范围的拓宽与讨论的细致化。这方面最引人注目的成就是浙江南宋史研究中心组织出版的《南宋史研究丛书》和《南宋及南宋都城临安研究系列丛书》。2005 年 6 月,杭州市社会科学院成立了南宋史研究中心,启动了对南宋史全面而系统的研究计划。截至 2019 年,陆续出版了有关南宋史研究的专著、论文集、古籍整理等著作达 73 种 91 册,另有《国际社会科学》南宋史专辑4 册。

李华瑞《近二十年来宋史研究的特点与趋势》(《社会科学战线》2020 年第 6期)一文认为,进入 21 世纪以来,国内宋史研究在研究格局、文献整理与研究、研究生培养方式、研究取向、研究问题和方法等方面展现出不同以往的新特点,值得关注。同时对宋代历史地位的重新认识和对日本唐宋变革论兴起的反思,以及呼吁研究"大宋史"的声音日益高涨,都表明宋史研究向纵深发展的新气象。

包伟民、吴铮强《宋朝简史》(浙江人民出版社 2020 年 9 月版)一书,以时间为经,以事件为纬,按照历史的本来面貌再现了赵宋王朝 300 余年的兴衰荣辱。

龚延明主编《宋学研究(第二辑)》(中华书局 2020 年 12 月版),收录了人物与思想、制度与文化、文献与数据三大类关于宋学研究的学术论文。

二、南宋都城临安(杭州)研究

南宋,是杭州文化自信的底气,是杭州实施文化兴盛行动的生动实践。对于南宋文化,近代史学大师陈寅恪认为:"华夏民族之文化,历数千载之演进,造极于赵宋之世。"

2020 年 9 月 25 日晚,"御见清河坊·宋韵最杭州:'2020 南宋文化节'启幕活动"在杭州市上城区清河坊街区开幕。伴随着宋词吟诵,历史的卷轴缓缓铺展,800 年前的美丽华贵之城,从南宋繁华深处款款走出。"2020 南宋文化节"是历届以来规模最大、活动项目最多、文化特质最凸显的一届,包含上城非遗大观园、国潮舞台音乐节、"大道传薪"刘江书法篆刻艺术特展、吴山庙会、两宋论坛等系列活动。钱塘自古繁华,每座城市都有她独特的历史和文化记忆。对于杭州来说,最独特的韵味,是从绵长深厚的南宋文化脉络一路走来的。据悉,杭州市上城区作为南宋皇城遗址核心所在地,现留存南宋皇宫遗址、三省六部、太庙等南宋古迹,是全国南宋文化积淀最为深厚、保留最为完整的地区。自 2015 年首创"南宋文化节"系列活动以来,每年的"南宋约会"已成为上城文化品牌。[①]

2020 年 11 月 7 日至 8 日,以"两宋时期的社会治理"为主题"第五届两宋论坛"在杭州市举办。本届论坛在举行两宋优秀研究成果征集评选和两宋学术交流活动的同时,还将举办"两宋文物展""两宋图书展""两宋书画联展""两宋美食节""两宋美食展"等活动,努力搭建杭州、开封两市全方位、宽领域深度交流的平台。此外,部分专家赴绍兴参加了"南宋文化与宋代帝陵研究论坛"。据悉,2016 年以来,以传承弘扬发展两宋优秀传统文化为主旨的"两宋论坛"分别在杭州和开封轮流举

---

① 《2020 南宋文化节启幕 赴一场来自南宋的约会》,《钱江晚报》2020 年 9 月 27 日。

办，2020 年已是第五届。历届两宋论坛很好地展示了开封、杭州城市文化，提升了城市形象，打造了城市品牌，不仅在弘扬两宋优秀文化方面作出了积极贡献，也在学术研究上取得了丰硕成果，更为汴杭两地、豫浙两省的合作搭建了桥梁，成为开封与杭州、河南与浙江乃至中原与沿海及南北区域之间经济文化交流发展的新平台。①

2020 年，学界也有不少研究南宋都城临安（杭州）的论文，比如，吴晶、周膺《南宋临安的政教调和》[《国际社会科学杂志（中文版）》2020 年第 3 期]一文认为宋代对宗教采取利用与限制并举的政策，各种宗教发展较为平衡。南宋临安是宗教重镇，因政教关系的调和和宗教的适度发展，使宗教在神道设教、祈禳除灾、心灵修为和学术更化等方面作为更大，对巩固政权、稳定社会、发展文化都有积极的功效。南宋临安的宗教发展有显著的世俗化倾向，而南宋政权对宗教的控制也主要是推行世俗化管理。这种管理有改变宗教价值观等方面的问题，也有沟通世间与出世间关系、规范教门管理的积极意义。

三、南宋儒学综合研究

"南宋浙学"之外的南宋儒学整体研究，也属于广义"浙学"关照的范围。2020 年，学界同仁综论南宋儒学的论文也有数篇。

许和亚《论南宋理学家学记的思想意涵与创作成就》（《文学遗产》2020 年第 4 期）一文认为，南宋理学家的学记创作是个突出的文学现象，具有特定的思想意涵和文化诉求。至宋代，以"内圣"为特征的"为己之学"得到理学家群体的普遍重视。尤其是南宋理学家，往往通过学记创作张扬"为己之学"的价值诉求；他们虽然"为己之学"的学术取向一致，但在"学"之进路、统系等层面存有分歧乃至纷争。官学

---

① 《"中国城市学年会·2020"、第五届两宋论坛开幕式暨城市学高层论坛在杭州举行》，澎湃新闻网，2020 年 11 月 9 日。

的教育职能和学记的文体功能,使学记成为理学家宣扬"为己之学"的重要渠道、展开学统之争的文化场域。南宋理学家创作的学记,是其文章观念的成功实践和学术思想的外化形态,融义理、辞章为一体,典型地体现了"鸣道之文"的艺术特征与政教功能,具有多元的认识价值和独特的思想蕴涵。

张烁烁《南宋儒学建构下的书法嬗变》(湖北美术学院硕士学位论文,2020 年 5 月)一文意在探讨南宋理学对南宋书法的影响。在南宋理学的架构下,书法作为"物"被纳入"格物致知"的体系中。并在南宋理学"正心""诚意"观和"以性代情"的理学观念影响下,使南宋书法在提升书写者主体精神的同时,对北宋"尚意书风"形成了一定程度的遏制。

四、衢州南孔文化研究

在衢州市委宣传部、衢州市社科联与衢州孔氏南宗家庙管委会的协同努力下,2020 年的南孔文化、孔氏南宗研究有新进展,主要通过学术研讨、祭孔典礼、论文发表等多种方式,有力推动了"南孔文化"的研究与宣传。

2020 年 1 月 21 日,衢州南孔文化发展中心揭牌成立。南孔文化发展中心的成立,标志着浙江南孔文化发展开启了全新征程:聚焦"传承",做好南孔文化相关文物、文献的收集、整理、保存、研究和应用,让南孔文化真正成为衢州的根和魂;聚焦"弘扬",做好南孔文化的传播展示、教育培训、宣传普及和重大活动组织等,以南孔文化为城市赋能,推动"南孔圣地·衢州有礼"成为最鲜明的城市标识。①

2020 年 9 月 6 日,由浙江省社会科学界联合会、衢州市委宣传部和中国城市报社共同主办,衢州孔氏南宗家庙管理委员会、衢州日报报业传媒集团等单位联合承办的"推进南孔文化创造性转化、创新性发展研讨会"在衢州召开,来自亚洲文化交流协会、国际儒学联合会、中国社会科学院、华东师范大学、浙江省社会科学院、浙

---

① 《衢州南孔文化发展中心揭牌》,《衢州日报》2020 年 1 月 22 日。

江省文史研究馆等众多机构的专家学者齐聚衢州，研讨如何更好贯彻落实总书记的殷切嘱托，共同探讨南孔文化的创造性转化和创新性发展。与会学者一致认为南孔文化是衢州文化的"根"和"魂"，多年来，衢州市高度重视南孔文化的宣传与挖掘，在推动南孔文化研究、保护、宣传、利用上做了大量的工作。南宗"当代人祭孔"的理念已经广为流传、深入人心，国家级儒学文化产业园区初具规模，中国儒学馆建成开放，成为衢州南孔圣地又一张金名片。此次研讨会将进一步弘扬和发展南孔文化，推动中华优秀传统文化创造性转化创新性发展。①

2020 年 9 月 28 日，"纪念孔子诞辰 2571 周年祭祀典礼"在衢州孔氏南宗家庙举行。上午 9 时，祭祀仪式在庄严、浑厚的《大成乐》中开始。孔子第 76 代孙孔令立向孔子像晋香。随后，学生们向孔子像敬献五谷文房四宝。最后，全体参祭人员向孔子像行鞠躬礼，并合唱《大同颂》。据了解，受疫情影响，2020 年的祭祀典礼除了缩短流程，更是首次在网络平台举行"云祭祀"。

闫姗、王小东《儒学伦理的当代价值演绎：以"南孔圣地，衢州有礼"之"礼"为例》（《文化学刊》2020 年第 5 期）一文认为，儒家文化以孔子由"礼"而"仁"得以开宗。作为中国传统文化赓续千年的伦理范畴，"礼"具有丰富的人文内涵。浙江衢州作为南孔祖庭，以"一座最有礼的城市"为导向，打造"南孔圣地，衢州有礼"的城市品牌，是对儒学之"礼"的当代价值演绎。衢州经由"南孔文化"到"衢州有礼"的文化实践与儒学之"礼"，在文化缘起、伦理内涵上存在关联性。"衢州有礼"是对儒学之"礼"的转化性继承与创新，其背后隐含着"自觉垂范—共情共守"的伦理理路。

孔玺铭、张喜贵《孔宗南渡对江南地区的文化影响》（《汉字文化》2020 年第 23 期）一文认为，南宋建炎初年，四十八代系衍圣公孔端友从高宗南渡，赐家浙江衢州，世封衍圣公。南渡以后，孔氏南宗积极融入到江南社会环境和文化风俗之中。一方面，继承发扬"衍圣""弘道"的优良传统和文化精神，以圣裔身份和大宗风范积

---

① 《让南孔文化重重落地 浙江衢州举办推进南孔文化创造性转化、创新性发展研讨会》，光明日报客户端，2020 年 9 月 18 日。

极影响江南士人和民众;另一方面,在江南士人、民众的仰慕及支持中获得了长足的发展,同时主动吸收江南社会文化中的积极要素,不断丰富和提升宗族文化内涵。孔氏文化在与江南社会文化长期融合的基础上,形成了与时俱进、特色鲜明、以儒家文化为核心的区域文明教化体系,这就是孔氏南宗文化。如今孔氏南宗文化具有重要的时代价值,对当今社会发展和文化建设富有积极启示。

第五节　宋元之际与元代的浙学家研究

宋元之际,黄震、王应麟、胡三省并称"宋元之际浙东学派三大家",使得"经史并重"的浙学学统得以存续。金华朱子学传人有许谦("北山四先生"之一,上文已述)、柳贯、黄溍、闻人梦吉、吴莱、宋濂(下文"明代浙学"中论及),是为元代"金华学派"或曰元代"婺学"的代表人物。宋元之际,浙江还有思想家邓牧,著传世名作《伯牙琴》。宋元之际,明州不仅有慈溪的黄震开创"东发学派"传播朱子学,鄞县又有史蒙卿开创"静清学派",并有弟子程端礼、程端学兄弟,程氏兄弟也是经史学家。戴表元、袁桷,也是宋元之际浙籍文学家的代表人物。上述学者则是宋元之际与元代的浙学家代表。

兹对 2020 年学界同仁对宋元之际及元代的浙学家研究的相关学术成果予以总结。

一、黄震与东发学派研究

2020 年,学界有两篇研究黄震的论文。

郭姝婷、喻学忠《宋季大儒黄震的排佛思想探析》[《江苏科技大学学报(社会科学版)》2020 年第 1 期]一文认为,黄震继承了儒家卫正道、排异端的传统,斥佛教为异端、禅学为异端之异端。他以儒家的伦理纲常学说批判佛教徒背弃人伦、违反纲常的做法;以儒家的淑世精神批判佛家的出世学说,并批评了流入禅学的儒家学者。为了缓解南宋的财政危机,他甚至提出了停止发放度牒、收取寺院财产的具体辟佛措施。

陆敏珍《标签与去标签:黄震〈读《礼记》〉发微》(《浙江社会科学》2020 年第 5 期)一文认为,黄震在学问上的博醇,他对朱学的继承、修正大略已成为目前学界的共识。不过,需要指出的是,这种共识事实上形成的时间相对较晚。给黄震冠以朱学门人的标签,对于梳理其学术的脉络、清厘其思想的畛域无疑是十分重要的。但是,思想的复杂性很难以一种概括和类型化的方式来说明。黄震在礼学与礼书的主张与去取上,与朱熹表现出较大的不同,在礼理交互的思想背景下,如果依然执着于朱学门人的立场,用朱学传人这一标签来解读黄震,这一看似可靠的、清晰的捷径事实上简化了人们对黄震的认知。

二、王应麟与深宁学派研究

2020 年,学界研究王应麟的论文有 3 篇,内容涉及他的文学思想及文献价值。

锁子云《王应麟的文学思想》(河南大学硕士学位论文,2020 年 5 月)一文以王应麟的著作为基础,结合王应麟一生中的诸多较大事件,在前人研究的基础上,对王应麟关于文学的基本观念和具体主张逐一梳理。

范宇焜《王应麟〈汉艺文志考证〉的史学价值》[《安庆师范大学学报(社会科学版)》2020 年第 3 期]一文认为,《汉书》在中国史学史上有重要的地位。隋唐之际,时人对《汉书》的研究成为当时的"显学","汉书学"得以兴盛。两宋时期,学人仍怀着浓厚的兴趣对《汉书》进行研读,撰有多种专书,使"汉书学"在宋代继续发展。南宋学人王应麟撰写的《汉艺文志考证》是其中一部具有代表性的专书。

王妮《王应麟所读易学书籍及札记书写研究》(《山东图书馆学刊》2020 年第 3 期)一文认为,《困学纪闻》为王应麟毕生读书为学精华。该文在前人笺注基础上对其中易学部分进行分析,了解王应麟所读易学书籍的特点:以宋代易学书籍为主,其对易学的理解探讨并不局限于易学书籍,遍及经史子集,并且不受文体限制,遍及各类文体。《困学纪闻》是王应麟的读书札记,其书写特点既有宋代笔记体著作的通常特点,形式上分条记载,上下文无必然之逻辑性,又有其鲜明的个性特点,语言欲求骈俪,编排选择和内容反映王应麟的学术倾向和个人情感。

三、胡三省研究

2020 年,学界有两篇论文研究胡三省的《资治通鉴音注》。

辛德勇《兴文署本胡注〈通鉴〉的真相及其他》(《中国文化》2020 年第 1 期)一文认为,元人胡三省注《资治通鉴》,对理解《通鉴》原文,帮助良多。胡注《通鉴》在元朝仅有一个刻本,关于这个刻本的基本版刻情况,一向不甚清楚;特别是因其卷首刊有元翰林学士王盘的一篇序文,其中谈到蒙元兴文署刊刻《通鉴》事宜,故从清代中期以来,一直有人认为此本为兴文署所刻。民国年间,王国维对王盘此序做出不同的解释,但有很多基本问题,还是不甚明了。

郭立暄《元本〈通鉴〉胡注校余述略》(《文史》2020 年第 3 期)一文通过对元刻通鉴现存印本实物的重新核查排次,初步梳理了其传刻本的文字源流,尝试评判了前代学者的校勘得失,并在此基础上,列举中华书局标点本脱误 108 条。经过系统校勘可发现,相对于元刻初印本,胡克家本存在先天不足,又有后天造成的人为缺陷。其权威地位的形成,是由前人对元本胡注系统认知的不全面造成的,又在历史发展中形成惯性。中华书局标点本在底本选择上存在偏差,尽管经过细致校勘,仍保留了胡本的不少脱误。从今天公众的阅读要求看,有必要在更换底本的前提下,重新点校一部更高质量的《通鉴》胡注。

四、柳贯、黄溍、闻人梦吉、吴莱、邓牧、史蒙卿研究

2020 年,学界研究柳贯、黄溍的论著有若干,不见研究闻人梦吉、吴莱、邓牧、史蒙卿的专论。

王晓锋《柳贯居京十年间诗文研究》(辽宁师范大学硕士学位论文,2020 年 5

月）一文指出，柳贯居京十年期间在诗文创作方面的成就巨大，且与居京前后的诗文创作具有一定的差异性。该文结合柳贯所处的时代背景和文化环境，根据他的居京经历，对柳贯居京十年间的诗文题材内容与艺术特色进行全面的分析研究，进而总结出柳贯居京时期独特的诗文艺术价值。

刘侠露、王晓婷《元代理学背景下柳贯书法艺术研究》（《艺术品鉴》2020 年第 33 期）一文认为，柳贯以文名世，但其在书画方面的造诣也是颇深。柳贯师从仁山先生金履祥学习性理之学，实践着中庸有为的理学主张。柳贯书风在理学影响下特立独行，书法艺术价值很高，并对后世的书法产生了重要影响。

何晓东《黄溍年谱》（浙江大学出版社 2020 年 12 月版）一书，搜集黄溍生平事迹、师友交游、学术渊源等相关史料，理清了黄溍生平行迹，并加以考辨，对史传错误或历来论述欠详等问题作以解释和补正。

严楚乔《金华北山：黄溍诗歌中的文学空间》（《牡丹》2020 年第 6 期）一文选取黄溍这一典型，立足于金华北山这一空间，从时间维度和空间维度上考察黄溍心理情感的变迁。从时间维度上来说，黄溍不同时期游览金华北山所表露出的情感有所不同，具有一定的研究意义；从空间维度上来说，将游览时间很接近的"金华北山"空间和"扈从上京"空间进行对比，可见空间转换对其诗风的影响。

李昕竹《浅析元代遗民散（诗）文的特点及艺术价值》（《中国民族博览》2020 年第 8 期）一文认为，"遗民散文"是出现在宋末元初的一种特殊文学现象，主要代表作家有邓牧、戴表元、赵孟頫、谢翱、周密等。该文就遗民散文和诗歌简观其主题特点和思想感情，并较为客观地说明元初遗民散文所处的地位和艺术价值，希望引起方家对元初散文的重视。

五、程端礼、程端学研究

2020 年，涉及程端礼、程端学研究的论文有 1 种。

郑立勇《四库辑本〈畏斋集〉误收考辨》（《图书馆论坛》2020 年第 6 期）一文认

为,元程端礼《畏斋集》清代已佚,今所流传者乃四库馆臣自《永乐大典》中辑得。此本存在误收他人作品现象,考订发现《畏斋集》误收程文文 5 篇及程端学诗文 2 篇,探析其误收现象及其缘由,并将四库辑本误收之诗文进行考辨。

六、戴表元研究

2020 年,学界研究戴表元的论文有 1 种。

张婷、郑文卿、樊虹艳《信州路儒学教授戴表元〈动静帖〉赏析》(《文物鉴定与鉴赏》2020 年第 22 期)一文认为,宋末元初,在以书坛巨匠赵孟頫"复古"书风占主流地位的同时,以戴表元为代表的"尚意"书风文人群体也在进行着探索与求知。文章拟从戴表元晚年出仕之缘由及其所书《动静帖》之书法特点与创作心境,揭示宋末元初文人群体的生活境遇与从仕心态的微妙变化。

七、袁桷研究

2020 年学界与袁桷研究相关的论文有 1 篇。

韩洋《鄞县袁裒及其〈书学纂要〉考论》(《中国书画》2020 年第 11 期)一文,对袁裒和元代文学家袁桷之间的关系予以梳理。

通览上文所述 2020 年宋元浙学家及相关学派的研究动态,可以看出:对于两宋浙东学派的研究,无论是永嘉学派、永康学派的综合研究,还是陈傅良、叶适、陈亮、吕祖谦以及南宋文化、南孔文化的专案研究,均是政界、学界关注的热点,并已取得了不小的学术成就与社会轰动效应,这从 2020 年 5 月"南宋皇城遗址""南宗孔庙""浙东学派"入选浙江省委宣传部和浙江省政协文史和学习委员会共同征集评选的首批 20 项"浙江文化印记"可以得到说明。再有,就是宋元浙学家文献整理的成果也是相当丰硕,这从《陈傅良先生文集》《叶适集》《陈亮集》《吕祖谦全集》《陆游全集》《宋濂全集》《北山四先生全书》以及《温州文献丛书》《两浙文丛》中的单部文集的整理出版均可得到印证。我们也可以发现,永嘉学派的研究主要由当代温州籍学者来担当,而陈亮与永康学派的研究由永康籍学者来进行,位于金华的浙江师范大学主要从事吕祖谦、北山四先生的文献整理工作。此外,浙江省社会科学院的专家学者(诸如王凤贤、董平、徐儒宗、卢敦基、陈永革、王宇)则对浙东学派、吕祖谦、婺学(金华学派)、陈亮、永嘉学派、两浙朱子学等专题有深入研究。

下一步的宋元浙学研究,也有需要改善的地方,比如关于狭义"浙学"(朱熹批判的永嘉、永康之学)的指称对象问题必须明确,有学者以吕祖谦为"浙学的开山之祖",这种说法就值得商榷;由此引发出目前"浙学"研究中的"山头主义""地方本位主义"的不良学风值得警惕,比如永嘉学派的研究不应局限于温州社科界,陈亮与永康之学、吕祖谦与金华学派、北山学派的研究不应局限于金华社科界,应该扩大学术视野与研究胸襟,鼓励并吸引海内外高校社科机构更多对浙东学派有研究兴趣与学术情怀的专家学者集体参与研究,美国历史学家包弼德教授数十年如一日地研究婺州金华的"婺学"就是一个典范(《士人之学:包弼德谈"浙学"》,《中国社会科学报》2020年3月17日)。还有,吕祖谦与"中原文献之学"关系的详细梳理以及"金华学派"的整体性研究,包括元代浙江思想的整体性研究成果略显不足,元代"明州学"(四明之学)的综合研究也需要加强。再有,我们或许可以参考黄宗羲《宋元学案》的模式,编撰整理《宋元浙学学案》。在借鉴杭州市科学院南宋史研究中心策划实施《南宋史研究丛书》《南宋及南宋都城临安研究系列丛书》的成功经验,统筹设计"宋代浙东学派"研究系列丛书,编著永嘉学派通史(通论)、永康学派通史(通论)、金华学派通史(通论)、四明学派通史(通论),也是可以考虑的研究规划。

第五章 明代浙学研究

本书所涉"明代浙学",主要指 1368 年朱明王朝建立到 1644 年明朝灭亡,这 270 余年中浙江籍思想家的生平事迹、学术著作与理论贡献等。在思想史上,明代中前期以朱子理学为圭臬,元明之际浙江籍的思想家宋濂、刘基、方孝孺、王祎系理学家,黄孔昭、谢铎系明代中期的台州朱子学者。此外,一大批浙江籍的政治家,诸如黄淮、于谦、章懋、张璁、谢迁、王华等,为明朝中前期政局的稳定、社会的发展做出过突出的贡献。

明代中后期绍兴府余姚县籍的王阳明开创了良知心学,成为思想界的主流思潮,并有一大批浙江籍的阳明学人,诸如徐爱、钱德洪、王龙溪、黄绾、季本、程文德、王宗沐等,是为阳明后学中的"浙中王学"。总结王阳明与阳明学派研究的最新进展,也是本书的亮点与看点之一。明末浙学以刘宗周(与蕺山学派)、黄尊素的东林学为代表,刘宗周还是"宋明理学的殿军"。还有,明代中后期的藏书家丰坊,政治家沈一贯,文学家茅坤、胡应麟,"中国本位化天主教儒学的开创者"李之藻、杨廷筠,明末抗清名将张苍水、钱肃乐,也属于明代的浙学家。

本章"明代浙学研究",拟在盘点上述浙人、浙事、浙学概况的基础上,对 2020 年学界同仁的相关研究成果予以汇总。

第一节　明代中前期的浙学家研究

一、元明之际金华朱子学研究

自何基、王柏、金履祥等为代表的"北山学派"开创以来，朱子学学统不绝如缕，"北山学派世嫡说"云云便是明证。元代有许谦、柳贯、黄溍，而在元明之际又有胡翰、宋濂、王祎等金华籍学者，传承朱子学学脉。

（一）胡翰研究

2020 年，不见有研究胡翰的论文。

（二）宋濂研究

2020 年，研究宋濂的论文有数篇，内容涉及他的文学、礼乐、政治思想及著作考论，兹择要综述。

左东岭《〈赠梁建中序〉与宋濂元明之际文学观念的变迁》（《求是学刊》2020 年第 3 期）一文指出，《赠梁建中序》是作者宋濂对自己作文经历的简练概括，它提供了两个方面的重要信息。一是其概括了文章的三种类型。一种是"措之于身心，见之于事业，秩然而不紊，灿然而可观者"的上等之文。第二种是"优柔于艺文之场，厌饫于今古之家，搴英而咀华，溯本而探源，其近道者则而效之，其害教者辟而绝之"的"明道"之文。第三种则是"张锦绣于庭，列珠贝于道"的辞章之文。这显然是宋濂衡量文章高低优劣的不同标准。二是他回顾了自己学文的经过。他讲自己的文章写作可划分为第一阶段的"自十七八时，辄以古文辞为事"，第二阶段的"至三十时顿觉用心之殊微，悔之"，第三阶段的"及逾四十，辄大悔之"，第四阶段的"五十以后，非惟悔之，辄大愧之；非惟愧之，辄大恨之"。依照宋濂本人的概括，他的学文作文经历是一个自我提升的过程,但是如果以此为线索考察其经历,则呈现出易代之际纷繁多变、丰富复杂的文学思想内涵,同时这种文学思想也代表了浙东派元明之际的典型特征。

张津巾《宋濂礼乐思想研究》(浙江师范大学硕士学位论文,2020 年 5 月)一文认为,宋濂礼乐思想内容涉及广泛且多现于文学作品,理论研究价值丰富。通过分析宋濂文学作品从而对宋濂礼乐思想的内涵进行提炼,分析宋濂礼乐思想对于明代礼乐制度的影响,可以为弘扬礼乐传统文化及宋濂的学术理论研究提供帮助,同时也能为浙东文人群体及浙江音乐史板块的理论研究提供新的思路。

连德兰、陈昌云《宋濂对明初外交的贡献》[《浙江理工大学学报(社会科学版)》2020 年第 5 期]一文指出,作为台阁重臣和儒学大师,开国文臣之首宋濂担任帝王政治顾问,积极参与外交决策,代拟外交诏令,分管外事工作;身为著名作家和文化大使,他在国内外文坛和宗教界声名显赫,与各国外交使臣、宗教人士、文化名人交往密切,享誉海外。凭借政坛威望和道德文章,宋濂在奠定明初外交准则、构建外交体系、优化外交方式等方面做出重要贡献,有力推动了明初政治外交和文化交流事业发展。

杨前《宋濂〈诸子辨〉研究》(郑州大学硕士学位论文,2020 年 5 月)一文以宋濂的辨伪学思想及其著作《诸子辨》为主要研究内容,首先对宋濂和《诸子辨》等相关的研究背景及其现状进行探析,并在此基础上确立了文章的创新点及选题意义。其次,将宋濂置于明代文献辨伪学日益成熟的背景之中,对宋濂的生平及其作品进行了简单介绍,力求从文学思想、理学思想、辨伪学思想三个方面,对宋濂的学术思想进行一个立体的剖析和解读。然后对《诸子辨》一书的基本内容和学术定位进行了探究,通过分析《诸子辨》的内容,探究了宋濂在《诸子辨》中所使用的辨伪方法。最后,将《诸子辨》分别与柳宗元的《柳河东文集》、高似孙的《子略》、胡应麟的《四部正讹》、姚际恒的《古今伪书考》进行了对比,揭示了《诸子辨》在辨伪学方面的创新和局限。

（三）王袆、苏伯衡研究

2020年，学界没有研究王袆的专论，但有辑佚、研究苏伯衡文献的论文1篇。

熊恺妮《新辑苏伯衡佚文三篇》[《湖北理工学院学报（人文社会科学版）》2020年第6期]一文指出，《丛书集成初编·苏平仲集》收录元末明初文人苏伯衡作品较全，但仍有疏漏。新发现苏伯衡集外文三篇，为苏伯衡生平与交游研究提供了新资料。

二、刘基研究

2020年11月5日，由温州市瓯海区社科联、文成县社科联联合举办的"刘基富弼文化研讨会"在瓯海区仙岩街道穗丰村伯温楼举行。来自温州市瓯海区、文成县等地的地方文化研究爱好者三十多人，共同研讨刘基、富弼文化，研讨与"伯温楼"相关的诸多文化课题。

2020年，学界同仁围绕刘基生平事迹、学术思想、刘基文化传播等专题开展研究，相关研究成果如下。

（一）刘基生平事迹研究

何伟《试探刘基对明代初期礼制建设的贡献》（《浙江工贸职业技术学院学报》2020年第1期）一文指出，礼和法作为中国古代政治最为重要的两环，对国家施政方针和国家走向影响巨大，受到历代统治者的重视。在明初礼制创设之时，刘基广泛参与。他对于明初礼制既有理论思考又有创设实践。在明初诸礼制中，籍田礼、百官朝会之礼等国家礼制由刘基负责或参与厘定。这些礼仪制度是明初国家礼制的重要部分，也对明代乃至后世礼制产生了重要影响。

（二）刘基思想综合研究

张宏敏《百年刘基研究》（浙江大学出版社 2020 年 12 月版）一书，对 20 世纪以来，在现代学术视域之下所开展的刘基研究学术成果，按照学科研究的具体领域比如文学、政治学、哲学、宗教学、历史学、法学、教育学、经济学、文献学、文化学等，力求进行全面述评。

李敏《刘基堪舆思想与明代南京城的营建》（《文物鉴定与鉴赏》2020 年第 5 期）一文论述中国古代堪舆思想对明代南京城规划的影响，并从现代科学角度对刘基德堪舆思想进行分析，为明代南京城遗存的保护管理提供理论依据。

吴坤晓《刘基理学思想研究》（湖南师范大学硕士学位论文，2020 年 5 月）一文认为，刘基的理学思想较好地体现了理学在元末明初的发展特征，同时又不乏有独到见解，这主要表现在理气论、心性论和工夫论等等方面：在理气论上，刘基将"理"作为其理学思想的最高范畴，他借助程朱理学的基本理气观念，同时又吸收了张载的部分气论思想，以此构成了其理气论的基本框架。他提出"天之质，茫茫然气也，而理为其心"的观点，在刘基的理学思想中，"理"是作为宇宙的最高范畴、天地之间最根本的法则而存在的。在心性论上，刘基以"理"之善诠释人性本善的哲学命题，在此基础上分析"性为欲汨则乱""性迁于习"等现象，并进一步剖析人性恶在现实生活中的表现及其生发机制。而且在心性关系上，刘基提出"是故性无不诚，然后能主一心；心无不明，然后能应万事"的观点，认为"性主心"。在工夫论上，刘基认同"儒者之道，格物以致其知，贵能推其类"的思想。但更侧重工夫心上做，主张"无求诸目而求诸心"，提出"持敬""澄心""裕如"等等道德修养工夫，认为皆是切实可行的方法。刘基的理学思想有其独特的理论价值，而且他也肯定理学之经世致用性，从而使其思想表现出"学为圣人之道也，学成而以措诸用"的学术旨趣。在中国哲学发展史视域下对之展开系统性的哲学研究，也有助于进一步认识和理解元末明初理学思想的特点及其思想嬗变。

俞美玉《论刘伯温农业思想》（《浙江工贸职业技术学院学报》2020 年第 4 期）

一文指出,刘伯温首先是把农业放在治国根本事业这一位置上,同时认为农业是人类向天地向大自然获取财富的源头,必须得到高度重视;提出人们通过农业向大自然获取财富要遵循"天地之盗"原理,让天地人万物之间呈现良性循环互动。又提出轻敛薄赋、重民养民以及关乎百姓衣食的农业,应将国家必要的管理与听民自为结合起来,都是"天地之盗"思想具体而微的体现。刘伯温进一步提出,只有圣人才能实践"天地之盗"的原理。

（三）刘基文化传播研究

黄璐《温州华人华侨对刘基文化的传承现状及其相关思考》（《文教资料》2020年第10期）一文通过问卷调查发现,温州华人华侨对刘基文化的接受传承内容,依次为民俗、文学、思想;接受传承的途径,主要是线下传播,如在国内阅读相关书籍报刊、人际传播、旅游等,互联网、手机APP等线上媒体并未在传播中发挥应有的作用。

三、明代台州朱子学者与台州朱子学研究

元明之际,浙江台州宁海人方孝孺师从宋濂,传承朱子理学思想;而台州太平（今温岭）籍学者黄孔昭、谢铎,也是明代中前期台州籍朱子学者。

（一）方孝孺研究

2020年,研究方孝孺的论文有数篇,涉及他的生平事迹、礼法、正统论思想。

方秀英《方孝孺在宁海前童的活动及其影响》（《宁波教育学院学报》2020年第1期）一文指出,方孝孺在出任帝王师之前,因姻亲、抱负、生计等多重关系,曾先后两度到宁海前童讲学。除教书著术外,还积极参与童氏家族各项重大事宜,践行睦族敦亲思想,通过立宗祠、修族谱、置义田、兴族学、行聚会等一系列行动,培养读书种子,奠定前童的儒乡基础,孕育童氏的宗族精神,对前童产生深远的影响。

贾庆军、吴昌《方孝孺的礼法思想及其局限》[《宁波大学学报(人文科学版)》2020 年第 3 期]一文指出,方孝孺认为礼制是积极的统治手段,是人成之为人的根本。法制是消极的统治手段,是防止人成为非人的惩罚工具。礼制和法制结合起来,就是完美的礼法之治。但在方氏心目中,礼制和法制并不对等,前者为本,后者为辅。方氏所说的礼制和法制都不是现代法制,礼法之治有其时代局限,即它缔造了一个以王权为中心的不受约束的统治集团,王朝逐渐腐败没落和王朝更替成为了礼法之治无法克服的宿命。

赵子贤《方孝孺正统论思想探微》(《中国语言文学研究》辑刊,2020 年卷)一文认为,正统论是中国传统文化中极具特色且非常重要的问题,方孝孺的正统思想有独特的价值和深远的影响。早期的《释统》论是对孔子"正名"思想的体现,之后的《后正统论》则是对程朱思想的继承。在元明易代之际,不少著名学人都对正统问题进行探讨,将方氏的正统思想与宋濂、王祎、贝琼以及胡翰等人的相关思想进行比较,会发现方孝孺的正统思想具有更浓郁的道德和以民为本的色彩。

(二)黄孔昭、谢铎研究

2020 年不见研究黄孔昭的论文,但有 1 篇论文涉及谢铎研究。

方颖《明代茶陵派文人著述考证》(江南大学硕士学位论文,2020 年 5 月)一文第一部分对茶陵派宗主李东阳与早期成员谢铎的存世著作及相关版本的编纂、刊刻和流传情况予以介绍。

四、明代中前期浙江籍政治家群体研究

明代中前期一大批的浙江籍士人经过科举考试而供职京师。比如章懋会试第一,谢迁、王华系状元,黄淮、张璁、谢迁入阁供职,于谦更是一代民族英雄,他们凭借自己的才智,兢兢业业,为明王朝政局的稳定做出了重要的贡献。无疑,作为政治家并有传世文献的黄淮、于谦、章懋、张璁、谢迁、王华,也属于广义的"浙学家"。

（一）黄淮研究

2020 年，不见有研究黄淮的论文。

（二）于谦研究

2020 年，研究于谦的事迹的论文有若干篇，分别是水天的《三台山与于谦的故事》（《工会信息》2020 年第 18 期），牧童的《"但愿苍生俱饱暖，不辞辛苦出山林"：民族英雄于谦的精神境界及其当代启示》（《思想政治工作研究》2020 年第 9 期），田栋的《于谦：无奈的选择，永恒的寂灭》（《文史天地》2020 年第 7 期），张潮寒的《〈于少保萃忠传〉研究》（辽宁师范大学硕士学位论文，2020 年 5 月）。

（三）章懋研究

朱光明点校《章懋集》（浙江古籍出版社 2020 年 6 月版）一书，在版本搜集、辨析方面饶有特色，文集以明嘉靖九年刻《枫山章先生文集》为底本，参核初印后刻诸本、《金华丛书》本，以及四卷本系统的虞守愚刻本等，同时对其散佚文字作了辑录。此外，整理者对章懋相关史料的搜罗也相当完备，除对《枫山章先生实纪》《枫山章文懿公年谱》《枫山章先生语录》《金华章枫山先生正学编》进行校点整理外，对其传记资料、序跋、朋辈交游酬赠、明清书志著录章懋著述情况、章氏祖训等也悉数收录。

（四）张璁研究

2020 年，不见有研究张璁的专论，但是相关研究涉及张璁的论文有：吴舒岚的《议礼到议征：从林希元看议礼派"以礼立论"政治思想特征》（《闽台文化研究》2020 年第 1 期），王剑、朱文宇的《祖制重现：世宗勤政与嘉靖朝政治文化——以嘉靖朝宦官政治为中心》（《吉林大学社会科学学报》2020 年第 3 期），何玉红、杨涛维的《张璁：审视张居正的一面镜子——田澍教授访谈录》（《历史教学》2020 年第 8

期),王红成、张之佐的《为人后之争:大礼议核心问题的辨析》(《广东第二师范学院学报》2020 年第 6 期)。

（五）谢迁、王华研究

2020 年,不见有专门研究谢迁、王华的论著,但有 1 篇论文涉及对谢迁的研究:郭雅茹的《论明代内阁"尚儒"辅政风气的倾斜与恪守:以成化到正德时期为中心》(内蒙古科技大学包头师范学院硕士学位论文,2020 年 5 月)。

第二节　王阳明与阳明心学研究(存目)

第三节　浙中王学研究(存目)

第四节　刘宗周与蕺山学派研究

一、刘宗周研究

陈来、高海波主编《刘宗周与明清儒学》(天津人民出版社 2020 年 8 月版)的论文集,系 2018 年 8 月在清华大学举行的"刘宗周与明清之际儒学:纪念刘宗周诞辰 440 周年学术研讨会"上 40 余位学者论文的汇编,内容涵盖中晚明的阳明学、刘宗周思想、蕺山学派思想、明清思想等多个专题。其中,既有思想义理的分析,又有经典文献的考辨。

2020 年,学界同仁围绕刘宗周及其著作,发表论文十余篇。内容涉及刘宗周的四书学、哲学(心性论、本体论、工夫论)、伦理思想以及刘宗周与阳明学之关联的研究。

（一）刘宗周的四书学研究

刘玉敏《刘蕺山对"克己复礼为仁"的解读及其伦理意义》（《国学学刊》2020 年第 1 期）一文指出，刘宗周从"仁礼互依""己礼对立"等角度对《论语·颜渊》"克己复礼为仁"章进行了详细解读。总而言之，仁即心之本体，"克己复礼"就是要求于心"未发"（静）之时下工夫，使本心没有任何私意邪念，时刻处于"敬"的状态。克己和复礼是同一过程，均指本心的涵养而言。"四勿"则贯彻了蕺山慎独的思想。"慎独"贯穿于整部《论语学案》中，它要求"慎无形之独"，体现了蕺山的道德动机论。

刘奎、田霞《明儒刘宗周对孟子思想的阐发》（《湖北工程学院学报》2020 年第 2 期）一文指出，刘宗周对孟子思想的阐发，要之有三：一是发展了孟子的"心性"理论，重视"理气心性"一体；二是发展了孟子"诚"的思想，强调"诚意慎独"的工夫；三是发展了孟子的"圣人"观，注重"证人"的圣人境界追求。

雷斌慧《〈论语学案〉与〈论语后案〉比较探析》[《宁波大学学报（人文科学版）》2020 年第 4 期]一文指出，刘宗周《论语学案》与黄式三《论语后案》同为浙东学派研究《论语》之经典。在注解原则上，《论语学案》志在教化，《论语后案》还原经典。在义理阐释上，《论语学案》求心之要；《论语后案》则对心颇为警惕，并将求心之要转化为寻礼之本。在解经方法上，《论语学案》直抒己见，《论语后案》重视考据。

（二）刘宗周的哲学思想（心性论、本体论、工夫论）研究

余群《刘宗周思想研究》（上海人民出版社 2020 年 5 月版）一书围绕刘宗周思想展开深度研究，包括刘宗周思想的价值取向、哲学本体论、工夫主体论、哲学创新思想、大儒的人格魅力、圣贤工夫思想、审美体验论、审美境界论等内容。

李梦周《气质之性即义理之性：刘宗周"气质之性"的哲学意义》（山东大学硕士学位论文，2020 年 5 月）一文认为，维护"性善论"是历代学者所致力于的一个课题，刘宗周也不例外。为了维护"性善论"，实现体用的平衡不偏，回应思维由分判到圆融发展的需要，以及满足气和气质之性地位提升的要求，刘宗周主张"气质之

性即义理之性"。"气质之性即义理之性"观点的提出,把义理之性与气质之性融合为一,解决朱子因对性进行分判而产生的问题。

陈睿瑜《刘宗周道德本体与工夫合一的慎独说》(《伦理学研究》2020 年第 3 期)一文指出,刘宗周的"慎独"说融合了"理""气""心""性"本体论,赋予"意"和"知"道德本体意蕴,特标为粹然至善的"独体",强化了本体的道德意义;以"慎独"统领圣学工夫,通过"敬""主静""慎""诚"工夫的持守来呈现"独"本体至善,使道德本体与工夫融通合一。其理论以"慎独"为立学宗旨,统合传统道德本体与工夫,是对传统"慎独"学说的总结与超越。

徐波《从"恶之来源"看蕺山学在宋明理学中的定位》(《中国哲学史》2020 年第 4 期)一文指出,蕺山思想的一个独特之处即是对于过、恶等观念的仔细辨别及论述,并对"恶之来源"的问题在心性论中做出了明确的定位。以"恶之来源"作为切入点,五峰与蕺山都在坚持性善传统的前提下,一方面注重具体实践中道德判断的复杂性,另一方面也在理学视域下对"恶之来源"予以了形上层面的说明。他们由此更加重视过、恶的隐秘存在,正视人欲的起心动念,并将工夫修行更加具体地落实到日常生活之中。就这一点而言,五峰、蕺山之学确有一遥相呼应并可上溯到程明道,他们以一种"至善而具善恶"的义理架构为儒家性善论与工夫论之间理论张力的解决提供了独特解答。

(三)刘宗周的伦理思想研究

江刚《论作为过恶根源的"妄":刘宗周之过恶思想新探》(《孔子研究》2020 年第 6 期)一文指出,在儒家思想中,由于其强烈的成德意识的笼罩,幽暗意识显得比较"幽暗"。而刘宗周的《人谱》作为考察幽暗意识的典范,其关键就在于它对过恶根源的思考。不同于以往的思想家将恶之根源归结为"情""气质""意"等,刘宗周将过恶之根源归结为"妄"。"妄"涉及本体论、认识论和伦理学三方面的意义。在本体论上,妄与真实存在的独体相对,是气的过犹不及状态;就认识论而言,妄与真理相对,它不能如其所是地把握对象,只是一种偏见和意见;就伦理学而言,妄是不能自作主宰之"己"，其价值倾向是对普遍道德原则的背离。基于这样一种"妄"，刘宗周借鉴《大学》中的"意—心—身—家—国—天下"的结构和《大乘起信论》中生灭门的真妄和合运动的模式，进一步描绘了一个"妄—过—恶"的幽暗意识体系。

（四）刘宗周与阳明学之关联的研究

赵炎峰、吕之奇《以"新四句"为基点阐发刘宗周的"心""意"关系》[《河北工业大学学报（社会科学版）》2020 年第 4 期]一文指出，同为心学，刘宗周哲学不同于阳明哲学的两大特点就在于：一为重塑并深挖"心"的本体性地位，二为从细微之处着手，建构以"意"为核心的哲学体系。以此出发，刘宗周思想的主旨就明晰起来。这既是对阳明哲学的纠偏，又是对"良知说"的回应。

张天杰《证人社二次"别会"与晚明浙中王学讲会之分合：兼论黄宗羲并非刘门"左右师席者"》[《南昌大学学报（人文社会科学版）》2020 年第 2 期]一文指出，证人社是晚明浙中最为重要的王学讲会，然因为主持者刘宗周与陶奭龄的学术分歧而曾有过二次"别会"，也即崇祯四年的"白马别会"与崇祯十一年的"古小学别会"，学界则多有将之混淆误解。十多年间，两派弟子的讲学与论辩，既有分歧又有交融，使得浙中的王学讲会在明清之际繁荣一时，发展出蕺山、姚江两大心学学派。其中陶奭龄对讲会活动较为积极，而刘宗周及其弟子则因为学术多有发明而影响深远。黄宗羲后来对蕺山学作出过重要贡献，但他关于"白马别会"的记载多半有误，就证人社讲会而言则参与极少，且并非刘门"左右师席者"。

二、蕺山学派综合研究

本"浙学研究年度报告（2020）"关于蕺山学派学者的研究现状，主要依照相关学者籍贯所在地的浙东、浙西分述。浙东的"黄宗羲研究"在下章"清代中前期浙学研究"中叙述，而江苏武进籍恽日初的研究动态，则在本章一并叙述。

（一）浙东的蕺山学者研究

1. 陈洪绶研究

陈洪绶一生创作所涉画种颇多，其中他的人物画创作以怪诞奇崛的独特审美风格独树一帜。在过去的美术史学界关于陈洪绶的研究成果颇为丰硕，大多集中于其生平交往、绘画风格、画学渊源、作品鉴赏等相关方面。2020 年学界同仁关于陈洪绶的研究论文有 50 余篇，也大都与其绘画艺术理论有关，兹择取与他的生平思想相关的研究成果予以综述。

刘晨《试论陈洪绶的"遗民情结"》（《艺术研究》2020 年第 1 期）一文论述了陈洪绶的"遗民情结"，指出，身处易代之际的陈洪绶，将自己对前朝留恋的情感深藏于心，并通过绘画的表现形式来抒发自己内心的情感，以此作为抒发自己遗民情结最好的方式。

张洁《陈洪绶传记解读》（《艺术研究》2020 年第 3 期）一文将孟远、毛奇龄、朱彝尊三人所撰写的三个版本的传记内容相结合进行解读，分析三篇传记中所涉及的陈洪绶相关事迹，归纳陈洪绶的性格特点。

蒋彤《陈洪绶〈升庵簪花图〉与狂士身份形塑》（《湖北美术学院学报》2020 年第 2 期）一文指出，陈洪绶《升庵簪花图》绘明代著名学者杨慎谪戍云南时的放浪生活情形。该文通过对《升庵簪花图》的构图、人物形象及细节等的分析，认为陈洪绶借用了唐宋以来表现高士形象的图式与技法风格将本为狂士形象的杨升庵进行了"高士化"的塑造，并结合陈洪绶的人生经历试图从其对狂士身份的认识角度解释其中的原因。

2. 祁彪佳研究

2020 年，学界研究祁彪佳的论文有 1 篇，涉及其园林美学思想。

李天莹《祁彪佳园林美学思想探究》（苏州大学硕士学位论文，2020 年 5 月）一文结合现所留存的祁彪佳相关文献，希望还原寓山园林之全貌，展现他在园林美学方面的探索与成就，分析寓园作为明末江南园林建筑的独特性与美学价值，将祁彪佳的园林美学纳入到对他的历史研究之中。

3.刘汋研究

刘汋系刘宗周之子，能通父学。由于文献辑录困难，目前学界尚未开展对刘汋的系统研究。

(二)浙西的蕺山学者研究

1.陈确研究

2020 年，研究陈确的论文有两篇。

张倩茹《从刘宗周到陈确：明清之际哲学由道德化向伦理化的复归》[《温州大学学报（社会科学版）》2020 年第 6 期]一文认为，在明末清初的思想转型中，存在一种哲学由道德化向伦理化复归的趋势，其中从刘宗周慎独哲学到陈确素位哲学的变化最为典型。刘宗周以几乎完全抽象、个体化的方式对慎独进行诠释与构建，成就了其慎独哲学的道德属性；陈确则以素位为学术宗旨，通过"位"这一伦理概念强化了其哲学的伦理属性。哲学由道德化向伦理化的复归在明清之际具有相当的时代背景与必然性，这种趋势直到清代中期仍然方兴未艾，构成了明清学术脉络的另一种理路。

韩雪《"素位之学"与"敬义夹持"：论陈确与张履祥学术思想中的关联》（《当代中国价值观研究》2020 年第 3 期）一文指出，学术界大多以"清初朱子学"和"心学修正派"来区分张履祥和陈确的思想，认为他们代表着对蕺山之学的不同取舍和明清学术转型的不同路径。尽管陈确与张履祥之间的分歧较为明显，但实际上他们都重视道德践履，主张弃"虚"蹈"实"，强调"素位之学"和"敬义夹持"，这体现出他们由玄远之学向实践力行之学的转向。

2.张履祥研究

荔强艳《〈子刘子祠堂配享碑〉选录标准初探：兼论全祖望何以未选张履祥》[《绍兴文理学院学报（人文社会科学）》2020 年第 5 期]一文指出，目前学界普遍认为全祖望有"门户之见"的重要原因是他在《子刘子祠堂配享碑》未列入张履祥。通过梳理相关资料发现,全祖望未列入张履祥是因为全祖望独特的选录标准,即"学行之不愧师门",他致力于表彰"蕺山学派"的殉难义士、弘扬崇高的气节,或是出于对不了解的学者不轻易下笔的原因才未把张履祥列入《子刘子祠堂配享碑》,但都与"门户之见"无关。

3.恽日初研究

2020年,不见有研究恽日初的论著。

第五节　明代中后期的其他浙学家研究

明代中后期的浙学家群体,除去阳明学派、蕺山学派的成员,还有书法家兼藏书家丰坊,散文家兼藏书家茅坤,政治家沈一贯,布衣学者胡应麟,倡导"儒耶对话"的思想家李之藻、杨廷筠,东林党人黄尊素,阳明学后劲施邦曜,抗清名将钱肃乐、张煌言(张苍水)等人,他们的学术成就与道德事功,也是明代中后期"浙学"的重要组成部分。

一、丰坊研究

2020年,学界研究丰坊经学思想论文有两种。

李忠伟《从〈诗经〉学史看明代丰坊〈诗经〉著作的价值》[《济南大学学报(社会科学版)》2020年第1期]一文指出,丰坊《诗经》著作之撰写目的在于复古以求真,并不仅仅在于求奇、求异、炫博;其有意以极端凸显《诗经》研究中许多问题,并尝试从正反两方面加以解决,推动了《诗经》学发展;特别是他践履《诗经》鲁诗精神的旨归不应为误解所遮蔽。

王赫《伪书的诞生:明中叶文化学术氛围与丰坊的作伪》(《文献》2020年第4期)一文指出,丰坊是明代造作伪书的代表人物,其遍伪群经的行为受到明中叶文化和学术氛围的直接影响:丰坊在"大礼议"后欲通过作伪重振四明丰氏的声望,故他在虚构伪经的接受情况时有家族、地域和政治的考量；丰坊的伪经吸收和落实了明中叶经学家的疑经、改经观点；《鲁诗世学》的成书过程体现了明中叶作伪与辨伪的互动；丰坊造作的伪"古文"字形等，迎合了明中叶文化界由好古到作古的风气。从疑经、改经到丰坊的伪经，体现了宋以后中国经学史和书籍史中一种独特的"改写"传统，这一传统在丰坊处走向了极端和异端。

二、茅坤研究

2020 年，学界研究茅坤的论文有 1 篇。

蒋银坤《茅坤作文之法：情与韵》（《中学语文》2020 年第 7 期）一文指出，茅坤在其散文观中提出了"风神"说。他强调创作主体的情感不宜直接爆发，而应有一个思想沉淀过程，或者如诗学中所说"沉吟反复"，作家的情感与文本中的情感存在"叙述与被叙述"的内在张力，这就是一种可供玩味的"情韵"。"情"的带入体现了作家个体的人格境界，"韵"的产生源自于行文时的沉吟往复、姿态横生。

三、沈一贯研究

2020 年，学界不见有研究沈一贯的论文。

四、胡应麟研究

2020 年，研究胡应麟的论文有 3 篇。

郑慧《胡应麟〈少室山房笔丛〉对李白的考辨》（《四川文理学院学报》2020 年第 3 期）一文指出，胡应麟的论学专著《少室山房笔丛》涉及李白的条目有十余条，主要是针对杨慎关于李白的考据之再考辨。从胡应麟对李白身世的考证、对李白诗歌用事的考据、对李杜关系的评价及对李白词的辨伪等方面，分析了胡应麟对杨慎考据的辨析,体现了胡应麟对李白的评论、考证及其严谨的学术态度,对当时学界的考据之风有积极的作用。

许建业《援史学入诗学:胡应麟〈诗薮〉的诗学历史化》(《文学遗产》2020 年第 4 期)一文指出,明代中后期,诗学论述和诗话撰作都趋于体系化和学术化,其中博综该洽、体例周备的胡应麟《诗薮》,堪为代表。胡应麟既用历史眼光审视诗歌发展,同时也吸收了传统史学的研治方法,从而处理丰富的诗学材料,建构出宏大的诗歌通史。重新审视《诗薮》的编写特点,会发现胡应麟秉承了"会通"的史学精神。至于在历史发展观念方面,《诗薮》则以"气运"作为诗学发展的重要原因,并演示正闰盛衰的循环轨迹。此外,其分期意识及表志编写,亦透出历史编纂的底色。《诗薮》之"诗学历史化"正是诗话体系化、学术化的一大特色。

温庆新《目录学视域下胡应麟的"小说"认知与分类思想》(《齐鲁学刊》2020 年第 5 期)一文指出,在《少室山房笔丛》中,胡应麟因不满于《汉志》"小说家"类的内涵归纳,试图基于目录学的认识视域,从历代"小说"的衍变动态予以重新界定。这使得胡应麟在突出"小说"政教内涵的基础上,亦强调"小说"的文采、文辞、阅读趣味性等特征。其重新界定的"小说"内涵,既能够涵盖此前的传统,又能符合历代"小说"的衍变实际,从而寻求一种在历史传统与现实衍变之间的合理的新平衡。同时,《九流绪论下》对"小说家"类所作的六大细分,主要据以所言"小说"作品的内容、书籍特征而展开。这种归纳是"把小说当作文学归入子部",更注重子部"小说家"类作品的文学性特性,从而为近世小说史研究者引进西方"小说"观念建构古代小说史,提供了一种可资操作的借鉴。

五、杨廷筠、李之藻研究

2020 年,学界研究杨廷筠、李之藻的论文有两篇。

姚文永《试论基督教学者杨廷筠对儒家的认知》(《中国天主教》2020 年第 1 期)一文指出,杨廷筠认可儒家的理论基础是儒家有天或上帝之说,然而,儒家的天或上帝之说,先儒是引而不发,后儒的认知又是不准确的。而造成这种状况的原因是,三代(夏、商、周)之后,儒家对天或上帝的认知仅停留在概念阶段,并未彻底的贯彻下去。所以,杨廷筠特别认可三代之前儒家的思想与实践,对三代之后儒家的思想实践是不满的。

刘丽娴、王明坤、支阿玲《论明末清初的杭州学者与学术传教》(《中国天主教》2020 年第 3 期)一文指出,文化适应政策与学术传教背景下,明末清初士大夫阶层有识之士大力提倡实学,以李之藻、杨廷筠为代表的杭州学者积极推进了这场东西方文明的对话。伴随学识与西方哲学因势而来的西方科技与文明的产物,如地理、历算、西画、火炮、制器技术等的传入。一方面,引发了杭州士大夫阶层与学者对西学文化的兴趣,并从客观上接受西方传教士用"易佛补儒"来与传统文化适应的政策。另一方面,在这场十六世纪东西文明对话中杭州学者在其中所扮演的角色也间接推进了中国吸收西方先进文明与科学技术的进程。

六、黄尊素研究

2020 年,学界不见研究黄尊素的论文。

七、施邦曜研究

2020 年,学界不见研究施邦曜的论文。

八、钱肃乐研究

2020 年,学界研究钱肃乐的论文有 1 篇。

陈晓媛《浙东文人钱肃乐研究》(浙江师范大学硕士学位论文,2020 年 5 月)一文认为,钱肃乐的抗清事迹多为世人研究,而他的文学作品却鲜有人论及。该文则从钱肃乐的家世生平、诗歌创作、散文创作和文化影响等方面对其做深入系统地研究。

九、张煌言(张苍水)研究

2020年,学界研究张煌言的论文有1篇。

彭志《明清之际江南士人死亡书写探赜:以张煌言之死为中心》(《地域文化研究》2020年第2期)一文指出,明清易鼎之际,生死抉择是江南士人不得不面临的宿命问题,身逢山河板荡的情境之中,激发了士人对生死问题的持续关注、思考及书写。南明重臣张煌言在崇祯帝殉国之后,毅然投笔从戎,拥立鲁王朱以海于绍兴监国,其后,更是奔走、辗转在东南沿海的闽浙苏沪等地坚持着抗清活动。清康熙三年(1664)七月,张煌言于南田悬岙岛被清兵捕获,在押解至杭州处决的一路上,创制出了五十多首诗歌,较为详细地记录了自己慢慢走向死亡时的复杂心态。围观张煌言赴死场景的观看者,以及后世众多仰慕其品性的士人,前后相继地用各种体裁的文字悼念着张煌言。死者本人有意识的死亡书写与观者层出不穷的追怀文字,合力形塑、固化了张煌言的殉节忠义士人形象。

通览上文所述明代浙学家及相关学派的最新研究动态,可见学界关于明代"浙学"的研究主要局限于学派与人物的个案研究。王阳明与阳明学派①、刘宗周与蕺山学派的研究历来是学界关注的核心话题,2020年也不例外。明代浙学家的个案研究,由于人数众多再加上学术思想体系不够成熟,高水平的学术论著也不多见,而刘基的理学思想、宋濂的《诸子辨》研究、方孝孺的礼法思想研究、《章懋集》的整理出版、刘宗周的哲学思想、丰坊的经学研究、王应麟的诗学研究、钱肃乐的思想研究,则是2020年为数不多的研究"亮点"。

---

① 详见拙编《2020阳明学研究报告》,浙江工商大学出版社2021年版。

第六章　清代中前期浙学研究

　　清代中前期"浙学"发展的基本脉络是:明清易代之际,心性之学衰退、经世实学思潮勃兴,以黄宗羲为代表的浙东经史学派应运而生。这一浙东学派传承有序、成员众多,一直延续到清代中后期,其中的代表人物有黄宗羲、黄宗炎、黄宗会、万斯大、万斯同、邵廷采、全祖望、章学诚、李邺嗣、郑梁、郑性、黄百家、陈𫍙、黄炳垕、邵晋涵、王梓材、黄式三、黄以周等人。清代中前期,乾嘉考据学成为传统学术思潮的主题,毛奇龄、朱彝尊、胡渭、姚际恒、查慎行、杭世骏、翟灏、齐召南、梁玉绳、卢文弨、孙希旦、吴骞、陈鳣、严可均、洪颐煊、姚振宗等一大批浙江学者为清代考据学的繁荣发展而著书立说,贡献良多。此外,阮元担任浙江学政、巡抚期间,对乾嘉年间浙江考据学("浙派")的形成与发展也有推动之功。清朝视程朱理学为官方主流意识形态,"朱子学"在浙江也有传人,其中清代浙江籍的朱子学者以浙西居多,主要有张履祥、吕留良、陆陇其等人。

　　此外,在明清易代之际与清代中前期,浙江籍的著名学者还有沈德符、陈元赟、谈迁、张岱、朱舜水、查继佐、潘平格、李渔、沈光文、应㧑谦、沈昀、毛先舒、姜宸英、吴任臣、毛际可、王崇炳、袁枚、桑调元等,他们在文学、史学、哲学等各个领域也有创造性的学术成就,故而他们是广义的"浙学家"。

　　2020年,学界同仁关于明清易代之际至清代中前期的"浙学"研究,主要围绕黄宗羲与清代浙东经史学派、清代浙西朱子学、乾嘉考据学的"浙派"以及广义的

"浙学家"群体而展开。

第一节　黄宗羲与清代浙东经史学派研究

一、黄宗羲研究

2020 年是黄宗羲诞辰 410 周年和逝世 325 周年。11 月 1 日,由浙江省儒学学会、宁波市社科院(社科联)主办,宁波市王阳明文化研究促进会、宁波文化研究会承办的"从阳明心学到浙东学派:演进转型的文化价值与当代启迪学术研讨会",作为"2020 宁波(余姚)阳明文化周"的一项重要内容在宁波举办。浙江省儒学学会会长吴光、浙江大学中国思想文化所原所长李明友、中国人民大学清史所研究员黄爱平、东华大学教授杨小明、中央民族大学教授孙宝山、北京航空航天大学助理教授顾家宁、浙江省社科院哲学所副所长张宏敏,分别作了题为《黄宗羲与清代浙东经史学派简论》《黄宗羲谈制度为民》《黄宗羲史学的文献特色与传承意识》《黄宗羲、黄百家父子科学部分的研究展望》《黄宗羲政治思想的创造性突破》《师道、孝弟、心性:黄宗羲泰州批评发微》《黄宗羲对阳明学的赓续与发展》的主题发言,从不同视角对黄宗羲的学术思想进行了深入研讨①。

2020 年 12 月 26 日,"黄宗羲与明清哲学青年学者工作坊"在同济大学人文学院召开。来自中国社会科学院、山东社会科学院、浙江省社会科学院、上海社会科学院、北京大学、清华大学、中山大学、北京航空航天大学、苏州大学、华东师范大学、同济大学、中国人民大学、复旦大学等高校科研机构的近 40 位专家学者参加了本次会议。会议主办方认为,此次会议各位学者提交的论文与展开的讨论,对于突破当前黄宗羲研究瓶颈,打开未来研究的新局面具有重要的学术价值,也对在现代

---

① 《从阳明心学到浙东学派主题学术论坛举行》,中国宁波网,2020 年 11 月 12 日。

社会历史条件下重新激活中国传统思想文化具有前瞻性意义。①

2020年，学界同仁围绕黄宗羲学术思想及《明夷待访录》《明儒学案》《宋元学案》开展研究，在各类学术杂志上发文数十种。内容涉及黄宗羲的政治思想（围绕《明夷待访录》），哲学思想（围绕《孟子师说》），经学、史学、戏曲、体育、教育、文学思想，《明儒学案》《宋元学案》综合研究，还有黄宗羲文献整理研究。

（一）黄宗羲政治思想研究

朱承《黄宗羲的公共性思想：以〈明夷待访录〉为中心的考察》（《哲学研究》2020年第4期）一文指出，黄宗羲的政治哲学在公共性维度有着丰富的体现。黄宗羲正视人性之私，但要求为政者在履行公职时应以公抑私，君主不能以最高权位谋取一家一姓之私，群臣也不能将职分定位在效忠于一家一姓。黄宗羲主张，国家的大根大本在于制度建设，但制度建设的正当性不在于维护帝王统治，而在于其利于天下万民的动机与措施。为了更好的使民众参与政治事务，黄宗羲特别主张通过完善"学校"制度和拓宽"取士"渠道来促进士人和民众的公共议政、公共评判、公共参与，以此完善国家的公共治理。黄宗羲的公共性思想既是传统儒家天下为公思想的发展，也是近代以来公私之辨的先声，对于现代政治治理有一定的启发意义。

吴浪《黄宗羲：学问与政治——基于〈明夷待访录〉的阐释》（上海师范大学硕士学位论文，2020年5月）一文在政治思想史的语境中理解黄宗羲的学问与政治，认为《明夷待访录》具有双重定位。一是作为文本的《明夷待访录》以"原体"写作而呈现出"原君、原臣、原法"的秩序批判空间，并且以"君臣共治"为范例进行阐释，《明夷待访录》是黄宗羲政治思想对政治秩序关怀的重要文本。二是作为人生经历事件的《明夷待访录》须在黄宗羲的生平经历之中获得理解，黄宗羲以学问的姿态开始其对于政治秩序思考的转向。

① 《"黄宗羲与明清哲学"青年学者工作坊在同济大学人文学院召开》，"宋元明清哲学研究"微信公众号，2020年12月29日。

乐承耀《明清易代之际黄宗羲政治态度转变论考》（《中共宁波市委党校学报》2020 年第 6 期）一文认为，顺治十五年（1658）前，黄宗羲以明朝为"本朝"，对清朝持敌对态度；顺治十五年（1658）至康熙十七年（1678），他的态度有变化，以"有明"代替明朝，用"北"字比喻清朝，不再指责清廷；康熙十八年（1679）后，他承认了清朝执政的合法性，用清年号，称康熙帝为"圣天子"，与清朝官吏交往。黄宗羲从最初的"反清复明"到后来承认清政府执政的合法性，这是顺应历史潮流的表现，也是他与时俱进观念的体现。

王格《想象一个制作的政体：对黄宗羲〈明夷待访录〉开篇论说的重新解读》［《宝鸡文理学院学报（社会科学版）》2020 年第 6 期］一文指出，黄宗羲《明夷待访录》开篇一段呈现出三个关键命题："有生之初""自私自利""公利公害"。"有生之初"是黄宗羲设想的前政治状态情形，而"自私自利"是对这一状态基本表现的描述，"公利公害"则指向解决这一状态困境的方案诉求。三者构成了一段完整的政治哲学论述之开端，也构成了《明夷待访录》所由以展开"公""私"两大政治原理线索论述的坚实基础。在黄宗羲看来，政体制度是出于制作而来，这就为其变革制度的诉求打下了理论基础，但也为其政治哲学论述埋下了凭空构想的危机。

李勤通《论传统君主批判思想的嬗变：从黄宗羲到郭嵩焘》（《岳麓法学评论》辑刊，2020 年卷）一文认为，黄宗羲对君主制提出批判，他所建构的民主、君客观念既受到理学体用思想的影响，也蕴含某些契约论观念的影子。郭嵩焘则在考察西方政治体制的基础上更有突破性的思考，君民平等、政不在君、君主非所有人之君等思想体现出他超越黄宗羲的一面。

刘小平《儒家为何必然需要法治？——黄宗羲的"法"理论及其内在转向》（《法制与社会发展》2020 年第 5 期）一文指出，黄宗羲的法理论建立在儒家的思想底座上，基于"天下利害"这一儒家"致善主义"的目标，深刻论述了"德治"因素的重要作用及其不充分性。要真正实现儒家政治理想，就必然要依靠"法治"。这充分表明，无论是对于传统儒家还是对于现代政治哲学，法治都是实现各自政治理念之不可缺少的内在必备要素。

（二）黄宗羲哲学思想（本体论、人性论）研究

吕之奇《黄宗羲〈孟子师说〉"气"论研究》（河南大学硕士学位论文，2020 年 5 月）一文通过对《孟子师说》中"气"论思想的分析，探索黄宗羲融合"气学"与"心学"的思想趋向，对明代心学末流的演变以及明末清初哲学思想的转型问题都具有较为重要的意义。

刘聚晗《黄宗羲人性论新探》[《海南师范大学学报（社会科学版）》2020 年第 1 期]一文基于黄宗羲"一本万殊"世界观、理气心性一元论，将宇宙本于至善观作为逻辑起点，对黄宗羲人性论内涵作出新的阐释，认为人性自然至善是黄宗羲人性论的基本观点。它包含三层意涵：其一，人性的本然与自然状态是至善的；其二，"善"是遵循道德伦理与满足个人私欲的统一体；其三，"恶"是气之过与不及和习之罪。这一新释呈现了黄宗羲人性论贯通古今中外、继往开来的历史意义。

（三）黄宗羲经学、史学、戏曲、体育、教育思想研究

张克宾《黄宗羲〈易学象数论〉意旨发覆》（《周易研究》2020 年第 4 期）一文指出，黄宗羲《易学象数论》是一部系统探析与评判汉宋易学象数学与数术学的专门之作，其研究之高度与广度都远超局限于宋易或汉易的前贤与后学。后世对该书之认识与评价多局限于考据辨伪方面，既未能照见其所具之思想意义，又未能论及其总体之学术宗旨。该书前三卷论汉宋象数易说，黄宗羲以考论《河图》《洛书》与先天图为平生得意之笔。这些考论除了在考据上能发先儒所未发以外，在理论上则关涉到对理气关系的重新勘定。在认为汉宋象数易说多为"伪象"的同时，黄宗羲在该书中也试图建立他的易象学，其宗旨乃是将象数义理会归为一。后三卷论汉宋拟《易》援《易》之数术学，黄氏之首要目的是为了揭示此类数术学之真相，从而将之与《易》本身之象数区别开来，但其对数术学的肯认与研究还有更深层的原因，与其气化宇宙论、经世观念和历史演变观都有密切的关系。

商略《浙东史学之意识溯源："经世应务"的内在觉醒》（《文化交流》2020 年第 5

期)一文针对"浙学"渐变"浙东史学"这一现象,对"浙东史学"尤其是其开创者黄宗羲的学术传统、治学方法及学术环境等方面进行多视角剖析,并追溯其渊源。

温德朝《从兴戏到"禁戏":黄宗羲戏曲活动考辨》(《新疆艺术学院学报》2020年第1期)一文指出,黄宗羲对戏曲的认识,经历了一个由浅到深、由粗到精、由"兴"到"禁"的嬗变过程,这与明清易代的社会历史文化语境,以及他对明亡的历史反思和理想社会的建构密不可分。

谢静漪《黄宗羲与颜元的体育教育思想比较》(《文教资料》2020年第22期)一文指出,黄宗羲和颜元在清朝及近代都有着重大的影响。他们批判程朱理学的空虚无用,主张经世致用的教育思想,并将经世致用作为指导体育教育思想的基础。他们在体育教育思想的形成背景、教育目的观、教育内容观、教育方法论等方面,既有许多相同之处,又存有分歧。

于盼《明清之际黄宗羲"经世致用"思想教育理念研究》(《长江丛刊》2020年第4期)一文指出,"经世致用"在明末清初成为当时社会的主流思潮,这种意识与当时社会的发展是息息相关的。这一思潮在当时社会确实起到了促进社会进步的作用。黄宗羲、顾炎武、王夫之是这一思潮的主要代表人物。

(四)黄宗羲文学思想研究

郭建林《黄宗羲序文研究》(辽宁师范大学硕士学位论文,2020年5月)一文在已有的研究成果上,对黄宗羲的序文进行系统全面地梳理,重点剖析其序文的思想内容和艺术特征。黄宗羲的序文,或针砭时弊,或抒发情感,或交游赏光,或品评亲友,内容详实,丰富多样。在艺术方面,黄宗羲序文运用议论、抒情、排比、比喻等艺术手法,逻辑严密,文采飞扬,颇有大家风范。

李弋文《黄宗羲"性情论"的三重辨析》(《宁波教育学院学报》2020年第5期)一文指出,黄宗羲以儒者、学人、思想家、革命家等诸多身份立场,对前代文论进行了深沉反思,从而构建了以性情为核心的文学理论体系。

肖翠云、刘锋杰《黄宗羲"文与道合"观的三个维度》(《中国人民大学学报》2020

年第 6 期)一文指出,黄宗羲"文与道合"观有三个维度:倡导"文必宗经",但强调经史并重,匡时救世,主张文学表现现实;持"诗从性情出",以情贯道,赋予文道论以情感活力;以"盈天地皆气""盈天地皆心"为理论基础,通过"气—心"的间性论述,揭示诗文生命特性。黄宗羲的相关论述具有转型意义,主要推动了文道论向重情与重事两方面的发展。

(五)《明儒学案》综合研究

赵江红《〈明儒学案〉成书时间与天象:兼谈古代天文记录研究方法论的反思》(《科学技术哲学研究》2020 年第 4 期)一文指出,黄百家曾有语云"府君于丙辰岁著《明儒学案》成,而五星聚牛女","五星聚牛女"的天象似乎与《明儒学案》成书时间有关。然经考证,康熙年间不曾出现过"五星聚牛女",故不能借以佐证《明儒学案》的成书时间。

李一禾、张如安《"不拘"与"纵情":论〈明儒学案〉中黄宗羲对邓豁渠形象的建构》[《南京师大学报(社会科学版)》2020 年第 1 期]一文通过对比《明儒学案》中邓豁渠传记与《南询录》《里中三异传》等内容,发现黄宗羲在编写《明儒学案》邓豁渠传记部分时,对邓豁渠的事迹和思想做出了一定的删改与整理:摘取邓豁渠与其师赵大洲因思想分歧而不再相见的文献,却不选择《白苏斋类集》中邓豁渠与赵大洲是因与学术无关之事而交恶的说法等;同时黄宗羲也参考邓豁渠自传《南询录》,在文字上做出了许多带有用意的删改。黄宗羲特地将不受时人重视的邓豁渠放入泰州学案,为其作传、点评,他所塑造的"只主见性,不拘戒律""纵情"的邓豁渠形象,暗含了黄宗羲对于邓豁渠以及泰州学派的态度,即认为他们不是阳明的正统继承者,因此他们在思想上的偏误不需要阳明学人来解释、负责。

汪学群《〈明儒学案〉与阳明学的分派》[《贵阳学院学报(社会科学版)》2020 年第 3 期]一文指出,黄宗羲《明儒学案》对阳明学的分派,以地域轴把思想与师承结合起来,凸显阳明学各派的学术风格及思想特色,为近代阳明学分派诸说定下了学术基调。

魏冬《党晴梵〈明儒学案表补〉版本考述》(《渭南师范学院学报》2020 年第 3 期)一文指出,党晴梵的《明儒学案表补》现有手稿本、清稿本两种。其《叙录》除手稿本、铅印本、清稿本三种外,另有与之相关的《明儒学术之探讨》清稿本及《明人学术之探讨》铅印稿。《明儒学案表补》手稿本完成于 1929 年七八月间。1934 年 11 月,党晴梵将其《叙录》逸出,更名修订成《明儒学术之探讨》清稿本,又于 1935 年再次修订,以《明人学术之探讨》为题发表在《廿四月刊》第 1、2 期。后又以此为底本修订,形成《明儒学案表补》手稿本中的铅印本《叙录》,以代替原来的手稿本《叙录》。以此新《叙录》和《明儒学案表补》手稿本其他内容为底稿,经他人誊清和作者修改,形成《明儒学案表补》清稿本。《明儒学案表补》的整理,应该以清稿本为底本,而以手稿本为主校本。

(六)《宋元学案》综合研究

刘真伦《〈宋元学案〉何绍基刻本考述》(《中国典籍与文化》2020 年第 1 期)一文指出,清道光年间何绍基所刻《宋元学案》百卷本,是该书初刻定本醉经阁本的修订本。和醉经阁刻本相比,该本增加了 370 版以上篇幅,增加字数约 20 万,是《宋元学案》定本中体例最完善、内容最丰富的版本。

(七)黄宗羲文献整理的新进展

平慧善、卢敦基导读之《黄宗羲集》(凤凰出版社 2020 年 8 月版)一书,选黄宗羲文十六篇和诗三十篇,内容深奥者和长篇巨著皆不选。诗文后加以注释和翻译,便于读者阅读。

二、清代浙东学派综合研究

"清代浙东经史学派"命题的提出与倡导者吴光教授,在 30 多年前所撰《黄宗羲与清代学术》一文中指出:"关于清代浙东学派,前人往往作狭义的理解,称之为

'浙东史学派'，并以章学诚为其殿军，恐怕有失偏颇。愚意以为，浙东学派是一个包括经学、史学、文学、自然科学在内的学术流派，虽以史学成绩显著，但不应仅仅视作一个史学流派。这个学派的主要代表人物，以史学为主兼治经学的有万斯同、万言、邵廷采、全祖望、邵晋涵、章学诚，以经学为主兼擅史学的有万斯选、万斯大、黄百家、王梓材，其文学代表人物则有李邺嗣、郑梁、郑性等，自然科学代表人物则有陈𫍙、黄炳垕等。"①

2020 年 8 月 26 日下午，浙江文化研究工程重大项目"《清代浙东经史学派文献丛书》结题评审会"在位于浙江图书馆孤山馆区的文澜书院召开，详见第一章第一节，此不赘述。

黄爱平《清代浙东史学的文献特色与传承意识》（《中国文化》2020 年第 2 期）一文指出，从清初开启新局的黄宗羲，继武其后的万斯同，承上启下的邵廷采和全祖望，至乾隆时期发扬光大的邵晋涵和为之总结扬厉的章学诚，都极为重视读书，重视文献史料的搜求、整理和鉴别，重视史事、人物、典制的记述，重视史学精神的坚守和史学要义的阐发。这种扎实的文献基础和自觉的传承意识，为清代浙东史学的发展奠定了深厚的根基，注入了持久的活力，使之形成一个传承有自、特色鲜明的学派，并在清代学术史上占据一席之地，产生重要影响。

陆冰《清初浙东学者关于"冬青义士"史事考辨探析》（《历史教学问题》2020 年第 5 期）一文指出，元初会稽六陵被盗，当时有南宋遗民不忍诸帝遗骨被抛弃荒野，暗为收埋，葬于会稽兰亭山后，并植冬青树为标记，后世称这些人为"冬青义士"。然而正史不载其事，野史记载又存在巨大出入，元明以来"冬青义士"一直为学者关注和讨论。明清易代，新王朝国家秩序的建立和地方知识阶层的适应需要一个相当长的时间过程，"冬青义士"在清初百年间被知识阶层赋予丰富的内涵。清初浙东学派代表学者黄宗羲黄百家父子、万斯同、全祖望所等致力于文献考索，重建这

---

① 吴光：《黄宗羲与清代学术》，原载《孔子研究》1987 年第 2 期。后收入吴光论文集《儒道论述》一书，台北东大图书公司 1994 年版。

一事件历史史实,令"冬青义士"史事首具本末。这一考索过程本身兼具义理与考据,使历史考据与现实教化有机结合,体现了清代浙东学派的治学风气和学术精神,相关讨论直接影响清初国家地方祠祭。

王培《浙东事功学派及黄宗羲法治思想》(《人文天下》2020 年第 14 期)一文指出,南宋时期,以陈亮、叶适为代表的浙东事功学派以尚功利、反空谈为理论旨趣,论述了法治在国家治理中的重要性。到了明末清初,这种重法思想在黄宗羲那里又得到了跃升,他明确提出"有治法而后有治人"的观点,将法治的地位提到了人治之上,旗帜鲜明地向儒家以德治国的理念发起挑战。黄宗羲的浙江籍弟子们继承发扬了他的思想,将法治的观念注入浙江人的血脉中,形成了今天浙江人重视法律、崇尚实干的性格。

荔强艳《清代浙东学派学人凭吊诗研究》[《浙江海洋大学学报(人文科学版)》2020 年第 5 期]一文认为,凭吊诗作为清代浙东学派学人诗歌创作的内容,随着时代的发展不断演变。从黄宗羲到万斯同再到全祖望,诗歌内容不断拓展,诗歌风格也从好"梦"趋向写实。与此同时,诗歌理论也对传统的"诗道性情"和"学问"与诗歌创作的关系进行了新的阐释。事实上,清代浙东学派学人凭吊诗的内容、风格的演变也符合从性情到学问的发展趋势,与清诗的发展相一致。

三、经学为主兼治史学者:黄宗炎、黄宗会、万斯大研究

胡士颖《论黄宗炎道德事功合一论》(《中华文化与传播研究》辑刊,2020 年卷)一文认为,作为明末清初浙东学派的代表人物,黄宗炎善于从字形字义出发解释《周易》、阐述儒家思想。他以仁、义、礼、智、信的字形构成为基础发挥儒家五常理论,把这五种道德范畴作为人心所本、行为处事的核心要目。但他未将性情、理欲关系分判绝对化,在肯定人的身心需求合理性同时,强调道德、身心修养工夫,最终达到内在道德与外在事功的合一。道德事功合一论继承和深化了儒家成贤致圣思想,在儒家政治思想层面外,也切合浙东民间商业意识的觉醒。

雒柏云《万斯大〈礼记偶笺〉研究》（曲阜师范大学硕士学位论文，2020 年 5 月）一文认为，万斯大的《礼记偶笺》是清初礼学复兴运动中的一部《礼记》学著作，颇受后世礼学界所重视。该书是《礼记》部分文句笺释之作，全文仅有 152 条，但内容涵盖较广，涉及文本考证、名物考证、礼制考释、礼义阐释等诸多方面。

四、史学为主兼治经学者：万斯同、邵廷采、邵晋涵、全祖望、章学诚、王梓材研究

（一）万斯同研究

2020 年，研究万斯同的论文有 1 篇。

李航《〈明史·循吏传〉编纂考述》[《宁夏大学学报（人文社会科学版）》2020 年第 1 期]一文指出，《明史·循吏传》是研究明代循吏的重要历史文献。其成书，经历了万斯同初稿、王鸿绪二稿、张廷玉定稿三个阶段。其中，万稿虽属草创之作，但具有奠基之功。王稿源自万稿，并对其做了大幅度的删润和加工，因此王稿不论是在结构、史识还是行文和表述上都有了长足的进步和提高，是《明史·循吏传》转折之稿。

（二）邵廷采研究

谢建龙编校《姚江书院志》（宁波出版社 2020 年 11 月版）一书，底本为现藏于余姚市文保所的清乾隆五十九年增订本，并附录《姚江书院志略》影印件。

（三）邵晋涵研究

孙学喜《邵晋涵史学思想与浙东史学关系研究》（曲阜师范大学硕士学位论文，2020 年 5 月）一文认为，邵晋涵的史学思想源自浙东学术，具有"约取""成家"的特点，其从事史学研究的根本宗旨在于以史家之言探索儒家义理之真，存续孔子《春

秋》大义之教,推原大道以明孔圣笔削真义。邵晋涵力主史官相传之成法,将义理的价值内涵注入史家"纪实"原则之中,意在求义理之真,故特重史家之"义"。因之,邵氏对"史裁"一目极为重视,并辅以探求学术因革流变、损益得失的"寻绎"之法以图用史学求儒门义理之真。

(四)全祖望研究

2020 年是著名的史学家、文学家、浙东学术文化集大成者全祖望诞辰 315 周年、逝世 265 周年。9 月 25 日,"第三届全祖望(史学)文化节"在全祖望故里——宁波市海曙区洞桥镇沙港村的全祖望故居开幕。"第三届全祖望(史学)文化节"以"弘扬"为主题,围绕"史学""乡贤""风韵"三大板块,开展了"长三角文史专家学术沙龙""全山石艺术人生展""中华全氏宗亲聚贤大会"等一系列特色文化活动。①

2020 年,研究全祖望的论文有两篇。

侯晓旭《全祖望〈汉书地理志稽疑〉研究》(河北师范大学硕士学位论文,2020年 5 月)一文全面考察、分析了《汉书地理志稽疑》诸版本的优劣,并详细梳理其版本源流,校正文本上的错误,为深入相关研究做好了文献基础。

丁小明、尹伟杰《胡适、顾廷龙与全祖望校〈水经注〉案:以胡适、顾廷龙往来信札为中心的考察》(《图书馆杂志》2020 年第 12 期)一文指出,胡适和顾廷龙曾合作研究全祖望校《水经注》的真伪问题。

(五)章学诚研究

2020 年学界的章学诚研究,主要集中在章学诚学术思想的综合研究、方志理论、目录学理论、校雠学理论、史学思想、文学思想、美学思想以及《章氏遗书》的刊刻流传。

---

① 信息摘录自《第三届全祖望(史学)文化节开幕》,中国宁波网,2020 年 9 月 26 日;《第三届全祖望(史学)文化节闭幕》,中国宁波网,2020 年 11 月 1 日。

1. 章学诚学术思想的综合研究

章益国《道公学私：章学诚思想研究》（北京大学出版社 2020 年 5 月版）一书以"道公学私"命题为中心重建了章学诚诠释的新坐标，对章学诚思想中的核心观念如"史意""六经皆史""圆神方智""通""史德""浙东学派"等均作了重新解释，一定程度上颠覆了一百年来学界"常规的章学诚形象"。该书在传统史学史的语境下探讨了历史学的科学性与艺术性之争、历史认知的语言学基础、历史认知的默会维度、史家的主体性、历史学界的共识形成等当今史学理论的前沿问题；同时把章学诚重新置入传统文化整体的思想背景下和哲学艺文论参验比较，恢复近人在以今释古中的"辉格式解释"中造成的"消耗性的转换"，使"文史"之"通义"灼然再现，使章学诚成为理解中国传统文史之学的合适的入门。

何善蒙、卢涵《略论章学诚思想的心学倾向》[《吉林师范大学学报（人文社会科学版）》2020 年第 5 期]一文通过对《文史通义》中相关论述的梳理，认为章学诚的思想虽然主要是立足于史学的，但是，其有着非常明显的心学特质，亦即受到了以阳明心学为代表的浙东学术传统的深刻影响。

2. 章学诚的方志、目录、校雠学思想研究

汪洋《乾隆〈天门县志·人物例传〉整理与研究》（曲阜师范大学硕士学位论文，2020 年 5 月）一文认为，章学诚早期编纂的乾隆《天门县志》作为天门现存旧志中质量最佳的一部志书，内容丰富，人物列传占有很大比重，且在体例与内容方面有诸多创新，因此具有很高的史料价值和研究价值。

林锋《章学诚的文集论与清代学人文集编纂》（《文学遗产》2020 年第 6 期）一文指出，章学诚认为文集是继六经、诸子之后，伴随专家之学的衰落而兴起的一种著述体式。针对后世文集普遍存在的"以学徇文"的缺陷，章学诚力主改进文集的编纂体例，使文集返归"以文徇学"的理想之境。

傅荣贤《"明道"指向与"会通"路径：论章学诚校雠学的本质》（《高校图书馆工作》2020 年第 1 期）一文指出，章学诚的校雠学以"明道"为目的论指向，而"道"存乎"三代盛时"，以"官守"为法度。因此，"辨章学术，考镜源流"中的"源流"并非长

程学术史的梳理,而是以战国为节点的三代盛时之"源"和三代而后之"流"的二元判分。作为方法论路径的"会通",固然是时间维度上的溯源,更是空间类别上对《周官》官学体系的追模。他的校雠学乃是针对"古职之失守而学者无所向方"而倡言立意的,"溯源官礼"比"辨章学术,考镜源流"更能揭示其校雠学的本质。相应地,他所界定的校雠学范围,一方面涵盖了目录学所不包括的"求书"内容,另一方面又摒弃了传统目录学视为重要组成因子的提要。

3.章学诚的史学思想研究

崔壮《"古人之遗意"与章学诚的史学革新论》(《清史研究》2020 年第 1 期)一文指出,在中国史学史上,章学诚是最具变革精神的史家之一。他先于梁启超、章太炎等近代学者一百余年就中国历史的编撰形式提出革新的主张,有些见解至今依然可谓不易之论。

赵鹏团《〈文史通义〉中的"家学"问题与章学诚"三书"说新探》(《中国地方志》2020 年第 3 期)一文指出,章学诚标榜为"家学"的史学理论,是以目录学为根基的历史编纂学;以目录学之法治方志,是章学诚方志理论的学术本色。章学诚的"方志立三书"说中,"方志"指方志学而言;"三书"是章学诚以目录学之法治方志这一学术视野下的三个学科门目。志是章氏心目中上古《尚书》《春秋》之学的再现,本于刘向、班固的目录校雠之学,即章学诚推崇的撰著之书;掌故是章氏心目中上古《周官》《仪礼》之学的再现;文征是章氏心目中上古十五《国风》之学的再现。这两者辅志而行,是纂辑之作。"三书"说阐述的是两种不同的治学途径。

张倞愷《〈文史通义·易教〉解析:章学诚史学思想与其作品中"象"的象征人类学阐释》(《作家天地》2020 年第 5 期)一文主要从《文史通义》中章学诚对《易》的看法入手,对《易》中表达的教化思想进行总结分析;同时根据象征人类学的理论观点,将章学诚《易教》篇中的符号化思想"象"与原始内涵结合,提出符号概念在《易》中起到了重要作用。

李春青《对章句训诂与心性义理的双重超越:章学诚经典阐释学思想探微》[《贵州大学学报(社会科学版)》2020 年第 5 期]一文指出,在经历了汉唐经学、宋明理学以及清初以来风头正盛的考据之学发展演变之后，章学诚眼中的中国传统学术已面临着极大的危机。无论是汉学的章句训诂、名物度数之学，还是宋学的心性义理之学，抑或是宋学内部的"尊德性"与"道问学"两种学问路向，似乎都未能符合他的学术标准，更不用说儒学之外的词章之学了。即使是源远流长、成果丰硕的史传传统，在他看来也是问题重重。基于对传统学术如此之考量，章学诚试图建构一种超越前人的新学术，这就是"史学"。这种"史学"不是史书的编纂实践，亦非史书编纂体例、方法的总结，而是一种追问古代典籍"所以言"的学问，是揭示意义的学问。对此，可称之为"经典阐释学"。

崔壮《论章学诚史学之理论架构》（《史学理论研究》2020 年第 6 期）一文指出，章学诚观念中的史学是以实现"经世之意"为目的、以遵从"比事属辞之教"为撰述途径的史学。而所以能如此者，可概括为四句话，即"义有独断""独断必凭事实""事必借文而传""文不为事所役"，四者层层递进、逻辑严密。其中，作为史学之三要素，"义"为核心，史家之"识"主之；"事"为实体，史家之"学"主之；"文"则影响史书传世行远的效果，史家之"才"主之；而"文"与"事"的关系，亦即"文"是否"为事所役"，则决定了"义"能否为叙"事"之"文"所彰显，史家之"德"主之。

王方媛《章学诚妇女观研究》（湘潭大学硕士学位论文，2020 年 5 月）一文认为，章学诚的史学研究中蕴含着丰富的妇学思想，在当时产生了广泛的影响，具有进行深入研究的价值。

4. 章学诚的文学、美学思想研究

崔森、张培锋《道、气、情与章学诚的"文弊"说》（《晋阳学刊》2020 年第 2 期）一文指出，道、气、情是章学诚文论的核心范畴。章学诚将道作为文章内容层面的评判标准，以此区分六经之文、著述之文和文集之文；而将气与情作为同时影响文章形式及内容的要素，指出"气昌情挚"与"气盛情偏"对文章形式的不同影响，以及气质性情对于作者选择"写什么"的重要作用。章学诚将作文缺乏道以及平正的气、情皆列为"文弊"，以此为标准对古今之文的弊端进行批评。章学诚的"文弊"说来源于其独特的学术思想——"文史校雠"，反映了他的广义文学观。

邢业凯《章学诚文艺思想中的"神妙之境"》(《开封文化艺术职业学院学报》2020 年第 7 期)一文指出,章学诚在《文史通义·辩似》篇中创新性地提出了"神妙之境",认为其以充足的学识为基础,具有只可意会不可言传的特征,通过心领神会、偶然得之实现,丰富了我国古代文学艺术的审美范式。

陈志扬《章学诚重评韩愈古文史地位及其旨趣》(《文学评论》2020 年第 4 期)一文指出,乾嘉时代义理、考据、辞章分裂严重,各家所持之古文辞内涵不一。章学诚以史家立场介入古文辞论争,从苏轼的"韩子文起八代之衰"之说切入,重评韩愈古文史地位:一方面肯定了韩愈"文起八代之衰"说,另一方面又补充"古文失传亦始韩子"。韩愈文贵在学传诸子,而其"宗经而不宗史"的偏向造成取道方向不正确和对史文隔阂的缺陷。章学诚基于文化史视角的判断抬升了著述文地位,并进一步将古文辞限定为史学的叙事文,借此敲打了盛极一时的桐城派与汉学派;另一方面,他指引究人伦世用的古文精神与嘉道之后的经世思想相通,已着嘉道之际批韩的先鞭。

吴桂美《由章学诚赋论引起的赋与寓言关系的思考:以〈子虚上林赋〉为例》[《长江大学学报(社会科学版)》2020 年第 2 期]一文指出,章学诚在《校雠通义》和《文史通义》中的赋论,也许隐含着另外一个观点:从对话形式、恢廓声势、排比谐隐、征材聚事等赋的论理表达、文体形式、题材艺术等方面来看,赋与寓言都有着很大的相似性,赋的生发和写作应该也受到了先秦寓言的影响。

路新生《〈文史通义〉与历史美学》[《清华大学学报(哲学社会科学版)》2020 年第 2 期]一文指出,章学诚的代表作《文史通义》作于汉学排斥宋学、考据摒弃哲理的乾隆年间,他的治学"虚""实"兼顾,考据与义理一并强调,可谓拔出流俗、独树一帜。难能可贵者,《文史通义》中大量论述均与美学之方法论原理相通,即《文史通义》中富涵可以用历史美学的方法加以解读之内容。章学诚论"诗史相通",谓历史书写当"蕴道而不言道",并把握情感的闸门,避免"情失则流,情失则溺,情失则偏",这些理论精华,足以为当今学界镜鉴。

5.《章氏遗书》的刊刻流传研究

王园园《桐城萧穆与章学诚〈章氏遗书〉谋刻考略》（《经学文献研究集刊》2020年第 2 期）一文指出，桐城萧穆在章学诚《章氏遗书》的流传刊刻过程中起着重要作用。光绪十七年（1891），萧穆于章善庆处见到鸣野山房钞本《章氏遗书》之后，不仅多次借钞、勘校，还为这部钞本之保存、刊刻等，付出巨大努力。以萧穆为介，可以构成一条以徐维则、谭献、余联沅、周莱仙、沈曾植、吴士鉴等人为中心的《章氏遗书》谋刻脉络。尽管萧穆及其学人圈谋刊《章氏遗书》的努力最终未能成功，但萧穆保存护佑之功不可没，最终该钞本也在其身后被嘉业堂刊刻出版。

束莉《萧穆、沈曾植交游考论：以〈章学诚遗书〉的保存与刊刻出版为中心》（《文教资料》2020 年第 18 期）一文指出，萧穆、沈曾植对于古籍的保存与刊刻，具有危机意识和挽救意图，并进行了前后相继的努力，最终促成了《章学诚遗书》的幸存与刊刻、出版。

（六）王梓材、冯云濠研究

由于文献不足征，学界对王梓材、冯云濠的研究相对滞后，2020 年学界不见研究王梓材、冯云濠的论文。

五、以文学见称而兼通经史之学者：李邺嗣、郑梁、郑性研究

（一）李邺嗣研究

2020 年，研究李邺嗣的论文有 1 篇。

冯欣《李邺嗣乐府诗体式初探》（《宁波广播电视大学学报》2020 年第 2 期）一文指出，李邺嗣是明末清初浙东诗坛中的重要人物，他创作有 156 首特点鲜明的乐府诗。在拟古乐府走向过度模仿的明末，李邺嗣一改时弊，将对乐府诗的拟写回归到借鉴古乐府的创作体式上，而非字模句拟。李邺嗣的乐府诗对浙东诗派同时期

及后期诗人的乐府诗创作产生了较大影响。

（二）郑梁、郑性研究

曾礼军《郑梁文学观念与清初浙东学术思潮》（《汉语国际教育研究》辑刊，2020年卷）一文认为，郑梁是清初浙东学派以文学见长的重要成员之一，其文学观念受到其师黄宗羲的影响而又有自己的独特个性。郑梁极为重视诗歌的文学地位，认为"人不能诗，其人不远"；而诗歌的本质在于"道己之性情"，并以"性情"摄融"言志"。同时又重视诗文合一和文道合一的文学会通观。郑梁文学观念的突出特点在于以经学的正统性导衍出文学的合法性，善于抓住文学的本质属性，又重视凸显文学的社会地位和经世功能，体现了经学家和文学家的两种文学观念的调解中和。

陈立胜《论郑性的学术贡献》[《广西大学学报（哲学社会科学版）》2020 年第 5 期]一文指出，郑性师承黄宗羲，在整理、刊刻黄宗羲文集方面居功至伟。他还是潘平格著述最有力的整理者与传播者。作为一名"文化邮亭卒"，他在浙东文化的传承上做出了突出贡献。

六、以历算学见称而兼通经史之学者：黄百家、陈讦、黄炳垕研究

2020 年，学界不见有研究黄百家、陈讦、黄炳垕的论文。

七、清代浙东经史学派的尾声：黄式三、黄以周研究

2020 年，学界研究黄式三、黄以周的论文有 4 篇。

雷斌慧《〈论语学案〉与〈论语后案〉比较探析》[《宁波大学学报（人文科学版）》2020 年第 4 期]一文指出，刘宗周《论语学案》与黄式三《论语后案》同为浙东学派研究《论语》之经典。在注解原则上，《论语学案》志在教化，《论语后案》还原经典。在义理阐释上，《论语学案》求心之要；《论语后案》则对心颇为警惕，并将求心之要

转化为寻礼之本。在解经方法上，《论语学案》直抒己见，《论语后案》重视考据。

乔辉、张晓宁《〈礼书通故〉"名物图"考略》（《中国语言文学研究》辑刊，2020 年卷）一文认为，黄以周《礼书通故》向为后世礼学家所推崇，然其书所论名物图之内容真伪迄无考论。结合相关文献、出土实物等对其进行考说，可以发现其中部分名物图有修订前贤之论，亦有失当之处。

朱明数《援"太祖虚位"以解经：论黄以周对天子庙制的建构》（《经学文献研究集刊》辑刊，2020 年卷）一文认为，黄以周援用两晋以降，在礼制实践中出现的"太祖虚位"之说，以初制、定制之别，调和经文记载的差异。他将《祭法》视为"太祖虚位"时之礼，目《王制》为"太祖正位"后的定制，从而能合理解决经文分歧，构建了新的天子庙制。黄以周打破经史界限，援引礼制史资源来解释经学，为经学研究带来新的思路。

徐道彬《"皖学"入浙：基于黄以周〈礼书通故〉的考察》（《浙江社会科学》2020 年第 11 期）一文通过梳理黄以周父子与徽州学者的交游，兼以考察《礼书通故》对"皖派"学风的继承与发展，从中发掘"皖学"入浙的学脉传承，进而观览黄氏所言"绩溪之教，流入浙西，吾浙与有光焉"的丰富与生动。

第二节 清代浙西朱子学研究

明代中晚期，朱子学尊崇地位被阳明心学冲击；明清之际，又经顾炎武、黄宗羲、王夫之等学者的批判，朱子学正统地位受到严重威胁。清初，由于最高统治者特别是康熙对朱子学的推崇，朱子学又逐渐复兴并盛行起来。上章提到的张履祥，因亡国之痛而深刻反思"王学"（阳明学）之弊，最后摒弃"王学"，一意归本程朱理学，是清初典型的"由王返朱"的学者。作为理学家的张履祥，不务虚谈，践履笃实，为廓清明末阳明后学清谈杂禅之风作出了贡献。他虽终生未曾显达，但对清初程朱理学在浙西的复兴与发展起了重要作用。可以说，清初浙江已经形成一个以张履祥为领袖，以吕留良、陆陇其为骨干的"清代浙西朱学派"。

一、张履祥研究（存目）

2020 年的张履祥研究，已在上章"明代浙学研究"中胪列，兹不赘述。

二、吕留良研究

2020 年，学界公开发表的研究吕留良的论文有 5 篇。

张天杰、吴旺海《近四十年来吕留良研究的回顾与展望》（《嘉兴学院学报》2020 年第 2 期）一文指出，对吕留良的研究在民国时期就已肇端，20 世纪 80 年代以来学界相关研究的数量开始骤增，在其生平著述、学术与政治思想、文学文论、学人交游、文字狱案、医学著作与吕氏后裔等方面均取得阶段性成果，但仍存在继续完善与改进的空间，未来的研究或可从材料、形式、方法与视野等角度寻求突破。

张猛《出处殊途，治生迥异：陆陇其与吕留良出处及治生比较》（《嘉兴学院学报》2020 年第 2 期）一文指出，因各自家族在明代的境遇及明清易代之际的个人经历的不同，陆陇其与吕留良出处殊途，治生迥异，进而导致两人及各自家族在清代中后期的不同遭遇。陆陇其主要治生途径是处馆、书院授徒，兼以务农、时文评选和刻书。吕留良主要治生途径是时文评选、刻书，兼以务农、行医。陆陇其与吕留良是清初嘉兴士人中最典型的人物之一，通过他们的比较，对深入认识清初士人具有重要意义。

王小丁、闫春燕《从吕留良与黄宗羲的〈高旦中墓志铭〉之争透视清初江南儒者习医》（《中医药文化》2020 年第 4 期）一文指出，宋以后儒与医相通的现象增多，明清时期儒医的发展更是蔚为可观。儒士吕留良与黄宗羲也兼习医学，并且造诣渊深，对医学源流、治法治则，都有各自独到见解。他们与江南名医高斗魁（字旦中）皆为好友，但也因高斗魁产生分歧和争论，加速了友谊的决裂。故梳理吕留良与黄宗羲两人的《高旦中墓志铭》之争探究清初儒者习医、隐医、行医而带来的士风变化

与医学发展

唐明贵《吕留良〈论语讲义〉的经世致用特色》（《孔子研究》2020 年第 6 期）一文指出，身处换代之际的吕留良，在《论语》诠释中，积极充实新的时代的内容，提倡学问当能经世致用。他将三代之治作为自己的政治理想，以之作为衡量治乱的依据，一方面主张君臣之间应建立平等的关系，避免互相残杀。另一方面，主张恢复封建制，以确保王朝不受外族侵犯；恢复井田制，实现耕者有其田，解除民众疾苦。他高扬"尊王攘夷"的《春秋》大义，以期唤醒人们夷夏之防的民族意识，不做清人的奴才；但同时，他也不否认君臣之义，以期唤起士人们的气节意识，鼓起为君为国献身的勇气，共同与清人抗争。吕留良以弘扬朱子学为己任，极力抬高程朱的地位，褒扬朱子之说，并极力诋毁阳明学，认为其学说问题多多，难入儒学之门。这些思想既有理想的成分，也有现实需要的因素。

王胜军《为"心学"正名：〈驳吕留良四书讲义〉卮言》（《嘉兴学院学报》2020 年第 2 期）一文指出，朱轼等所纂《驳吕留良四书讲义》一书尽管有其强烈的政治意图，持论未尽公允，但其从一个侧面展示了在王学被大批判以及宋明心性之学衰微的情形之下，清初官方对"心学"传统的坚守以及"心学"与道统建构之间密不可分的关系，说明"吕留良案"在文字狱层面之外还有其更值得探求的"心学"意义。在传统语境中，"心学"不与陆王之学对等，而是包含陆王之学在内的整个宋明理学的指称，并且可以上溯为尧舜禹相授受的道统，是华夏先民的生活方式和文化信仰的最高哲学概括。考察这一广义"心学"，对于认识中国文化的特质、启示当前的文化复兴不无裨益。

三、陆陇其（陆稼书）研究

张天杰主编《陆陇其全集》（全 15 册，中华书局 2020 年 11 月版），充分搜集历代陆陇其著作单行本、《正谊堂全书》《四库全书》所收录的陆陇其著作，以及光绪年间的《陆子全书》103 卷。将《陆子全书》中属于陆陇其原著的全部点校整理出版，并替换《四书讲义》为《四库全书》收入的《四书讲义困勉录》，增补《陆陇其年谱》，《陆子全书》编者许仁沐选编的《景陆粹编》以及《全集》主编搜集的《景陆粹编补遗》等，合计 120 多卷，共 420 多万字。具体书目：第一、二册《三鱼堂文集》，第三册《松阳讲义》，第四至八册《四书讲义困勉录》，第九册《读礼志疑》《战国策去毒》《读朱随笔》，第十册《三鱼堂剩言》《问学录》《松阳钞存》，第十一册《三鱼堂日记》，第十二册《治嘉格言》《陆稼书判牍》，第十三册《陆陇其年谱》，第十四、十五册《景陆粹编》《景陆粹编补遗》。

2020 年 12 月 30 日，陆陇其诞辰 390 周年之际，《陆陇其全集》首发式在浙江平湖举行。在首发式上，中华书局古籍出版中心主任张继海指出，《陆陇其全集》将其理学专著、诗文集、读经随笔等各种著作进行了点校，这在历史上是第一次对陆陇其存世文献进行系统而全面地整理，对于推进陆陇其学术思想的研究具有重要意义。为该书撰写前言的清华大学国学院院长陈来教授从《陆陇其全集》出发，强调了明清朱子学相关文献整理和研究是很有价值的、很有意义的，将是宋明理学学科布局的有效增长领域。复旦大学吴震教授认为，《陆陇其全集》提供了许多非常重要的清初朱子学、《四书》学的研究文献，该书的出版将会引来陆陇其研究的高潮，并且对推动清初朱子学的研究起到正面的积极作用。

金卫其编著《清官陆稼书》（浙江古籍出版社 2020 年 10 月版）一书，分书法卷、故事卷、诗歌卷，从不同侧面来展现陆稼书的形象。

王培友点校的《三鱼堂文集》（中国书籍出版社 2020 年 5 月版），以云南省图书馆所藏康熙四十年刻本为底本，以《文渊阁四库全书》本为校本，统一异体字，订正缺字、别字，底本中的避讳字，进行点校整理。

孟荣《〈三鱼堂文集〉版本考述》（《扬州教育学院学报》2020 年第 2 期）一文指出，《三鱼堂文集》版本众多，《清人别集总目》著录有 15 个，《中国古籍总目》著录有 7 个，版本之间的关系错综复杂。对其进行考辨，认为琴川书屋本、嘉会堂本、老扫叶山房本为同一版本；仅存在光绪版《陆子全书》刻本；《三鱼堂文集》（包括其选本《陆稼书集》）共有 12 个版本，包括刻本、稿本、抄本、石印本和排印本；《三鱼堂文集》包括文集 12 卷,外集 6 卷,附录 1 卷。

孟荣《〈三鱼堂文集〉校注及研究》(河北师范大学硕士学位论文,2020 年 5 月)一文的研究对象《三鱼堂文集》,包括陆陇其的《三鱼堂文集》与《三鱼堂外集》,全文分为"研究"与"校注"两部分。

第三节　乾嘉考据学中的"浙派"研究

清代中前期,乾嘉考据学成为传统学术思潮的主体。学界通常认为,清代考据学主要分为以惠栋为首的"吴派",以戴震为首的"皖派",以焦循、汪中为代表的"扬州学派",其实还应该有以卢文弨等为代表的"浙派"。在清代中前期,毛奇龄、朱彝尊、胡渭、姚际恒、查慎行、杭世骏、翟灏、齐召南、梁玉绳、卢文弨、孙希旦、吴骞、陈鳣、严可均、洪颐煊、姚振宗等一大批浙江籍学者为清代考据学的繁荣而著书立说,助推了考据学在浙江的实践与发展。此外,乾嘉年间,阮元任浙江学政、巡抚期间,对乾嘉之际浙江考据学("浙派")的发展也有助力。

一、毛奇龄研究

2020 年学界的毛奇龄研究,仅有两篇论文。

唐小茜《毛奇龄〈诗札〉述略》(《汉字文化》2020 年第 12 期)一文指出,《诗札》是毛奇龄研究《诗经》的著作,包含了训诂、音韵研究、订误、诗主旨研究、诗总论诸问题研究、考证史实风俗等各方面的内容,在某些问题上提出了比较新颖的见解。

孙林海《毛奇龄〈曹伯母寿〉考》(《红楼梦学刊》2020 年第 5 期)一文从毛奇龄与曹家的关系、贺寿诗的考察、与现有资料的比对等角度入手,对毛奇龄《曹伯母寿》一诗加以考证,认为该诗是为曹寅之母孙氏八十寿辰所作的贺诗。

二、朱彝尊研究

2020 年,学界的朱彝尊研究主要围绕朱彝尊的生平事迹、人物交游、文学思想、书目题跋、金石书画、著作文献而展开。

(一)朱彝尊生平事迹、人物交游研究

朱则杰《朱彝尊研究》(凤凰出版社 2020 年 9 月版)一书,包括四个部分:"上编"七章,考朱彝尊的时代、家世和生平,论朱彝尊的文学思想、诗歌创作、词、古文创作,综论朱彝尊在文学史上的地位与影响;"下编"是专题研究,包括朱彝尊抗清考、生平丛考、古文系年等;"补编"涉及朱彝尊生平事行、诗作本事及其他相关文献考证等;"附录"收录研究论文四篇,包括日本学者竹村则行探讨朱彝尊遗民意识的专文。

张宗友《朱彝尊事行新考》《朱彝尊事行续考》《朱彝尊事行三考》(《古典文献研究》辑刊,2020 年卷)三文在氏著《朱彝尊年谱》《〈朱彝尊年谱〉新考》的基础上,勒成专文,以补《朱彝尊年谱》之未备。

崔晓新《曹寅与朱彝尊交游续考》(《曹雪芹研究》2020 年第 3 期)一文认为,曹寅与朱彝尊,均系清初名士,二人颇多交集,在日常聚会、唱酬往还方面关联颇多,可为清初士人交游研究提供参考。

聂国强《金石同契共好结纳:朱彝尊与书法篆刻家的交游》(《艺术品》2020 年第 11 期)一文认为,作为书法家的朱彝尊,凭借着广博的学识和高尚的人格魅力,结交了当时许多著名的书法家、篆刻家,其中著名的书法家如傅山、郑簠等,篆刻家如许容、徐贞木、程邃等。这些交游开阔了朱彝尊的艺术视野,也促进了他的艺术创作和收藏。

付阿敏《竹垞遗响:黄丕烈题跋中的朱彝尊身影》(《嘉兴学院学报》2020 年第 1 期)一文指出,朱彝尊喜购藏古籍,为清初著名藏书家。黄丕烈作为清中叶的藏书

大家，不仅喜藏书、鉴书，且撰有大量题跋。黄丕烈士礼居藏书中，不乏曝书亭旧藏，朱彝尊藏书之身影，借黄氏题跋，可以管窥一二，从中也不难看出曝书亭藏书在清代中叶的传承与影响。

（二）朱彝尊文学思想研究

钱礼翔《〈明诗综〉诗人地理分布可视化与朱彝尊的明诗版图》（《江苏第二师范学院学报》2020 年第 1 期）一文借助 CHGIS 地理信息系统和 QGIS 制图软件，对《明诗综》中可考籍贯诗人进行数据分析和可视化呈现，并与《列朝诗集小传》进行对比，探讨朱彝尊构建的明诗版图及其背后的政治、经济、文化原因。首先，朱彝尊推崇南方诗人，建立了以浙江为核心，以江苏、安徽、福建、江西、上海为辅的诗人省份版图；其次又确立了以嘉兴为核心，以苏州、鄞县、上海、吴县为辅的诗人城市版图；另外，朱彝尊与钱谦益的明诗观区别较大，表现为朱彝尊客观对待"复古诸子"以及十分重视"遗民诗人"。

李开林《论"集句"题画现象：以朱彝尊集句创作为中心》[《福州大学学报（艺术版）》2020 年第 3 期]一文指出，朱彝尊创作了大量集句作品，有相当一部分为题画之作。

丁雨秋《论朱彝尊爱情词的醇雅深挚：以"国朝佳构"〈桂殿秋〉为例》（《名作欣赏》2020 年第 36 期）一文指出，《桂殿秋》是清代浙西派词人朱彝尊的代表作，小词以凝练的笔墨追忆了一件往事、一段刻骨而无望的爱情，充分体现了朱彝尊爱情词醇雅深挚的美感特质，受到了历来评论家的推崇和好评。

吕行《论朱彝尊"醇雅"的词学观念》（《今古文创》2020 年第 39 期）一文指出，清初词人朱彝尊，上承姜夔、张炎，下启浙西词派，标举"醇雅"学说。朱彝尊以"醇雅"论词，对传统"雅"的观念承嬗离合，确立一派之宗旨，开一代词坛之风气。

周燕玲《殊途同归：查慎行与朱彝尊诗学道路考论》（《文学研究》辑刊，2020 年卷）一文认为，朱彝尊与查慎行相交三十六年，一同游览，唱酬不息，还曾相约选宋元明诗，难免不相互影响和学习。

莫崇毅《论朱彝尊的诗词自注》(《文学研究》辑刊,2020 年卷)一文认为,从康熙十二年(1673)开始,朱彝尊在诗词创作的过程中明显关注到了自注的价值。一方面,在以《鸳鸯湖棹歌》为代表的一系列组诗创作中,添加了大量自注内容,其知识性自注中还流露出浓郁的乡情;另一方面,在他的咏物词集《茶烟阁体物集》中,也有 35 首词作包含知识性自注内容。其咏物词在词史上的得失,与其好用典并自注的特殊风格有关系。此外,朱彝尊的文坛影响力以及时代重视知识的氛围也促使文坛出现了大量对其诗词自注进行效仿的作品。

(三)朱彝尊书目题跋、金石书画研究

刘亚刚《朱彝尊〈曝书亭金石文字跋尾〉与清初的金石考证之风》(《楚雄师范学院学报》2020 年第 2 期)一文指出,朱彝尊倡导以金石文字证史的学术理念,并积极参与访碑、拓碑的活动,他所作的《曝书亭金石文字跋尾》中就有很多自己访碑、拓碑的记录。

张莉《平和秀雅朴拙自然:朱彝尊隶书审美探析》(《书法》2020 年第 4 期)一文指出,以顾炎武、阎若璩、朱彝尊等为代表的文人士大夫寻访碑刻、求新思变,致力于历史考证、文字著述、古籍编校、书法交流与实践等相关方面的探索,"隶书中兴"成为这一时期的别具特色的历史现象,出现了金石学复兴的迹象。

李永《博雅同癖:清初孙承泽与朱彝尊的金石书画情缘》(《美术学报》2020 年第 4 期)一文指出,孙承泽是清初既降顺又降清的双料贰臣,朱彝尊是清初享有很高声誉的遗民处士,因为金石书画共同爱好,两位能跨越身份和年龄的障碍成为莫逆之交。他们二人相与雅玩,讨论金石书画艺术,孙承泽的金石书画收藏颇依赖朱彝尊的襄助为之考证,朱彝尊在孙承泽丰富的藏品中开阔了眼界,增长了识见。

(四)朱彝尊著作文献(以《经义考》为中心)研究

张宗友《经义考研究(增订本)》(凤凰出版社 2020 年 12 月版)一书,梳理了《经义考》的版本、源流,具体分析了《经义考》的条目体系、分类体系、提要体系和按语,

详细研究了《经义考》与《文献通考》《经义考补正》《四库全书总目》等其他著作的关系，并将定量研究与文献考论相结合，旁征博引，分析精当，探讨并总结了《经义考》的成就、不足及其影响。

张秀秀《〈经义考〉编纂特色新探：以孟子类第三卷为例》（《嘉兴学院学报》2020年第1期）一文指出，朱彝尊《经义考》为经学与目录学集大成之作，其书搜罗秦汉至清初经学著作，并于每书之下附以前人论说，间有按语考证。

孙瑞隆《朱彝尊〈经义考〉引陆元辅〈经籍考〉考论》（《图书馆界》2020年第4期）一文指出，朱彝尊《经义考》中有"陆元辅曰"253处，通过与广东省立中山图书馆、中国国家图书馆、北京大学图书馆馆藏《经籍考》中的经部著录文字比对，发现其内容系引自陆元辅《经籍考》。《经义考》对《经籍考》的征引说明了陆元辅的经学造诣和影响，《经籍考》让我们看到陆氏原不大为人所知的目录学家身份。

黄文彬《朱彝尊〈王文靖公文集后序〉辨伪》（《江海学刊》2020年第3期）一文指出，杜泽逊、崔晓新点校的《曝书亭序跋潜采堂宋元人集目录竹垞行笈书目》，收录有朱彝尊为当朝大学士王熙之文集所作的《王文靖公文集序》及《王文靖公文集后序》（上海古籍出版社2010年版，第315—317页）。然据考证，《后序》并非朱彝尊所作，而是由吴震方《王文靖公文集序》一文改纂而成。

三、胡渭研究

2020年，不见研究胡渭的专论，但有两篇论文涉及胡渭：孙新梅的《清代辨伪释例》（《河南图书馆学刊》2020年第4期），陈岘的《试论清代易学转型中的图学批判与汉学复萌》（《中国哲学史》2020年第2期）。

四、姚际恒研究

2020年，学界不见研究姚际恒的专论。

五、查慎行研究

2020 年，学界研究查慎行的论文有 5 篇。

邱瑰华《查慎行和汪灏的仕宦与交谊：以查慎行诗文为中心的考察》[《淮北师范大学学报（哲学社会科学版）》2020 年第 2 期]一文指出，从清康熙四十一年末至康熙五十年末，是查慎行和汪灏仕宦生涯的十年，二人同蒙恩召，同登科第，同朝为官。其后，汪灏因陷入戴名世《南山集》案而被革职，查慎行托病南归故里。共同的为官经历和志趣爱好，使他们二人结下了深厚的情谊。

周燕玲《殊途同归：查慎行与朱彝尊诗学道路考论》（《文学研究》2020 年第 2 期）一文指出，深入探析查慎行与朱彝尊的诗学思想，可以发现二人在诗学道路上貌离而神合，殊途而同归，有着共同的诗学旨归。

陈含笑《查慎行"南斋日记"研究》（浙江师范大学硕士学位论文，2020 年 5 月）一文认为，查慎行是活跃在清代康熙年间的一位重要诗人，他在南书房曾有过一段"行走"的生涯，这段经历于早年坎壈的查慎行来说是一个人生转折。查慎行入值南书房不久后写作的《陪猎笔记》和《南斋日记》就成了探究其心路的重要依据。难能可贵的是，两本日记又以一名文学侍从的角度，展现了康熙朝中后期南斋文人的侍值日常，再现了盛世君臣之间的文化学术互动。

岳媛《查慎行扈从诗研究》（《内蒙古大学硕士学位论文，2020 年 5 月）一文认为，查慎行曾三次扈从康熙出塞，其间共创作诗歌 155 首，集成《随辇集》《考牧集》《甘雨集》，收录于《敬业堂诗集》中。

周燕玲《查慎行的诗风嬗变》[《哈尔滨工业大学学报（社会科学版）》2020 年第 5 期]一文指出，查慎行早年诗歌颇具悲壮沉雄之气，喜用夸张的比喻和奇崛的语言来喻示沉雄阔大的诗境，转而伴随人生挫折与阅历渐深，他改换名字，心态愈加谨小慎微，诗风也发生了重要变化。他对现实的关怀慢慢减淡，在选词造句上追求浅易平畅，不造奇语，不刺人耳目。情感表达方面，亦克制和平和，逐步从"沉雄踔历"到"叙述温雅"。查慎行从"沉雄"而入"稳惬"的这一变化，有时代对个人诗歌创作的影响，亦体现了查慎行晚年对杜甫晚年诗风的复归。

六、杭世骏研究

2020年，研究杭世骏的论文有1篇。

董恩林、汤军《佚名〈汉书疏证〉作者研究补证》[《华中师范大学学报（人文社会科学版）》2020年第3期]一文从直接与间接两个方面对佚名《汉书疏证》作者为杭世骏进行补证：直接补证的是从佚名《史记疏证》中新发现一条互注"详见《汉书疏证》"材料，检佚名《汉书疏证》得验；间接补证的是近代日本学者吉川幸次郎、小川茂树、平冈武夫和中国学者孙海波、朱希祖等人对该书作者为杭世骏的推定，以及根据该书提到的杭世骏与清代学者张永祚、齐召南、赵一清的关系，杭世骏学说思想与佚名《汉书疏证》中相关论述的契合度等。

七、翟灏研究

2020年，学界研究翟灏的论文有两篇，均与他编纂的俗语词典《通俗编》有关。

谭静《〈通俗编〉三字格研究》（山东大学硕士学位论文，2020年5月）一文认为，《通俗编》是翟灏编纂的一部俗语词典，书中收录了很多前代俗语词汇。其中，该书收录的三字格数量达到693个之多，占全书收词的12.7%，为近代语言研究提供了珍贵的语料样本，具有重要的研究价值。

熊沙《〈通俗编〉方言词研究》（湖南师范大学硕士学位论文，2020年5月）一文选取《通俗编》中的方言词作为研究对象，选词标准主要参照《汉语方言大词典》和《现代汉语方言大词典》以及其他判定方言词的相关论述。

八、齐召南研究

2020 年,研究齐召南的论文有 1 篇。

张娇娇《清代齐召南〈集杜诗〉研究》(西南大学硕士学位论文,2020 年 5 月)一文认为,齐召南生活于康乾盛世之际,特殊的学术风尚和家族文化使其自幼便深谙杜诗精髓,而壮年时期因坠马伤脑造成疾病缠身,无奈致仕还乡的经历更让其在晚年衰老无聊之时常从杜诗中寻求慰藉,并由此创作了两卷共 124 首集杜诗。这两卷《集杜诗》内容丰富,或写景纪游,或感怀言志,或咏史怀古,或题咏图画。

九、梁玉绳研究

2020 年,未见学界有研究梁玉绳的论文。

十、卢文弨研究

2020 年,学界研究卢文弨的论文有两篇。

陈晓华、侯晓玉《卢文弨、戴震校勘〈大戴礼记〉考论》(《北京行政学院学报》2020 年第 6 期)一文指出,卢文弨、戴震校勘《大戴礼记》的成果最先由卢见曾刻入《雅雨堂丛书》之中。而雅雨堂本《大戴礼记》实有乾隆二十三年戊寅、乾隆二十五年庚辰两种刻本,后世多误之为一。戊寅本以卢文弨校注为主,并融合了惠栋、戴震的校勘成果;庚辰本则用戴震校本,系戴震在卢见曾幕府时校勘所得,后出转精。《四库全书》本《大戴礼记》系戴震在雅雨堂本的基础上,广集众本,参互考证,从而将《大戴礼记》校勘推到了一个新的高度。卢文弨、戴震合校《大戴礼记》,厘正了《大戴礼记》在流传过程中存在的诸多问题,为后世《大戴礼记》学研究奠定了文本基础。

孙瑞隆《陆元辅〈经籍考〉成书初探：以集部为中心》（《重庆第二师范学院学报》2020 年第 5 期）一文指出，陆元辅撰、卢文弨补《经籍考》是清代重要的提要式书目著作，抄录序跋、解题，考撰者、卷帙、作者撰书之旨，于元明遗籍索隐抉微，引书数量繁多、内容宏富，经过卢氏统一体例，增补诸著录书，具有较高的学术价值。

十一、孙希旦研究

2020 年，未见学界有研究孙希旦的论文。

十二、吴骞、陈鳣研究

王亚丽《清代宜兴紫砂品评理论研究》（《景德镇陶瓷大学硕士学位论文，2020 年 5 月）一文认为，吴骞所著《阳羡名陶录》一书采用"丛谈"的方式，具有一定的"集成"性质，基本囊括了清中期及之前有关紫砂的重要文章、诗词、壶铭等。

姚文昌《蜀石经〈毛诗〉摹写本考原》（《中国典籍与文化》2020 年第 4 期）一文指出，吴骞将旧藏蜀石经《毛诗》《左传》摹写本与《周礼》校记合订，题"蜀石经残字三种"，现存国家图书馆，《续修四库全书》影印收入。吴骞旧藏蜀石经《毛诗》摹写本最早为黄丕烈所有，乃黄氏家庭塾师邵朗仙于嘉庆八年冬据拓本摹写，后经陈鳣而归吴骞。该摹写本既是王昶、阮元等人所见摹写本共同的底本，也是陈宗彝重刻张敦仁旧藏摹写本的底本。

十三、严可均研究

2020 年，学界研究严可均的论文有两篇。

李思远《〈唐石经校文〉研究现状述评》（《黑龙江教师发展学院学报》2020 年第 5 期）一文指出，清人严可均的《唐石经校文》是对唐石经考订最为翔实的一部著作。近年来,随着清代学术研究的走向深入,对《唐石经校文》的研究主要集中在对其校勘特点的研究上,而在整理与研究方面尚有拓展空间。

高思莉《也谈〈全上古三代秦汉三国六朝文〉编者问题》(《中国典籍与文化》2020 年第 3 期)一文指出,《全上古三代秦汉三国六朝文》自问世以来,编者问题颇受争议,俞正燮《癸巳存稿·全三古至隋文目录不全本识语》中"实阳湖孙渊如观察之力"之语为始作俑者,至今学界争论未曾断绝。经过考证,俞氏《识语》当另有所指,而非严氏《全文》。孙星衍对《全文》成书之功当另加详考,全面客观评价严氏的辑佚之功理应回归《全文》,系统考究。

十四、洪颐煊研究

2020 年,学界不见有研究洪颐煊的论文。

十五、姚振宗研究

2020 年,学界不见有研究姚振宗的论文。

十六、阮元与杭州诂经精舍研究

2020 年,学界不见有阮元与诂经精舍相关联的研究论文。

第四节　明清之际与清代中前期的其他浙学家研究

在明清易代之际至清代中前期,浙江籍的著名学者还有沈德符、陈元赟、谈迁、张岱、朱舜水、查继佐、潘平格、李渔、沈光文、应撝谦、沈昀、毛先舒、姜宸英、吴任臣、毛际可、吴之振、王崇炳、袁枚、桑调元等,他们在文学、史学、理学等各个领域也有创造性的学术成果，故而属于广义的"浙学家"范畴。

一、沈德符研究

2020 年，学界不见有研究沈德符的论文。

二、陈元赟研究

2020 年 12 月，由日本名古屋陈元赟研究会和日中友好协会爱知县联合会共同举办的"陈元赟纪念追思活动"在日本举行。中国驻名古屋总领事刘晓军出席并参观了相关历史古迹，指出，中日是一衣带水的友好邻邦，文化交流历史源远流长，陈元赟等无数先辈为中日友好奠定了根基，我们要铭记、传承、发扬好这份友好精神。我们相信，经历过"山川异域、风月同天"的抗疫合作，两国人民的友好情谊将进一步深化。①

2020 年，学界研究陈元赟的论文有两篇。

林汝达《陈元赟〈老子经通考〉中对林希逸的批判》（《老子学刊》辑刊，2020 年卷）一文认为，陈元赟《老子经通考》一书集中反映了其以实学阐释《老子》的思想特征。《老子经通考》中对林希逸"有无中道""圣人无所容心""礼出于人伪"三个观点的批判，清晰地展现了陈元赟所处时代的实学思潮，同时对了解日本江户时代的思想史也有帮助。

吴敏《明末儒学对日本江户时代的影响：以朱舜水、陈元赟、张斐为中心》（《西部学刊》2020 年第 21 期）一文指出，朱舜水、陈元赟、张斐的思想不仅具有深厚的朱子学根基，还兼具阳明学特色。他们在明末流寓日本后，对江户德川幕府社会产生了深远影响。朱舜水的尊王思想得到德川光圀及水户藩的重视，形成了水户学；

---

① 《陈元赟纪念追思活动在日本举行》，余杭社科网，2020 年 12 月 8 日。

陈元赟在儒家与道家之间追求实学思想,开创了芝山学;张斐则进一步推动了阳明心学在日本的发展。从三人的思想来看,他们不仅兼具朱王二学的特色,还受到日本本土的影响,形成了自己的学术特色,可见儒学在日本江户时代不断本土化。

三、谈迁研究

2020 年,学界不见有研究谈迁的论文。

四、张岱研究

2020 年学界的张岱研究,主要围绕他的文学、美学、哲学(以阳明学为中心)思想,"遗民情怀"及文献整理等展开。

(一)张岱文学、美学思想研究

崔小欢《张岱散文翻译的"求真"与"求美":以〈虎丘中秋夜〉翻译为例》(《现代英语》2020 年第 3 期)一文指出,张岱的《虎丘中秋夜》文字凝练、句式简洁、节奏明快,语言自然洒脱、一气呵成。翻译时,要先"求真",达到与原文的"动态对等",在"求真"基础上"求美",美得自然、美得出神入化。

高俊杰《张岱小品文景观书写研究》(《北方民族大学硕士学位论文,2020 年 5 月)一文认为,张岱小品文对江浙诸地景观进行了大量文学书写。张岱通过这些文学景观,表达自己对人生、社会、时代的思考,抒发自己的故国之思、怀念之情,对后世产生了重要影响。

梁建蕊《张岱对〈世说新语〉的接受》[《绍兴文理学院学报(人文社会科学)》2020 年第 4 期]一文指出,张岱受《世说新语》浸润颇深。他在私著史书《石匮书·艺文志》中,将受《世说新语》沾溉的著作《陶庵梦忆》《快园道古》归入"小说类",在文体上与《世说新语》保持相同的认知。在《陶庵梦忆》等经典作品中,他化用《世说新语》的语词、典故，自然地融入文本之中，以表情达意、寄托情思。张岱还模仿、借鉴《世说新语》的体例及编纂方式，创作了《快园道古》一书。文化精神、地缘身份的认同，促成张岱对《世说新语》的接受。

宋佳佳《张岱求真显俗的美学思想探究》[《辽宁师专学报（社会科学版）》2020年第5期]一文指出，张岱没有美学专著，作为明清之际不可或缺的知识分子，其作品中却蕴含着求真显俗的美学思想。张岱受心学、公安派思想影响，追求"真""真性情"，提出了"自出手眼""物性自遂"的观点。他的创作中，也表现了出俗的倾向，塑造了真实个性的市民形象，描写出了丰富多彩的市民生活，表现出俗趣的一面，但表现出来的文章风格却透露出雅致的情怀。

寇磊《张岱休闲美学思想研究》（《四川师范大学硕士学位论文，2020年5月》）一文认为，张岱将休闲审美的人生观念，彻底贯彻到他的生活、文学、艺术、哲学以及家国忧患的遭际之中，以休闲的心态成就了一个审美的人生，其休闲审美思想不仅是对于前人休闲审美传统的融贯与超越，对于当下人们实现审美化生存也具有重要启示。

张誉尹《试论张岱的自然审美观及其成因：以〈陶庵梦忆〉〈西湖梦寻〉为例》（《名作欣赏》2020年第14期）一文以张岱的小品文《陶庵梦忆》《西湖梦寻》为研究基础，整合自然审美观从魏晋时期到汉朝的发展，辨析了"自然"的概念，分析张岱的自然审美观及其形成原因，特别是时代和环境对他的影响。

王爱国、翟茜《古代琴论经典文本的分析与研究：张岱琴学"生鲜之气"理论的现代阐释》（《音乐文化研究》2020年第1期）一文指出，张岱在古琴演奏艺术的批评中，丰富和深化了"气"范畴的意义内涵，提出了"生鲜之气"说。"生鲜之气"说以"得手应心"为旨归，以"纯熟""淘洗""脱化"为路径，不仅阐明了音乐表演艺术的一般原理，且强调了生命与艺术高度的同一性。

（二）张岱与阳明心学关系研究

李家城《晚明士人思想的时代特质：以张岱为个案》（《上海师范大学硕士学位

论文,2020 年 5 月)一文结合《石匮书》《四书遇》《琅嬛诗集》等材料,探寻张岱蕴含晚明士人的时代特质。一方面,张岱的文学作品、经学思想、历史著述有着阳明心学的历史烙印。另一方面,张岱通过对晚明社会的批评以及佛学和天主教的多元宗教观的建立,弥补晚明学界空疏的不足。

唐明贵《张岱对朱学的扬弃和对王学的归宗:以〈论语遇〉为例》[《廊坊师范学院学报(社会科学版)》2020 年第 4 期]一文指出,张岱作为明末抑朱扬王的代表人物之一,在《论语遇》中对朱注虽有所承袭,但更多的是对朱注的断句、错简、阙文、训诂、经义等有所质疑或批评,充分表明了其自身"宗王反朱"的学术宗旨。他将自己对阳明心学的体悟心得,融入对《论语》义理的诠释中,充分展现出了阳明后学独立自由的精神。

(三)张岱的"遗民情怀"研究

林景文《从〈西湖梦寻〉看张岱的前朝记忆》(《齐齐哈尔师范高等专科学校学报》2020 年第 4 期)一文指出,西湖对于张岱而言充满了年少时的美好回忆,经历朝代更迭后的张岱只能通过梦境重拾前朝记忆。《西湖梦寻》不仅介绍西湖景致,也讲述逸闻掌故,书中充斥着张岱历经沧桑后的历史兴亡之感。

蔡钰《张岱诗歌中的遗民情怀》(《宁波教育学院学报》2020 年第 6 期)一文结合当时社会背景以及张岱个人人生经历,分析张岱遗民情怀形成的原因,立足诗歌文本探究遗民情怀在其诗歌中的具体表现形式,从而了解张岱坚定且深刻的遗民情怀。

彭爽《从张岱的暮夜书写看晚明的身份认同》(《古代文学理论研究》辑刊,2020 年卷)一文认为,张岱的暮夜书写鲜明地表现着晚明之世时人时文的日常化、大众化特征。在由以雅化俗、高士体验、幽赏审美所构成的暮夜生活美学范式之中,张岱融通了彼此异质的市人、诗人与士人身份。正是在此自我完善、自我融通的过程之中,张岱到达了吾道不孤的精神境界并将之作为生命的出口。

（四）《张岱全集》整理的新进展

《张岱全集》之《夜航船》（浙江古籍出版社 2020 年 7 月版）是一部百科全书式著作，也是张岱最有名的著作之一，其内容从天文地理到经史百家，从三教九流到神仙鬼怪，从政治人事到典章沿革，广采博收，共计二十大类，四千多个条目。

五、朱舜水研究

2020 年系明末清初著名思想家朱舜水诞辰 420 周年，11 月 1 日下午，"《朱舜水集》编纂出版工作推进会暨朱舜水思想研讨会"在舜水故里余姚举行。此次会议围绕朱舜水思想在东亚的传播及舜水学与阳明学的关系展开学术研讨。与会专家认为，朱舜水作为"余姚四先贤"之一，提倡"实理实学、学以致用"，对日本"水户学"产生极大影响，在日本文化发展史和中日文化交流史上具有极其重要的地位。与阳明心学一样，朱舜水的思想是浙东学术和浙东文化的重要组成部分，可以说，朱舜水和王阳明都在东亚思想文化发展史上留下了浓墨重彩的一笔。由郭齐勇、徐兴庆共同担纲主编将由宁波出版社出版的《朱舜水集》，是迄今为止收录朱舜水生平著作及相关研究资料最为完备的一部学术典籍。该书在前人编辑整理的基础上，全面搜集中日两国存世的朱舜水著作及出版物，包括文、诗、讲义、书信、年谱等，辨别真伪，考定文字，标点分段。

2020 年的朱舜水研究，主要聚焦在朱舜水思想在日本的传播影响，以及朱舜水的文学、实学思想等主题。

徐灏飞《论朱舜水居日时期的华夷思想》（《集宁师范学院学报》2020 年第 1 期）一文指出，在朱舜水居日时期，其华夷思想发生了重大转变。他突破传统华夷思想的观念束缚，把在东亚传统族群谱系中被视为"夷狄之国"的日本视为"域外中华"。与此同时，他又坚守华夷思想的成见，视满族为夷狄，认为清朝统治下的中国不幸沦为了"夷狄之国"。这样强烈的认知对比，体现出其华夷思想的矛盾性与复杂性。

洪长晖《道通于斯：对外传播中的节点与网络——兼评周逢年〈朱舜水思想在日传播研究〉》(《东南传播》2020年第2期)一文指出，朱舜水在寓居日本的23年间，积极地扮演了中华文化对外传播者的角色，是考察中日交流史和日本社会思想史时不容忽视的人物。周书从传播学的视角，展示了朱舜水的跨文化传播实践以及相应的社会传播网络，是文化间传播研究领域一本重要的著作。

张晓明《"子敬箴"与伴宇右卫门书信的再发现：试论朱舜水与山鹿素行思想互动的可能性》[《宁波大学学报（人文科学版）》2020年第3期]一文指出，朱舜水为山鹿素行所作的《子敬箴》不仅体现了箴言的规劝之意，还显示出二人在"性善"问题上的分歧。山鹿素行写给伴宇右卫门的书信也证实了二人间的思想分歧，甚至山鹿素行在信中将朱舜水斥之为"俗儒"。加之《答安东省庵书》和《与安东守约书》的参照比较，可以更加肯定地认识到二人思想互动可能性之渺茫。通过朱舜水与山鹿素行古学互动可能性的考察，可以清楚地发现江户时代日本儒学对明末中国儒学的冲击，明确儒学在东亚传播的普遍性及日本儒学的特殊性。

吴敏《明末儒学对日本江户时代的影响：以朱舜水、陈元赟、张斐为中心》(《西部学刊》2020年第21期)一文指出，朱舜水、陈元赟、张斐的思想不仅具有深厚的朱子学根基，还兼具阳明学特色。他们在明末流寓日本后，对江户德川幕府社会产生了深远影响。朱舜水的尊王思想得到德川光圀及水户藩的重视，形成了水户学；陈元赟在儒家与道家之间追求实学思想，开创了芝山学；张斐则进一步推动了阳明心学在日本的发展。从朱舜水、陈元赟、张斐的思想来看，他们不仅兼具朱王二学的特色，还受到日本本土化的影响，形成了自己的学术特色，显示出儒学在江户时代不断日本化的显著特征。

刘晓东《"楚玙"与"鲁玙"：朱舜水的家国之思——兼及前近代东亚海域世界的"境界人"问题》(《史学集刊》2020年第6期)一文指出，朱舜水的"字"是"楚玙"还是"鲁玙"，是学界争论已久的一个问题。从朱舜水兄弟三人名字的逻辑性来看，他最初预设的"字"应该是"叔玙"。由于家庭变故，他最后选择了"楚玙"，直至德川光圆征召前夕,才改字为"鲁玙"。不过,朱舜水的改"字",并不意味着对"楚玙"的彻底摒弃,而是字"鲁"存"楚"。"楚玙"寄托"乡愁","鲁玙"含蕴"国念",这种"家国之思"正是朱舜水"思明衷情"的一种展露,也是其"境界人"之"国家"意识的一种隐性表达。

张昭怡《〈朱舜水集〉文学特征及实学思想研究》(《扬州大学硕士学位论文,2020 年 5 月)一文认为,朱舜水的成长环境在他的思想里埋下了原始朴素的实用儒学的种子,也洒落了理学和心学的光辉,因此他的思想是交融了实用儒学和理学而产生的,既有唯物主义的进步色彩,也有忠君的封建元素,但最重要的还是实理实用思想。朱舜水一心求实的思想极大地影响了日本同一时代的学者,水户学派创始人德川光圀、古学派领导人伊藤仁斋、《大日本史》编撰者安东守约都是其门下弟子,与之交往甚密。朱舜水直接引导他们思想的形成,而他们的思想又通过各自创立的不同学派加以传播,直至普及日本社会,后来恰逢时事,掀起了一场思想风暴,在日本史上留下了浓墨重彩的一笔。另外,朱舜水忠君的思想也间接促进日本民众忠于天皇的武士道牺牲精神的形成。

六、查继佐研究

2020 年,学界不见有研究查继佐的论文。

七、潘平格研究

2020 年,学界不见有研究潘平格的论文。

八、李渔研究

2020 年,学界关于李渔的研究主要集中在探讨他的生平事迹、文学思想、戏曲观、美学思想及李渔作品对外传播研究。

（一）李渔生平事迹研究

沈新林《论李渔诗文的如皋情结》（《南京师范大学文学院学报》2020 年第 3 期）一文指出，明末清初出生于如皋的文化巨人李渔，是一位各体兼擅的作家，他的诗歌、散文在题材内容、方言俗语等方面保留了诸多如皋元素。认真进行搜集梳理，可以发现，这些元素不仅是他出生、成长于如皋，以及反驳"兰溪说"的有力证据，而且是检验其作品的试金石。合理利用这些如皋元素，有助于对其生平事迹、创作过程和时间的研究。

魏琛琳、袁楚林《在仕与不仕之间：李渔弃举原因新探》[《哈尔滨工业大学学报（社会科学版）》2020 年第 2 期]一文指出，李渔放弃举业的原因，过往学者各有说法，最有代表性的为"战乱说""强仕说""天命说"和"性格说"。但研究发现这些说法存在一定局限：首先，过于强调单个因素，忽略了李渔心态的复杂。其次，这些说法都通过讨论李渔入清后的弃举经历得出，并未提及李渔在入清之前已经形成的不仕之心。但通过其诗、词、文、小说等著作可以发现，李渔在入清前和入清后放弃应举的原因并不相同。是故，讨论李渔的弃举问题应对入清前和入清后两个阶段分别加以考察。引证李渔的作品及当时文献，可见其不仕心态的变化和复杂。

吴佳儒《论李渔话本小说中的"老来得子"情节》（《平顶山学院学报》2020 年第 4 期）一文指出，"老来得子"是李渔重要的生平经历，亦在其话本小说《十二楼》《连城璧》中反复出现，是其话本小说"自寓性"的重要表现之一。李渔话本小说中的"老来得子"情节作为一种有意味的形式，透射出李渔膝下无子时的焦灼心理，成为李渔自我安慰、自我解嘲的特殊方式。

王委艳《明清易代时期的士人立场：李渔的隐逸心态》（《唐都学刊》2020 年第 6 期）一文指出，李渔作为在明朝没有出仕的读书人，其在易代之际的选择耐人寻味，他既没有选择殉节，也没有选择出仕，而他选择的隐逸之路也别具一格：不合作、不抵抗，同时又不得不依附新朝权贵为稻粱谋。

（二）李渔文学思想研究

李春彩《李渔小说创作思想研究》（江南大学硕士学位论文，2020 年 5 月）一文认为，李渔作为传统戏曲理论的集大成者，同时也是一位创作与批评兼擅的小说家。他的小说创作吸收了戏曲剧本的部分表现手法，自觉地运用自己的艺术才能为读者服务。又因他常年活跃于小说销售领域，重视读者和经济效益，使得他对小说的写作方式和艺术价值有了特殊的理解。

王娇玉《李渔短篇小说与戏曲关系研究综述》（《戏剧之家》2020 年第 6 期）一文指出，李渔是明末清初著名戏剧理论家兼作家，其曲论造诣极深，组织周密、条理清晰，很大程度上影响了他的短篇小说创作。同时，李渔认为"稗官为传奇蓝本"，在戏剧实际创作中将小说看作戏剧题材的重要来源。可以说，其小说与戏剧在叙事特征、语言特征及人物塑造等方面的交互渗透，为这两种文体的发展都提供了极为珍贵的经验。

（三）李渔戏曲观研究

杨春妮《李渔对〈秦楼月〉的戏曲批评简论》（《今古文创》2020 年第 2 期）一文指出，《秦楼月》是朱素臣的传奇剧，李渔对该剧层层批注。通过李渔的眉批，可以归纳出《闲情偶寄》词曲部所未明确的戏曲创作理论——文情顿挫、闲笔不闲、热情冷处理，颇有助于对李渔戏曲理论进行更充分的理解。

（四）李渔美学思想研究

赖丽青《李渔〈闲情偶寄〉美学赏析》（《吉林广播电视大学学报》2020 年第 9 期）一文指出，《闲情偶寄》是李渔的代表作，是其从生活情感出发，结合自身的闲情思想所创作的不朽佳作。通过美学的视角看待李渔的闲情思想，能够发现其在抒发对生活的向往，对人生的价值探寻中也对自身的思想理念及人文情趣进行了一定的反思。

陈旭《论李渔〈闲情偶寄〉的生命审美观》(《山东大学硕士学位论文,2020 年 5月)一文认为,《闲情偶寄》作为清初闲赏文化的代表著作之一,蕴含着丰富的生命美学思想,体现着李渔究其一生所探求的关于生活实践和精神追求等方面的感性体验和理性判断。

张娜《李渔挑选家班女乐的审美观及其当代价值》(《戏曲艺术》2020 年第 2期)一文认为,李渔挑选家班女乐的审美观的核心是"全出自然"的"闺中之态","全出自然"主要体现为"选态为要""媚态移人""态自天生""才德为重"四种审美标准。李渔挑选家班女乐的审美观与其女性审美观有诸多相通之处,他认为女性之美是"天资""风韵""学文明理""夫子之德"的统一,这是对中国古代传统女性审美观的突破与拓展。"全出自然"的"闺中之态"作为一种历史尺度,对于我们反思当代演员的日常之态有重要启发。

(五)李渔作品对外传播研究

张西艳《李渔戏曲对日本江户文学的影响》(《戏剧艺术》2020 年第 3 期)一文指出,李渔的《笠翁十种曲》一经传入日本便深受江户文人的喜爱,成为江户文人竞相模仿和改编的对象。曲亭马琴、山东京传、石川雅望等作为日本江户文学的代表,他们的代表作中有不少李渔戏曲的影响痕迹。通过分析《曲亭传奇花钗儿》《樱姬全传曙草纸》《飞弹匠物语》和《近江县物语》等读本小说与李渔戏曲的相似之处,可发现这些读本小说所受李渔戏曲的具体影响。

魏琛琳《跨文化阐释的路径整合:李渔曲论在英语世界的传播与接受》(《贵州社会科学》2020 年第 9 期)一文指出,以往很多学者误认为西方学界重视李渔只是由于其小说和戏曲作品深入人心,而忽略其戏剧理论在英语世界学者心目中的价值和地位。事实上,西方学界自恒慕义开始从 19 世纪前期就逐渐关注李渔曲论,并给予高度评价。后经杜为廉、茅国权、柳存仁、埃里克·亨利、韩南、许道经、布兰登、文棣、魏安娜、卜立德、费春放、Patricia Sieber、林凌瀚、陶西雷、Judith T. Zeitlin、Jing Shen、Lenore J. Szekely、Sarah E. Kite、何谷里等人的阐释、翻译和跨文化传播,李渔曲论的跨语际接受,呈现出由单一研究到译研并举的复杂历程,具有由全盘接纳到深入反思、由极力赞扬到愈发客观公允,视角新、评价高、倡新奇、重比较的突出特点。

王德兵《德国汉学家顾彬关于李渔戏剧的跨文化阐释》(《艺术大观》2020年第36期)一文指出,李渔戏剧在欧美汉学界影响很大。德国汉学家顾彬的李渔戏剧研究开辟了域外新视野,李渔剧论在戏剧史上的地位与价值不可估量。顾彬以李渔剧作《奈何天》和《比目鱼》为案例,将李渔的戏剧理论融入其中,运用中西方戏剧文化相对照的方法,凸显李渔戏剧的喜剧性与娱乐性、文学性与舞台性的有机融合。

九、沈光文研究

2020年,研究沈光文的论文有3篇,专著有1种。

袁韵《台湾文学始祖沈光文研究》(浙江大学出版社2020年4月版)一书以台湾地区文学始祖沈光文及其文学为研究对象,在促进台湾地区文化的发展中,首推浙籍士人沈光文。他是牵系两岸文化情结的先驱者。

袁韵《评〈台湾文献初祖沈光文研究〉》(《浙江万里学院学报》2020年第2期)一文指出,乐承耀《台湾文献初祖沈光文研究》一书,是其在沈光文研究领域辛勤耕耘二十余年的学术结晶。该书不仅凝结了作者多年致力于沈光文研究的成果与创见,体现了作者勇于创新、务实求真的学术精神,而且体例完备、资料周详,汇编了诗文、传记、年谱等多种沈光文资料,为沈光文研究提供了极大便利。这部著作的出版,对于推进沈光文研究、加强两岸文化交流,具有重要意义。

袁韵《沈光文与儒家文化精神》[《宁波大学学报(人文科学版)》2020年第5期]一文指出,被誉为"台湾孔子""台湾文化初祖"的沈光文对台湾儒学的奠基与儒家文化精神的传承做出了卓越贡献。沈光文毕生坚守夷齐之节,彰显了以儒家忠义观念为底蕴的遗民忠义精神。作为明末最早入台并在台湾少数民族中推行汉文与儒学教育的士大夫,沈光文堪称台湾儒学最早的传播者与启蒙者。沈光文身为遗民而"不废当世之务",体现了仁民爱物的儒者胸怀与儒家"三不朽"的价值追求,无愧为儒家文化精神的践履者与传承者。

邓孔昭《卢若腾、王忠孝、沈光文、郑经等人对明郑时期台湾文学发展的贡献》[《陕西理工大学学报(社会科学版)》2020年第2期]一文指出,明郑时期,许多文人学士追随郑成功和郑经移居台湾。他们关心时局的发展,更关心台湾岛上发生的各种事情,忧国忧民之余,写下了大量的诗文,为当时台湾文学的发展做出了重要的贡献。从卢若腾、王忠孝、沈光文、郑经等人的相关诗文中,可以看出明郑时期台湾文学发展的起点很高,是一个文学创作辉煌的年代。

十、应㧑谦、沈昀研究

2020年,不见应㧑谦、沈昀研究专论。

十一、毛先舒研究

2020年,学界研究毛先舒的论文有1篇。

周田星《毛先舒乐府诗浅论》(《青年文学家》2020年第11期)一文指出,毛先舒乐府诗宗中晚唐,尤以李贺、李商隐为主。作为易代之人,他的乐府诗创作,对家国之思有自己独特的思考。

十二、王崇炳研究

2020年,学界有1篇研究王崇炳的论文。

吕国喜《论王崇炳〈金华征献略〉》(《黄河科技学院学报》2020年第12期)一文指出,王崇炳所著《金华征献略》采用《史记》《汉书》之类叙法,共二十卷,分为十三类,入传人物 678 人。对比正史与同类文献,该书具有集大成特色,绘制"婺学"谱系,颂扬节义之美,考察家族盛衰。《金华征献略》所记丰富的地方人事资料,具有重要的史料价值、文献价值,有的不载于正史,有的比正史更为详尽,可以补正史之阙略,有好多珍贵文献赖之以传,体现了王崇炳欲延金华学脉、文脉的"初心"。

十三、姜宸英研究

2020 年,学界研究姜宸英的论文有 1 篇:《名家临名帖:姜宸英临王献之〈洛神赋十三行〉》(《书法》2020 年第 1 期)。

十四、吴任臣研究

2020 年,研究吴任臣的论文有 1 篇。

王米雪《〈山海经〉版本研究》(长江大学硕士学位论文,2020 年 5 月)一文中对清吴任臣《山海经广注》的版本刊刻情况有介绍。

十五、毛际可研究

2020 年,不见有研究毛际可的论文。

十六、吴之振研究

2020 年,学界研究吴之振的论文有 1 篇。

冯小娟《清初诗人吴之振研究》(浙江师范大学硕士学位论文,2020 年 5 月)一文认为,吴之振是清初时期的一位重要诗人。首先,他参与并完成了《宋诗钞》的编选,并积极倡导宋诗,对清初宋诗风的形成具有重要意义。其次,他致力于诗歌创作,求新求奇,具有明显的宗宋特征,一洗诗坛靡弱之风。最后,他亦关注诗坛,喜爱论诗,在浙派诗人中他是最早致力于论述诗学的诗人,是初期浙派诗人的重要成员之一。

十七、袁枚研究

2020 年的袁枚研究,主要围绕他的诗学、文学、戏曲思想展开。

孙全敏《袁枚的〈诗经〉观》(辽宁大学硕士学位论文,2020 年 5 月)一文认为,袁枚探究《诗经》的言论主要集中在《小仓山房文集》《随园随笔》《小仓山房尺牍》《随园诗话》等著述中。

王一格《曹雪芹与袁枚诗学观之比较》(《集宁师范学院学报》2020 年第 2 期)一文指出,乾、嘉之际,人文思潮涌动,"情"获得重新强调。伴随着"情"与"理"的冲突,清代诗学思想逐渐潜移暗转。在这样的诗学氛围中,袁枚与曹雪芹独具一格,崇尚性灵,强调真情。但在诗的发生方式上,袁枚强调"感兴",曹雪芹重视"立意",这是二者诗学观上的重大区别。通过比较曹雪芹与袁枚这一不同看法,可以更深入地体会到"感兴"的运思方式更符合"性灵说"这条诗学潜流的内在特征。

吴晟《袁枚性灵诗学视野下的江西诗学》[《佛山科学技术学院学报(社会科学版)》2020 年第 2 期]一文指出,与格调说与肌理说对抗,袁枚标举性灵说,反对以经学、考据的学问入诗,认为它汩没性情。鉴于文字之祸,黄庭坚倡导诗歌抒写情性,反对怒邻骂坐。尽管两人诗学背景不同,所倡性情一也。在传达技巧上,两人都追求"大巧"之"朴",袁氏更看重天分,黄氏较强调人巧。袁枚首肯黄庭坚学唐变唐、学杜而不为的创新精神,承认其卓然为大家,对其诗歌创作音律拗涩、槎枒粗硬、用典冷僻等若干弊病予以针砭。体现了他比较辩证多元的诗学思想,和对江西诗学相对客观公允的批评态度。

尚志会《"性灵说"与袁枚小诗创作》[《河南工程学院学报(社会科学版)》2020 年第 2 期]一文指出,袁枚创作的小诗,具有形式小、选材小、立意新、情感真、语言平易、注重对细节的捕捉等特点。袁枚小诗创作特点与其诗学理论相呼应，达到理论与实践的统一，其理论主张与创作实践对清代中后期诗坛产生了较为重大的影响。

琴知雅《朝鲜朝后期文人申纬的袁枚诗学接受研究》（《东疆学刊》2020年第1期）一文指出，朝鲜朝后期文人申纬与清代中期的袁枚在诗学上具有关联性，因此有必要探讨两者之间的接受关系。首先，梳理申纬对于袁枚的认知和理解，申纬的读物中包含有袁枚所著的书籍，同时申纬的文集中也大量提及袁枚及其诗学。其次，从两个方面来探讨申纬对袁枚诗学的接受情况：一方面是对作家个性和独创性的追求，另一方面是对女性文艺活动的支持。分析可知，申纬在诗歌创作中表现出来的独创性，一方面是接受和应用袁枚诗学的结果，另一方面也是申纬试图将其变换为民族诗学的结果。

蒋寅《袁枚之出世：乾隆朝诗学思潮消长的一个浮标》[《华南师范大学学报（社会科学版）》2020年第5期]一文指出，学界关于袁枚在诗坛产生影响及性灵诗风流行的时间，历来存在模糊的认识，以致影响到对袁枚与沈德潜、翁方纲等乾隆诗学重要思潮之关系的认识。细致考察有关文献，梳理袁枚的诗学活动及其自我意识的形成可知，袁枚登上诗坛、扬名立万经过三个阶段，即乾隆元年至十六年是在诗坛初得才名的阶段，乾隆十七年至二十四年是声名鹊起的阶段，乾隆二十五年到三十二年以后是开始掌握诗坛话语权、执诗坛之牛耳的阶段。弄清这一点，对认识袁枚性灵诗学与沈德潜新格调派、薛雪等性灵派前驱和翁方纲学人诗风的关系及彼此消长之迹，理清乾隆朝诗学史的脉络具有相当重要的意义。

唐芸芸《从古近体诗论看袁枚师古观》（《中国诗歌研究》2020年第1期）一文指出，袁枚的师古理论集中体现在对古近体诗的分体阐述上。古体"地位宽余"，需要才力运转，所以主要学习李、杜、韩、苏四大家；而近体诗要从中唐、晚唐以及宋元诸名家入手，在"清脆可歌"的基础上，达到"不着一字，自得风流"的天籁状态。

孙全敏《论〈子不语〉中袁枚的经学观念》（《牡丹》2020年第10期）一文立足于小说《子不语》的具体篇章对袁枚的经学观念进行分析，发现其中体现了袁枚批判汉学和宋学、不尊经学权威的经学观念。

张文鹤、文军《袁枚〈喜老〉三种英译文翻译策略的描写研究》(《语言教育》2020年第4期)一文指出,袁枚的不少诗作已被译成英文收录在国内外诗歌选集之中。然而,目前国内学界对袁枚诗英译的关注不足。文本依据汉语古诗英译策略体系,对其作品《喜老》的三种英译文在语言、形式、内容以及附翻译四个层面进行多维描写研究。研究发现,三位译者在翻译策略使用上存在异同,但都基于对原文的理解、译者的审美情趣和翻译观、出版时代和翻译目的等因素进行了个性化、动态的选择和组合,从而塑造了译文的最终形态。

十八、桑调元研究

2020年,学界有1篇研究桑调元的专论。

王纱纱、孙广华《清人桑调元〈泰山集〉内涵析论》(《泰山学院学报》2020年第3期)一文指出,桑调元《泰山集》内涵丰富,抒发着诗人的济世之情,对行旅的感慨,对亲朋的思念等。尤其是他以个人独特的审美态度和人生体悟再现了泰山丰富多样的自然与人文胜景,展示了泰山深厚的文化内涵,留下不少脍炙人口的佳作,奠定了其在清代泰山诗坛上的重要席位。

通览2020年学界同仁关于明清易代之际至清代中前期的"浙学"研究,聚焦点在黄宗羲与清代浙东经史学派的研究。2020年为黄宗羲诞辰410周年,为了纪念这位百科全书式的伟大思想家,浙江、上海的学界同仁分别在宁波举办了"从阳明心学到浙东学派:演进转型的文化价值与当代启迪学术研讨会"、在同济大学举办了"黄宗羲与明清哲学青年学者工作坊",黄宗羲的政治启蒙思想及其哲学思想的学术史意义得以彰显。可以预见未来一个时期,"黄宗羲与清代浙东学派"依旧是学界研究的"热点"。

2020年清代中前期浙学家的个案研究以章学诚、朱舜水、李渔、袁枚等人的研究较为突出。比如章益国《道公学私：章学诚思想研究》一书以"道公学私"命题为中心重建了章学诚诠释的新坐标；朱舜水、吴之振、李渔、袁枚等人的域外影响以及相关作品的海外传播，在"一带一路建设"背景下，颇具时代意义。2020 年系朱舜水诞辰 420 周年，"《朱舜水集》编纂出版工作推进会暨朱舜水思想研讨会"在舜水故里余姚举行。再有，以前学界不大关注的部分清代浙学家，在 2020 年也有相关的专题研究，比如对郑梁、郑性、齐召南、桑调元的研究。另外，清代浙学文献整理也有新进展，《陆陇其全集》《三鱼堂文集》的出版，以及《清代浙东经史学派文献丛书》《朱舜水集》《张岱全集》的结集，陆续或即将出版就是例证。

第七章　近现代浙学研究

本报告把龚自珍、孙衣言、孙锵鸣、孙诒让、黄体芳、黄绍箕、黄庆澄、陈虬、宋恕、陈黻宸（下章介绍）、俞樾、章太炎、谭献、陆心源、朱一新、李慈铭、沈曾植、蔡元培、王国维、马一浮、蒋伯潜、宋慈抱等近现代浙江籍的思想家，界定为"近现代浙学"的杰出代表，进而对 2020 年学界同仁围绕他们的生平学行、著作思想而有的研究成果进行盘点与梳理。

由于本章所述近现代浙学家人物较多，也多没有清晰的学脉传承与学派观念，故而二级标题的设定不再采取"节目"（诸如第一、二、三、四节），而是直接以"一、二、三、四"等作为章目下的二级标题。

一、龚自珍研究

2020 年，学界同仁围绕龚自珍的文学、经学、实学、政治、伦理、美学思想等专题开展研究。

李晨《文学史的选择：论龚自珍诗歌的"经典化"》（《文学遗产》2020 年第 3 期）一文认为，龚自珍诗歌的"经典化"与一般的清诗经典化理路不同，从实证角度看，龚自珍与袁枚的诗学接力难于落实，但其诗之个性独造、复古生新等特征符合"性灵说"所倡导的诗学精神，也让龚自珍诗歌在其所处时代中展现出高度的原创性品质,奠定了"经典化"基石。龚自珍诗歌的"经典化"历程大致可以划分出三个阶段:其一,清末延至民初是"经典化"的开始时期;其二,民国时期是"经典化"程度加深的量变积聚时期;其三,龚自珍诗的"经典化"定格于 20 世纪 50 年代。通过对龚自珍诗"经典化"的探究,不难发现"近代"这一概念在龚自珍诗研究史上的关键意义和突出价值。换言之,龚自珍诗的"经典化"展现出事实上的"近代"和观念上的"近代"两方面作用。

王光辉《论龚自珍的公羊学》[《浙江师范大学学报(社会科学版)》2020 年第 3 期]一文认为,龚自珍公羊学的一大特色,在以人才之优劣及受重视程度论"三世"。这一学说的确立,与其早年从段玉裁处习得的文字学知识有关。在龚自珍看来,文字的创制和保存者是"史"。就现实而言,以史才为代表的人才之衰败,导致历史由治世、乱世进至于衰世。就《公羊》"三世"理想而言,历史由乱世、升平进至于太平,必定也是以史才为代表的人才之兴盛过程。龚自珍不唯董理《公羊》要义,还积极把其运用到现实之中。于《春秋决事比》,龚自珍重提"《春秋》当兴王",实已触及到"素王改制"之论。惜其表述不成系统,终为后之维新变法者所讥。

张义祥《龚自珍实学思想刍议》[《决策探索(下)》2020 年第 9 期]一文认为,龚自珍是中国文化史上一位具有独特地位的实学家、思想家。作为一个满怀经国济世之志的启蒙思想家,他以独特的风格和犀利的文字,批判了封建统治和旧社会的种种弊端,主张"更法""改图"。他的批判、经世思想和启蒙意识得到了同时代以及后人的肯定,其实学思想也对后世产生了深远影响。

彭飘飘《龚自珍的社会改良思想浅析》(《文化学刊》2020 年第 3 期)一文认为,龚自珍出生于摇摇欲坠的晚清时代,满腔热血却怀才不遇的他,励志救国,投身探索社会改良。在这一过程中,他提出"按宗授田"、改革君臣关系、倡导经世致用、改革边防制度等改良主张,被后人称为"改良主义者的先驱"。

沈伟华《龚自珍性情理论初探》(《汉字文化》2020 年第 3 期)一文认为,龚自珍以具本体论意味之"我"立论,斩断传统天人之学的思路,重新发展告子"性无善无不善"的理论,并于儒家之重社会性之外,确立"情"为人之自然性的依据,恢复人的自然性意味,与传统儒家精神唱起了反调。

吴晓番《清儒的学思转向与龚自珍的自我观念》[《杭州师范大学学报(社会科学版)》2020 年第 5 期]一文认为,相较于宋明儒学,清代儒学有着反形而上学的精神转向。乾嘉儒者主张圣人之道具于礼乐制度,社会制度的组织结构优先于"心统性情"的性理架构。立足于经验世界的"礼学"成为第一哲学,支撑礼乐社会的个体与个体的关系成为理解世界的核心。"自我"观念的发现是龚自珍哲学思想定位的重要参考。龚自珍的"自我"观念的创造性在于其将"自我"视为世界第一原理,使其哲学具有前所未有的鲜明的唯意志论色彩;其继承性在于其"自我"观深受乾嘉汉学的启发,注重在社会建构以及与他者的关系中强调"自我"的他异性和个体性。

杨艳秋、刘东影《"箫剑"与"鹏蝶":龚自珍对庄子美学的接受实践》[《烟台大学学报(哲学社会科学版)》2020 年第 6 期]一文认为,中国近代美学在生成之初亟需冲破理学传统和文化范式,以龚自珍为代表的启蒙思想家在向中国古典哲学溯源和求解的过程中,以主体性的自醒和个人志趣的自得为基础,从美学主张到诗文创作,全面吸收庄子思想。在诗文创作中,以丰富的自然意象、恣意的卮言手法传承并实践庄子美学,展现追求自由人生的内在境界。

二、孙衣言、孙锵鸣研究

2020 年,学界研究孙衣言的论文有 1 篇,不见有研究孙锵鸣的论文。

张侃《论孙衣言与越南贡使的〈太仆公与安南行人笔谈问答长卷〉》[《温州大学学报(社会科学版)》2020 年第 6 期]一文认为,孙氏家藏文献中的《太仆公与安南行人笔谈问答长卷》,是关于孙衣言与越南贡使裴文禩笔谈活动的珍贵史料。从笔谈的内容看,其主要为孙衣言评点裴文禩等人的诗作,与裴文禩等人就诗歌创作进行交流,询问越南的诗集刊刻以及科举制度、职官制度等方面的情况。此外,孙衣言还与裴文禩等人进行诗文唱酬。这些事例说明,在清朝朝贡体系之下,与周边地区之间的交往期间所开展的诗文唱和、互赠文集、题字等活动,成为两国或多国之间进行文化交流和塑造文化认同的重要手段。这是东亚社会建构国际秩序的重要内容。然而，此时东亚国际格局已发生了较大的转变，朝贡体系已趋于瓦解，故孙衣言与裴文禩等人的会面酬唱凸显出了强烈的现实针对。

三、孙诒让研究

2020 年，学界关于孙诒让研究的专论有两篇。

谭飞《孙诒让古文字研究的贡献与局限》（《古汉语研究》2020 年第 1 期）一文认为，孙诒让运用历史比较法、偏旁分析法、音韵知识、文例句式等方法正确或基本正确地考释出了不少甲骨文和金文。提出汉字起源于图画和刻画符号。在考释、分析汉字时，区分篆意与篆势。认为转注是一种造字方式，提出了一些自己的观点。文字考释时重视《说文》但不拘泥于《说文》，对前人工作多有纠正或推进，首释了一些字形。受研究资料等主客观条件的限制，孙诒让文字考释中也存在不少有待改进的地方和错误。

黄萍《孙诒让与王棻交游叙略》（《古籍整理研究学刊》2020 年第 3 期）一文认为，孙诒让和方志学家王棻，一直保持亲密往来。通过对二人交游情况的考察，可以发现孙诒让和王棻的学术思想和路径均有较大差异，孙诒让服膺朴学，而王棻则是宋学的推崇者。在起学术争执时，也往往是互不相让，故而二人的交往模式，更多属于"求同存异"。而在这样的交往模式下，二人维持了一辈子的深厚友谊，彼此都是对方学术研究生命中的重要挚友。

四、黄体芳研究

2020 年，研究黄体芳的论文有两篇。

王兴文、杨三长《黄体芳的人才观及其当代启示：以〈变法储才实求自强疏〉为例》（《温州职业技术学院学报》2020 年第 4 期）一文认为，黄体芳作为晚清地方大臣,面对内忧外患,上《变法储才实求自强疏》提出自强思想。他认为,要重点培养外交人才、宗室人才、边疆人才和武将人才;在人才选拔上,要变"京官考试之法";在人才任用上,要"变东三省将军府尹专用旗员之法"以及"变榷税用人之法"。黄体芳深切希望朝廷能够开通俊贤之路,以达变法自强的心愿,缓解当时清政府人才凋敝的局面。黄体芳的人才观虽不完全符合当时实际,但有针对时局而发的积极一面,对当代社会仍有重要启示。

杜永丽《黄体芳清议活动研究》(四川师范大学硕士学位论文,2020 年 5 月)一文指出,黄体芳是晚清著名的清官、文人。他为官清廉耿直、注重气节,以不畏权贵、直言进谏闻名光绪政坛,是晚清清流派的代表人物。在面对西方国家的不断侵略时,黄体芳提出的有关储才变法求自强的主张,又体现了他面对困局时趋新求变的态度。在光绪初年"丁戊奇荒"时期,黄体芳提出了一系列荒政措施,这是其在广开言路、整顿官僚体系、肃清吏治等政治理想中的实践活动,他与其他清流人物共同为赈灾事务建言献策,产生了一定的积极影响。同光之际,面对多次重大对外交涉事件时的黄体芳,与其他清流人物一样,十分重视传统"纲纪",注重保存国体,坚决捍卫国家利益。他们主张力修战备,反对避战求和,屡次的建言献策体现出了晚清清流人物崇高的爱国精神。同时,值得注意的是,清流群体在西方国家面前展现出了清政府态度强硬的一面,其实在当时的外交谈判环境中,他们是一种不可或缺的角色,对部分重要交涉产生了十分积极的影响。到了晚年,黄体芳还与后清流群体积极交流唱酬,不忘关心时事,多次上奏言事,虽然得到的回应很少,但是他在追求国家进步和发展的道路上始终没有停止前进的脚步。

五、黄绍箕研究

2020 年,研究黄绍箕的论文有 1 篇。

王静《黄绍箕与清末学堂教育研究》[《江苏师范大学学报(哲学社会科学版)》2020 年第 6 期]一文认为,黄绍箕是清末由科举正途入仕的佼佼者,为官,既担任过科举抡才的典试者，又担任过中央和地方教育政策的制定者；做幕，既从张之洞参与变法改革，又是学堂教育的实际管理者。复杂的仕途经历和办学经验使他更深刻地认识科举与学堂之争。他主张办学堂以养成国民，提倡教育普及和教育平等。其办学实践能沟通中西，既推尊西学构建分科之学，倡办专门学堂以培养专业人才，又能反思传统学问如何安处以保存国粹。此外，黄绍箕对教科书的编纂和翻译，提出了若干有价值的建议并推广实施。作为清末渐次改良的倡导者，他虽推尊西学，但中学始终是他最根本的思想资源。然而，亦不能简单地以"中体西用"来概括他的教育思想，而是各有其体，各有其用。

六、黄庆澄研究

2020 年，研究黄庆澄的论文有 1 篇。

张磊《读书以明理：〈训蒙捷径〉对全民终身学习的启示》（《中国社会科学报》2020 年 4 月 15 日）一文指出，从《算学报》到《训蒙捷径》，黄庆澄终其一生，都在不遗余力地为社会不同阶层提供适合各自的教育资源，促使每个人都享有公平接受教育的权利和机会，进而推动不同阶层，尤其是上层知识分子和底层商人群体教育的一体化，构建兴学与兴业的良性互动关系。

七、陈虬研究

2020 年，学界研究陈虬的论文有 1 篇。

贺雪《陈虬的文教思想研究》（鲁东大学硕士学位论文，2020 年 5 月）一文指出，陈虬文教思想的发展过程主要分为形成、发展和完善三个阶段。早期的陈虬由于深受传统文化的思想，提出的改革措施也具有浓重的排外和封建色彩；在意识到传统的思想并不能挽救中华民族于危机时，陈虬开始认清现实，主动接受西方先进的文化，其文教思想也逐渐发展；随着陈虬思想的开放，他越来越意识到教育对富强中国的重要性,重视开发民智,以保种为己任,其文教思想也趋于完善。

八、宋恕研究

2020 年,不见研究宋恕的专题论文。

九、陈黻宸研究(存目,详见下章)

十、俞樾研究

2020 年,学界的俞樾研究,主要聚焦于他的文献整理,探讨他的诗歌、戏曲、医学、训诂学理论以及生平事迹考辨。

赵一生主编《俞樾全集》(32 册,浙江古籍出版社 2020 年 3 月重印版),作为“浙江文丛”之一种,为俞樾著作首次系统整理,收录俞樾现存所有的文字作品,并在他所著的《春在堂全书》基础上又增补书信、日记、散见诗文等新材料,是俞氏著作首次系统整理。2020 年 7 月 10 日,德清县图书馆、浙江古籍出版社在德清县乾元镇联合主办了“《俞樾全集》首发座谈会”。

汪少华编《俞樾书信集》(上海人民出版社 2020 年 1 月版)一书,是俞樾的全部书信之结集,是迄今为止搜集最为详尽、整理最为精审的俞樾致他人书信汇编,反映了晚清时期的社会政治、学术文化等方面的变迁,具有重要的史料和学术价值。

张燕婴整理《春在堂尺牍》(凤凰出版社 2020 年 1 月版)一书,以人名为序,共收录俞樾函札 1444 通,是为当今能见到的现存俞樾函札之总集。整理者对每封信札的相关信息如人物、事件、写作事件都予以考证,对于研究俞樾交游,有着重要的价值与作用。

俞为民《经学家俞樾的戏曲创作与戏曲理论》[《浙江师范大学学报(社会科学

版)》2020 年第 2 期]一文认为，俞樾以经学家的身份，从事戏曲研究与戏曲创作，重视戏曲的教化功能，提出戏曲要有益于教化；将戏曲研究作为治学的内容，主张戏曲要有功于经学；对于戏曲的音律、语言等艺术形式，推崇自然。

张瑾《西学东渐背景下的俞樾笔记创作研究》(《现代交际》2020 年第 22 期)一文认为，在数千年未有之大变局和东西方文化强烈碰撞中，俞樾作为晚清时代正统学者的典型，浸淫旧学，经过完备的传统学术训练，形成了系统的传统学术体系，既有其保守的一面，又有其开创贡献的表现，对中国近现代文化产生了持续不断的影响。

张田生《俞樾废止中医的形象是如何建构的》(《自然辩证法通讯》2020 年第 4 期)一文认为，将俞樾"废医论"视为民国废止中医运动的源头是一种臆想。从清代医疗文化的历史场景来看，当时社会存在诸多对医家的负面认知——"庸医遍天下""医不昌后""行医杀人"等等，俞樾"废医论"是其中之一，只不过这种认知更加学理化。由此推断俞樾有废止中医的想法，是对历史的误读。当代中医界学者对俞樾废止中医形象的建构，与他们遭受废止中医运动创伤的群体心理和因果论史观有着密切的关系。

周永研《从〈古书疑义举例〉看俞樾的虚词观》[《阜阳师范大学学报（社会科学版)》2020 年第 2 期]一文指出，学界普遍认为俞樾《古书疑义举例》是一部训诂学著作。实际上该书涉及范围远不止于训诂，文字、修辞、校勘、语法等内容都不同程度被囊括其中，它的语法价值更是有待深入挖掘。

徐进《俞樾科场命题"割裂经义"事件考述》(《教育史研究》2020 年第 4 期)一文认为，俞樾任河南学政期间，因科场命题"割裂经义"而遭御史曹登庸参劾，受到革职处罚。当代诸多文献认为，俞樾命拟的试题为"君夫人阳货欲""王速出令反"与"二三子何患乎无君我"。综合曹登庸、英桂等大臣的奏折与咸丰帝的谕旨等史料，以及《蛰存斋笔记》等分析，俞樾科场命题割裂经义，其事属实，但试题是否包括"君夫人阳货欲"等，可能性并不大。"君夫人阳货欲"等可能为清代童生嘲讽出截搭题的考官而捏造的传闻，后演变为俞樾的一则逸事，被民国时期的笔记小说收录。

十一、章太炎研究

2020 年,学界同仁出版的十多部章太炎研究专著、公开发表的 70 余篇章太炎研究论文,主要围绕章太炎的生平事迹、儒学(经学)思想、诸子学思想、国学思想、文学思想、政治实践与政治思想、佛学思想、科学思想、医学思想、哲学思想、史学思想、教育思想、学术地位与历史影响、文献著作等展开,并取得了丰硕的研究成果。

(一)章太炎的生平事迹研究

周东华、张君国主编论文集《章太炎和他的时代》(上海人民出版社 2020 年 10 月版),系 2019 年 11 月 30 日至 12 月 1 日在杭州师范大学举行的"章太炎和他的时代学术研讨会"与会学者的论文汇编,代表了目前章太炎生平事迹、著作思想研究的最新成果。

苏艳萍《孙中山与章太炎》(南京大学出版社 2020 年 8 月版)一书分"心系家国,投身革命""相识定交,共商大计""同盟总部,分歧迭生""民国肇始,若即若离""讨袁护法,同仇敌忾""统一分治,又生歧见""国共合作,分道扬镳""中山逝世,同志情谊"八个篇章,再现了孙、章既患难与共又分歧迭生的革命交谊。

苏艳萍《分歧迭生　患难与共:孙中山与章太炎的君子之交》(《炎黄春秋》2020 年第 5 期)一文认为,孙中山与章太炎均是中国近代史上的重要人物,也是并肩战斗 20 余年的革命战友。在他们一生的革命交往中,有过一致反清、共建民国、讨袁护法的精诚合作,也有过因政治见解不同而产生分歧和矛盾的时期,可以说是既亲密又疏离。

徐涛《孙中山与章太炎关系补论:以〈会议通则〉章序为中心》(《广东社会科学》2020 年第 5 期)一文认为,孙中山与章太炎是近代中国终结帝制、开创共和这一彪炳史册的历史事件的枢纽人物。学界已有关于两人关系的研究没有特别注意章太炎为孙中山《会议通则》一书所撰序言中所蕴藏的政治意涵。自 1907 年 3 月因《民报》经费使用问题失和后，两人关系一直处于紧张状态，共计十年之久。由对立再至合作的转折点则为 1917 年 2 月前后的《会议通则》章序。该篇序言于是年 4 月由中华书局正式随书刊发，不啻为孙中山与章太炎政治合作姿态昭告天下的一次正式宣言。随即两人有更为亲近与公开的政治互动，直到第一次护法战争期间，孙中山当选中华民国军政府大元帅，章太炎任护法军政府秘书长，两人的政治合作关系达到顶峰。

彭春凌《章太炎与井上哲次郎的交往及思想地图》[《杭州师范大学学报（社会科学版）》2020 年第 4 期]一文认为，章太炎与日本哲学家井上哲次郎，从受到英语世界传入的生物和社会进化学说影响，到融合佛教和德国哲学来解决深层次的形而上学问题，思想轨迹高度相似。在章太炎“转俗成真”的思想转变过程中，他深入阅读、援引过姊崎正治、井上圆了、森内政昌等井上哲次郎学生的作品。日本汉学家馆森鸿《似而非笔》透露的关键事实和蛛丝马迹，结合其他中国学者对井上哲次郎的记述，可以确证 1899 年章太炎在东京与井上哲次郎的交往，以及双方多次交谈的大致内容。由此出发，章太炎与明治思想界乃至与 19 世纪末欧亚思想之间的内在联动机制得以打通。章太炎通过井上哲次郎来框定其周边的重要阅读对象，采择支撑或组建自身思想的元素。面对进化学说所揭示的人类命运的巨大不确定性，章太炎的认识论和伦理观与井上哲次郎却大相径庭。

刘明《章太炎肄业诂经精舍考》（《近代中国》辑刊，2020 年卷）一文指出，章太炎早年肄业诂经精舍之经历亦为人所重视。而何为肄业诂经精舍，章太炎如何肄业诂经精舍等问题，章太炎虽多次谈及，但其中之细节则甚不清晰，加之晚清书院制度研究上的薄弱，导致诸多关于章太炎肄业诂经精舍之经历的叙述普遍比较模糊。

王磊《章太炎国葬问题研究》（《理论观察》2020 年第 3 期）一文认为，1936 年 6月 14 日章太炎逝世，经过争论，当年 7 月 1 日国民党中央政治委员会第十七次会议通过了“国葬章太炎”的提案。章太炎在民国政学两界的重要影响力是他获得国葬资格的根本原因，章太炎的丧礼虽然完成，但葬礼并未完成，除却抗日战争的大环境外,还包括其他因素:章太炎与国民党之间的旧怨促使他长期处于党国边缘地带,章太炎逝世前后其他政要的国葬较多,以及墓地的选址、营建问题。章太炎国葬令的通过,乃是时人共促的结果,民国时期未能完成葬礼的结局却暗和章氏本来之心迹。

（二）章太炎儒学（经学）思想研究

张昭军《儒学近代之境:章太炎儒学思想研究》(北京师范大学出版社 2020 年12 月版)一书从探讨章太炎儒学思想的学术渊源入手,分阶段考察其代表性著作和思想流变,重点论述章太炎儒学思想及其与中国文化现代化的关系。第一,从学术史角度探讨章太炎的儒学学术成就、学术思想及其与现代学术转型的关系;第二,从思想史角度分析他对儒家思想的创造性阐释;第三,从政治史角度论证章太炎的儒学思想与维新思潮、革命思潮、五四新文化思潮的关系。

王锐《清末民初章太炎对王学评析之再检视》(《天津社会科学》2020 年第 1期)一文认为,章太炎于清末民初时常评论“王学”。一方面他认为“王学”缺少近代科学所体现出的逻辑性、严密性与条理性,致使学说内容含混不清、流于空论,体现了先秦诸子之后中国学术的整体缺憾。立宪派受近代日本思潮的影响,多假借“王学”以立言,章太炎极力揭示、论说“致良知”不足以成为政治判断的主要原因。另一方面,章太炎又很重视道德在政治活动中的重要性,强调除了革命道德和激情,革命活动更需要基于熟识历史与现实基础之上的冷静判断,而这恰恰是“王学”所不能提供的。因此他在民初重思“王学”,虽承认其迅捷奋发之绩,但更强调从中国自身传统和现实出发周知民间利病、冷静处理政务的持久之道。

张天杰《章太炎论宋明理学:以程朱陆王之辨为中心的检视》》(《孔学堂》2020年第 1 期)一文认为,章太炎一生治学所谓“转俗成真”而“回真向俗”,故划分为前后两个不同的时期。前期较少论及宋明理学且评价不高,当受其古文经学背景以及佛老学养之影响。后期则对二程、朱子、王阳明都有较多肯定,至于程朱、陆王异同之辨析,则更多认同陆、王,同情“朱子晚年定论”之说,支持《大学》“复古本”,批评程朱《大学》诠释之"格物""新民"二说。然而章太炎并未站在门户分歧的立场，与其"新四书"建构等儒学观一致，其朱、王之争或《大学》诠释出发点都是"修己治人"之学，其中又包含着民族危亡的时代背景。

王诚、郝瑞卿《章太炎的〈左传〉训诂及相关问题续探：读〈春秋左传读〉札记》（《国学学刊》2020年第2期）一文认为，章太炎在杭州诂经精舍师从俞樾期间所撰《春秋左传读》，以读书札记的形式考订、诠释《左传》的古字古词、典章名物和微言大义；承袭乾嘉传统，援据经师故训；博征周秦两汉经史诸子，使《左传》与群籍相互证发；训诂求其根源和统系，析疑辨难，剖解精密，反复推求，展转旁通。

贾泉林《救国何以必须读经？——论章太炎晚年的读经思想》（《孔子学刊》辑刊，2020年卷）一文指出，早在居日鼓吹"排满"革命时期，章太炎便把发扬道德主体性、激发民族自觉心作为革命救亡之根本。这一思想一直延续至其晚年，他晚年对新文化运动以来的文化激进主义的批判亦是立足于以上两点的。针对20世纪30年代的道德文化危机与民族危机，章太炎提出"读经以救国"的主张，将"修己治人"作为经学宗旨，"修己"即发扬道德主体性之意，"治人"主要是指激发民族自觉心。

（三）章太炎的国学观研究

王诚《重读章太炎的〈国故论衡〉》（《中国社会科学报》2020年4月15日）一文认为，《国故论衡》一书内容精深且涵盖较广，体现了章太炎的学术创见，在中国现代学术史上有着重要影响，对于当今的文化建设也有启示意义。

彭春凌《另一侧的潜流：清末国学变迁与章太炎的明治汉学批判》［《北京大学学报（哲学社会科学版）》2020年第6期］一文认为，20世纪初，海外特别是明治汉学的波澜与中国国学界的跃动，事件层层叠叠，表现出互相倚依、内外牵扯的二重奏样态。1911年《学林》所载章太炎《与农科大学教习罗振玉书》，猛烈抨击明治汉学，乃近代中日文化交流史上的关键文本。往往被忽视的另一侧，即中国国学界内部之演变，助推了章太炎的明治汉学批判。无论是抨击褒奖日本汉学的风气，还是质疑以新出土文物为重心的学术潮流,章太炎的相关言论,可溯自《国粹学报》。俞樾与岛田翰,才是他批判文章中未录其名,但内心实则紧张的人物。"依自不依他",作为章太炎的伦理和学术立场,也反映了古物流失过程中,中国知识人通过坚信内心的实在圆满来应对外在事物变迁流转的共同心态。"故闻"与"古物"之学的纷争,蕴含了章太炎论衡"国故"与罗振玉"古器物之学"各自的关切。两人均视对方为争夺"国学"话语权的对手。《学林》与《国学丛刊》的创刊和隔空论争,意味着他们分别另起炉灶。从《国粹学报》到《与罗振玉书》的相关事件和言论,有助于我们理解在西力东侵、东学寝盛的背景下,中国国学界所经历的这段心态调整、人事变迁,学术竞争与转轨的动态历史。

董婧宸《从〈说文解字〉授课到学术著述:章太炎〈小学答问〉编纂修订考》[《杭州师范大学学报(社会科学版)》2020 年第 4 期]一文认为,《小学答问》是章太炎以答问形式考求《说文解字》本字、探求语言孳乳规律的学术著作。《小学答问》上承《新方言》又下启《文始》,其编纂与修订体现出章太炎小学研究的不断成熟,也反映出章太炎学术著作与国学讲习之间的紧密联系。

中华书局修订再版的《章太炎国学讲演录》(中华书局 2020 年 9 月版)一书,较中华书局 2013 年 7 月版,增加了 6 篇讲录和 2 篇附录。

(四)章太炎的诸子学思想研究

欧阳清《从诸子学到哲学:章太炎的诸子学研究方法新探》(《中国文化》2020年第 1 期)一文认为,清中叶以来,诸子学逐渐复兴,但仅作为经学的附庸,且局限于传统经学研究方法和格局。自章太炎开始,传统诸子学才真正获得重大突破,一跃而成为一门独立的学科,并成为与印度佛学、西方哲学相平行的中国哲学。章太炎继承乾嘉汉学的训诂考据方法,同时又吸收印度佛学、西方哲学研究之优长,自觉创建新的诸子学研究体系与方法,不但开拓了独立的诸子学研究领域,而且奠定了中国哲学史的基本框架。章太炎的诸子学研究,对于近代中国的学术转型与学术体系重建,实有着筚路蓝缕之功与重要的典范意义。

　　王英娜《论章太炎"以佛解庄"的致用理路：以〈齐物论释〉为中心》（《诸子学刊》辑刊，2020 年卷）一文指出，近代以来，由于西学传入，传统儒学的权威地位发生动摇，佛、道思想出现复兴契机。章太炎对庄子内圣外王的认同及佛学现世致用的近代转向，促使其通过"以佛解庄"建构致用理路。他将唯识论的"阿赖耶识"作为致用的终极预设，目的是实现俗中求真和由真返俗的致用融合。其中，突破我执、法执是回归"藏识"的路径，以"两行"对治是非"成心"；以能诠、所诠消解是非名相；将齐同是非扩展到万物平等；在眇契中道中随顺俗情；以会通之法呈现真谛等，是圆融致用的具体方法。他对庄子的阐释与古人不同，所呈现的致用理路是对文化价值重构的有益探索。

　　丁徐清《从章太炎〈齐物论释〉看现代中国平等观念之转向》（《河北学刊》2020年第 4 期）一文认为，在现代中国思想谱系中，平等观念的嬗变表现出实践性和辩证性的统一。从康有为到刘师培，现代中国早期平等观念的基本规定是以无差别为中心的抽象同一观念。章太炎《齐物论释》是超越这一观念的重要尝试，即从价值平等转向事实平等，从主体差别转向本体差别，从抽象同一转向具体同一。章太炎之所以能够实现上述转变，首先是由于深深卷入革命党难以调和的内部矛盾，实践经验把价值理念转换为理论认识；其次是基于对唯识学的独特理解，得以在本体层面重构平等观念；最后是对清代古音学传统的继承为突破早期平等观念提供了重要的思想基础。章太炎《齐物论释》把差别提升到本体层面，形成了以差别为中心的新平等观，体现出平等观念发展的实践性和辩证性的统一。但他否定了平等观念的客观性和历史性，这也成为现代思想发展史上的一个深刻教训。

　　王晓洁《从文本到思想：章太炎〈齐物论释〉中的诠释方法》（《现代哲学》2020年第 5 期）一文认为，《齐物论释》为章太炎以佛解庄之力作，也是庄学史上不可忽视的里程碑式著作。身处中西文化交汇时期的章太炎，在多方采撷佛学和西学思想资源的基础上，对于《齐物论释》作出了独特性的诠释，是通过诠释传统而建构起自己独创性思想体系的成功代表。他的诠释方法，既体现了其广阔的学术视野和时代特色，也为后来者提供了一定意义上的参考与借鉴。

（五）章太炎的文学思想研究

林少阳《西学相遇中的章太炎"引申"概念新解：与其文论、语言思想的关联》[《杭州师范大学学报（社会科学版）》2020 年第 2 期]一文认为，章太炎的小学主张蕴含着其语言文学思想，从小学主张入手，重点讨论章太炎对于"引申"（引伸）概念新解，在小学史上定位章太炎解释的同时，也致力于展示章太炎解释的"新"之所在。章太炎的"引申"新解在继承乾嘉小学精髓的同时，亦融入了欧洲比较古典语文学大家马克斯·穆勒的语言思想。章太炎与西学的相遇多为透过明治日本进行，其对穆勒理论的关注亦不例外，尤其拜明治学者姉崎正治的译介、阐发所赐。章太炎不仅受到马克斯·穆勒语言思想的直接影响，更重要的是与乾嘉学术传统以及晚清语境的关联。章太炎认为小学层面上语词的过度引申正是文学失朴趋华的"表象之病"之根本所在，这一语言与文学的美学主义对伦理性、政治性构成了某种威胁，因此，其语言、文学思想也必须在晚清革命的语境中去理解。章太炎的小学主张、语言、文学及政治理论，四者之间可谓息息相关。

张虹倩《章太炎〈文始〉"初文""准初文"若干问题研究》（《古汉语研究》2020 年第 2 期）一文认为，章太炎《文始》为近代汉语语源学开山之作，书中首创"初文""准初文"，并以其为汉语词汇系统之"根"。准确把握"初文""准初文"可谓是理解《文始》一大关键，但据考察，书中"声具而形残"类准初文值得商榷；进一步考察发现章氏所谓初文、准初文"都五百十字"中，实际符合标准者四百九十二；而合乎标准的初文、准初文中亦有若干归类失当者。

赵黎明《现代中国语言变革的文化逻辑之争：重审吴稚晖与章太炎"万国新语"论战》（《江汉论坛》2020 年第 8 期）一文认为，1908 年前后，吴稚晖与章太炎分别以《新世纪》和《民报》为阵地，就"万国新语"问题展开针锋相对的论战。双方具体文字改革意见分歧背后，折射的是中国语文两种变革逻辑歧异，即"文化世界主义"与"文化民族主义"、"科学主义"与"人文主义"、"线性进化"与"俱分进化"的文化路线抵牾。冲突双方各是其是，各非其非，成为现代中国语文变革史上的独特风景。矛盾一直延伸整个现代时期，其模式也成为激进与保守的基本样态。激进者强调语言文字的工具性、通用性，夸大符号的任意性；反对者则以人文性、独特性相反驳，两造之间既是具体思路的交锋，也是文化态度的对话。争论双方自然各有偏颇，但其争锋仍不无思想价值：它不仅为现代语文改革提出了元问题，而且为现代文化革新提供了价值张力。

（六）章太炎的政治实践与政治思想研究

王锐《探索"良政"：章太炎思想论集》（上海人民出版社 2020 年 6 月版）一书，通过解读章太炎在清末撰写的几篇重要的政治文献，深入分析他的思想特征，以及他的思考对于今天我们理解近现代中国转型的意义，使章太炎的思考能够成为构建中国思想话语体系的资源。

王锐《章太炎对民初政局的批评及其内在困境》（《史学月刊》2020 年第 5 期）一文认为，民国成立后，章太炎回国参与新政权的建设，他目睹当时盛行的参照西洋各国政治建制来探讨未来中国的制度建设，强调为政者应做到"先综核后统一"，在明晰基本国情的基础上对症下药，通过有效的政治治理，来"巩固国权"，维护中国的领土完整。因此他对讲求西学的政坛新锐极不信任，希望能任用清末的立宪派与原清廷的旧官吏，依靠他们的行政经验来稳固政治与社会局面。另一方面，基于实现民权的理想，他对新成立的临时参议院与其制定的《中华民国临时约法》展开批评，认为这些并不能真正代表民众意志。但章太炎的内在困境在于，在他的政治视野里，作为主权所有者的广大国民，始终是"沉默的大多数"。章氏所仰赖的政治实践主体，只是在立宪派与旧官吏到国民党人之间转换而已，他无法找到新的政治主体。

王锐《历史叙事与政治文化认同：章太炎的"历史民族"论再检视》（《人文杂志》2020 年第 5 期）一文认为，在清末的民族主义思潮当中，章太炎的"历史民族"论颇具特色。这一观点强调历史的动态过程，强调制度、疆域、人的活动与融合，对于形成民族意识与民族记忆的重要性，而历史则是维系这种认同，并赋予其政治与文化内涵的最主要载体。他之所以在清末提倡历史之学,归根结底肇因于此。同时他的这些思考也贯穿于他在清末与立宪派的论争当中。章太炎此论,在民国学界虽少有回声,但柳诒徵与钱穆的史学思想,从论述框架来看,则与章氏颇为相似,此一脉络,实为理解现代中国史学发展与民族主义思潮变迁时不容忽视的线索。

亓同惠《论章太炎理解的平等和自由》(《西南政法大学学报》2020 年第 4 期)一文认为,对平等和自由的论述,是章太炎法政思想的重要组成部分。基于民族主义,章太炎理解的平等,首先在于启动摆脱清王朝制度性民族歧视的革命,但需遵守原则,且即便是革命成功之后,也将面对"平等难"的现实。章太炎理解的自由,重在"明群"和"明独",且大独必群,小群则为大群之害。彼时,体现平等和自由的政体形式通常被认为是代议制,但章太炎认为并非如此。章太炎对自由和平等的理解,以民族主义为根基,而以超越民族主义为归宿。

(七)章太炎的佛学、医学思想研究

方映灵《论近代应用佛学思潮:从梁启超与章太炎佛学救世思想之比较视角》(《深圳社会科学》2020 年第 2 期)一文选取梁启超、章太炎作为分析对象,通过对他们佛学救世思想的比较分析,揭示近代中国思想家如何从自身的思想背景和学术素养出发,选取与应用佛学。

罗检秋《从医论看章太炎的文化自信》(《人文杂志》2020 年第 9 期)一文认为,章太炎一生究心医术,撰著医论一百多篇,精研伤寒、霍乱等病。他对中西医的长短认识清晰,既融合中西,又彰显了中医的价值,并积极探索其发展途径。他研究中医的主要根源不在职业需要,而在国学家的文化关怀。章氏医论折射出近代中西文化的冲突与交融,与其国粹思想一脉相承,体现了他对于中国文化的自觉和自信。

(八)章太炎的哲学、史学思想研究

孟琢、陈子昊《论章太炎的平等思想:齐物哲学与中国现代价值的建立》(《人文杂志》2020 年第 10 期）一文认为，平等是章太炎学术思想的核心要义。章太炎的平等思想经历了由荀学向庄学的发展历程，在以《齐物论释》为中心的齐物哲学中，他融贯庄学与唯识、华严之学，建立起由"真如心体"到"真如缘起"的形而上学体系，为平等思想奠定了哲学基础。章太炎的平等思想具有鲜明的现实指向，在"两行"的思维方式中，体现出激进批判与历史主义的保守态度的融合，具有丰富多元的思想面貌。在"五四"的历史坐标中理解章太炎的平等思想，为我们提供了充分的现实启示。

梅寒《论章太炎哲学体系的初成》（《职大学报》2020 年第 6 期）一文认为，章太炎的《俱分进化论》不仅是对当时"单线进化论"思想的批判，也体现了其哲学体系的初步成立。《俱分进化论》从世俗谛和胜义谛两个层面论证哲学体系，其中世俗谛部分探讨了"俱分进化"的表现即追求"尽美醇善之区"以及"俱分进化"的原因即"阿赖耶识"；胜义谛部分探讨了解除"俱分进化"的方法即由"猛士"渡化人类以及解脱"俱分进化"的结果"无漏善"，初步呈现了章太炎"世界——真如"二分的哲学体系。如是，章太炎在《俱分进化论》中的哲学架构将世间、出世间一切问题予以统摄，但是在"真如"等关键问题的讨论上，又不如《齐物论释》等文完备，所以《俱分进化论》是其哲学体系的初成。

高思达《清季经史关系变迁中的意义转化：以章学诚、章太炎〈原道〉篇为中心的考察》（《孔子研究》2020 年第 2 期）一文认为，二章之学均以重构经史关系为己任，但是两人的建构方式迥然有别，此于同题而异质的《原道》一文最为明显。章学诚以"周——孔"传承为核心，详阐"述——作"之别，以"道不离器"为论点，以"天"为参照而确立"六经"格局。章太炎以"老——庄"关系为架构，打破列为诸子学派的道家印象，立足古史而齐同万物。两种模式的建立，都是为回应各自的时代课题而作。但无论如何，"道"始终与变在共在，以万变成就不变。在此意义上，"道——器"关系打破固定的静态依附，以善变而善存，在多元格局中呈现出多维的色彩。

（九）章太炎的教育思想研究

郭军《章太炎的学术与人生：师道与尊严》（山西人民出版社 2020 年 8 月版）一书，简要介绍章太炎的求学经历及其"国粹"教育思想的形成过程，客观中肯评价其教育思想，揭示其历史局限性以及对中国教育的影响，探讨中华传统文化在近代式微的无奈，明晰国学文化与国粹派思想的潮流与变迁。

贺国强、魏中林《文化自信与章太炎的教育思想》（《高教探索》2020 年第 6 期）一文认为，在晚清、民国的时代巨变中，章太炎面对中西文化冲突，主张坚守文化的"民族性"和"多元性"，肯定了中华文化的自身价值，提升了民族文化的自信力；通过张扬国学教育来再造中华。他的教育思想主要体现在对史学、语言文字教育的重视。这些都显现出其持守民族文化的自信力。

（十）章太炎的学术地位与历史影响研究

陈平原《中国现代学术之建立：以章太炎、胡适之为中心》（北京大学出版社 2020 年 8 月版）一书，以清末民初三十年间的社会文化为背景，通过对以章太炎、胡适之为代表的晚清与五四两代学人的文化理想、学术思路、治学方法以及文化心态的描述，展现中国现代学术转型的复杂性，揭示、发掘各种被压抑、被埋没的声音，挑战以"西学东渐"为代表的"现代化叙事"。

桑兵《章太炎学问的境界与限度》［《杭州师范大学学报（社会科学版）》2020 年第 4 期］一文认为，近代学术史上，章太炎的学问广博艰深，门下弟子成名者甚多，其地位鲜有能出其右者。但是论到具体的方面和程度，却几乎都已经被超越。古文经学不及刘师培，音韵训诂被黄侃突过，佛学则非所长。诸子学虽然精进，却不宜用佛学、哲学的观念解读。医学尤其是纸上谈兵。受鲁迅评价的影响，章太炎研究长期头重脚轻，清季革命浓墨重彩，民国时期以后则认为拉车向后。其实章太炎回到中国的观念看中国的学术政治，民国时期论政立意未必不好，学问更是大为纯熟，应当深入研究，以求前后平衡。

郝雨、田乐乐《章太炎对文学家鲁迅及〈狂人日记〉的深度影响》[《河北大学学报（哲学社会科学版）》2020 年第 5 期]一文认为，章太炎的文明批判与礼教批判对于鲁迅早期思想的影响很大，归国后的鲁迅仍然延续着对章太炎的学习。通过章太炎，鲁迅大量接触释、庄思想，这使得鲁迅得以实现"转识成智"并以文学的方式把握世界。

彭春凌《从岸本能武太到章太炎：自由与秩序之思的跨洋交流》（《历史研究》2020 年第 3 期）一文认为，19 世纪下半叶，在西学东渐大潮推动下，欧美学界的思考以学术译介的方式传入日本和中国，并因文化传统、话语体系、时政背景以及学者个人因素的差异而发生流变。岸本能武太《社会学》在斯宾塞社会有机体说基础上，以"非社会性"对译人类反抗社会秩序的"反社会性"特征，在缓解斯宾塞个人自由观念给日本社会带来紧张感的同时，借此对抗日本日益膨胀的国家主义思潮。章太炎通过翻译岸本《社会学》，将个人自由思想与中国传统思想中的"逃群""隐""废"等理念勾连，以"出世"方式抵抗清末新政，为革命提供思想和理论支持。

徐国利《中国传统史学与近代新史学的创建及历史解释学的阐释：以 20 世纪初梁启超和章太炎的新史学为中心》（《社会科学文摘》2020 年第 1 期）一文认为，中国近代新史学创建于 20 世纪初，主要形成了新史学派和国粹学派两大流派。梁启超和章太炎是两派的领袖，他们引用西方近代史学理论批判中国传统史学和创建近代新史学。然而，他们不仅对传统史学作了不同程度的肯定，更有直接或间接的继承，其新史学是融合了传统史学的近代新史学。

王小惠《钱玄同的思想革命论对章太炎"黜经为史"观的发展》（《中国现代文学研究丛刊》2020 年第 3 期）一文认为，钱玄同承接清末章太炎"黜经为史"的思路，以历史进化的眼光认识孔子、孔学，批判了康有为等发起的孔教运动。同时他将章氏的"黜经为史"转化为"黜经为史料"。这些成为"史料"的"六经"被钱玄同按不同性质，归属于文史哲等学科，终使经学"土崩瓦解"。钱玄同对"六经"的定义，从内部瓦解孔学，让旧道德、旧伦理丧失立足之基，促进了五四思想革命的生长，可在学术史上的意义还值得商榷。

（十一）章太炎的文献著作整理

张钰翰编《章太炎家书》（上海人民出版社 2020 年 9 月版）一书，收录章太炎致夫人汤国梨、女婿龚宝铨、儿子章导的 130 余封家信，末附"章氏家训"。

十二、谭献研究

2020 年，学界同仁研究谭献的论文有十余篇，主要聚集于他的文学（诗词）、戏曲思想及文献著作研究。

罗敏先《论谭献〈复堂词话〉的尊体观》（《安阳工学院学报》2020 年第 1 期）一文认为，《复堂词话》是谭献一部评论词学作品的词话著作，包含着他对词学作品的看法，体现着独特的词学思想。词话中将词放到重要地位的尊体观表达了谭献对于词体的推尊。在继承常州词派词学思想的同时，谭献更进一步将词体提升到与诗一样的重要地位，赋予了词在内在意蕴和表达风貌方面的重要意义。

刘红红《试论谭献的清代词史观》[《常州大学学报（社会科学版）》2020 年第 2 期]一文认为，作为词学大家，谭献于清代词史，能够以清二十七家词人为线索梳理出清代词史的发展脉络。他将清代词人按类别分为词人之词、学人之词、才人之词三类，标举词人之词为词学典范。谭献能客观公允评价浙西词派、常州词派两大流派的功过得失。此外，谭献视野开阔，描述了晚清不同地域的词作风貌。

刘红红《谭献填词作法论略》[《西华师范大学学报（哲学社会科学版）》2020 年第 3 期]一文认为，谭献为指导后学填词门径，亲自评点周济《词辨》，示以填词之法。一方面示以词在起句、过片、结句等关键部位之作法，另一方面有意识地指明词作的开合之处，示以词作章法上的呼应。这些作词方法对指导后学填词创作具有重要意义。

马洪侠《谭献及其诗词研究》（扬州大学硕士学位论文，2020 年 5 月）一文以谭献的诗词创作为研究对象，考察谭献的一生行迹，补充考察谭献的交游情况。

刘红红《试论谭献经世致用的诗文思想》[《宁夏大学学报（人文社会科学版）》2020 年第 1 期]一文认为，谭献于学术上心折常州学派今文经学、服膺章学诚史学、推崇颜李实学及胡承诺学说、吸纳西学，这些学说兼着眼于其经世致用的功能。受学术观影响，谭献推重文学的社会政治功能，重视以诗观政，强调言之有物，反对桐城派空言心性。

刘红红《试论谭献性情与学问并重的诗文观》[《沈阳大学学报（社会科学版）》2020 年第 1 期]一文认为，谭献的诗文观见解深刻，较为通达，一方面注重创作主体性情的抒发，强调诗人的个人真情，突出诗文疏导人心的作用；另一方面，重视创作主体学问修养的蓄积，提倡诗人之诗与学人之诗的统一。

刘红红《论谭献题画诗的思想内蕴》（《咸阳师范学院学报》2020 年第 3 期）一文认为，谭献的题画诗按照内容包括四类，一是有关思亲、孝亲的题画诗，表达了诗人思亲孝亲的情感；二是有关乡邦文献的题画诗，具有弘扬乡土文化的内蕴；三是有关金石书画的题画诗，反映出谭献摹写金石书画的意境；四是有关山林隐逸的题画诗，体现了诗人山林隐逸的情怀。这些题画诗反映了谭献的人生行迹及其审美情趣。

吴钦根《谭献〈复堂日记〉的编选、删改与文本重塑》（《文学遗产》2020 年第 2 期）一文认为，谭献《复堂日记》在流传过程中存在两种形态，一种是经谭献亲手编定刊行的八卷刻本，一种则是被刻本长期遮蔽的原始稿本，二者在性质上分别归属于子部和史部。在由史部跨越到子部的过程中，谭献对原始稿本做了一系列的文本重塑工作，如对原始材料的剪裁、对现实语境的消除、对条目内容的重组等，以使文本内容达到客观化、序列化的效果。与此同时，谭献还对所选条目做了大量事后的润饰，小到个别词句的替换，大到整段内容的删削。稿本日记中对于先贤、时人的尖刻批评，在刻本日记中完全被抹除，某些激烈轻率的语句一变而为中立、平和。《复堂日记》也因此成为名副其实的"著述"，谭献多褒少贬的温厚学者形象也由此得以树立。

十三、陆心源研究

陈东辉主编《陆心源全集》(70 册,国家图书馆出版社 2020 年 9 月版)一书,将《潜园总集》影印出版,并将其中的同治十三年(1874)刊刻的《仪顾堂集》十六卷本替换为内容更全的光绪二十四年(1898)刊刻的二十卷本,定名为《陆心源全集》。陈东辉撰写的《陆心源全集·前言》,又公开发表在《古籍保护研究》(学术辑刊,2020 年卷)上。

2020 年,学界关于陆心源的研究主要聚焦在他的碑刻文献学。

周北南《陆心源碑刻文献研究》(《湖州师范学院学报》2020 年第 5 期)一文认为,陆心源是重要的碑刻文献研究者,他的多种著述既继承了清代校勘考据学的研究方法,又进行了大胆的开拓,把当时先进的西洋摄影技术运用于碑刻文献整理当中,改进了传统的图文摹写方法,提高了图文作品的可读性。他还充分运用碑刻文献补隶书之缺佚,见字学之变迁,参史乘之异同,证六书之同借,深入挖掘碑刻文献的价值。

杨敏慧《浅谈清末藏家陆心源及其收藏启示》(《荣宝斋》2020 年第 9 期)一文通过对陆心源的家族渊源、交友情况、主要藏品、主要业绩的考究,来总结其艺术品收藏颇丰的原因和收藏观,提出在现实收藏时应优先考虑从不可自守的藏家处购买、拓宽收藏种类、巧用当代科技手段、扩大人脉资源、保持公益平和心态的同时对自藏藏品做有利的宣传及学术架构等启示意义。

十四、朱一新研究

2020 年 12 月 18 日,由义乌市社科联主办的"朱一新文化研讨会"在义乌召开。与会专家围绕朱一新生平经历和精神品格、文化成就等内容展开讨论和分享,围绕朱一新的爱国情怀、朱一新与傅大士文化、朱一新主要学术思想及影响、朱一新生平故事、《无邪堂答问》石印本欣赏等方面做了交流。①

2020 年，学界研究朱一新的论文有 1 篇。

单晓娜、涂耀威《陈澧与朱一新的〈大学〉诠释及其对汉、宋学的调和》（《武汉纺织大学学报》2020 年第 3 期）一文认为，陈澧与朱一新是晚清汉宋兼采、调和会通的代表性人物，二人对《大学》的诠释，代表了经历汉宋之争、汉学的调适衰微以及宋学的高扬与崛兴、今文经学复兴后，以会通汉、宋学形式表现出来的对以往《大学》诠释所作出的一种比较全面而具有反思性的研究。陈澧主张《大学》古本，以《礼》解《大学》，却又对朱熹《大学》诠释思想推崇备至。朱一新认为朱熹《大学》义理纯正无弊，突出"格物致知"知识论内涵，重实践实行，讲学问思辨的工夫，却也指出朱熹有改动《大学》文本、添字释经之失，认同《大学》古本。二人《大学》诠释呈现出"认同古本、接续汉学""弥逢汉宋、作出新诠""以经解经、返本开新"的鲜明经学品质和理论特征，体现了晚清经学家调和汉、宋学术的努力所在和学术风尚。

十五、李慈铭研究

2020 年，学界研究李慈铭的论文有两篇。

王静《李慈铭论诗中的辨体意识及其批评史意义》[《中北大学学报（社会科学版）》2020 年第 6 期]一文认为，李慈铭的诗学思想和批评实践中的辨体意识，意在矫正晚清诗坛之弊。其论诗中的辨体意识更在批评史上具有重要意义，其刻意淡化流派论，打破具有绝对权威的诗歌创作偶像，以客观的创作规则立范，打破了唐宋诗之争以来诗学批评往往为矫一弊又生一弊的弊端，体现了李氏在知识失范的时代秩序化的追求，渗透着批评家的选本意识，也是诗学大总结时期透露着近代理性主义哲思的兼宗的诗论意识。

张伯存《李慈铭与周福清、鲁迅、周作人》（《鲁迅研究月刊》2020 年第 12 期）一

---

① 《义乌市朱一新文化研讨会在赤岸镇召开》，中国义乌网，2020 年 12 月 19 日。

文对李慈铭与周福清、鲁迅（周树人）、周作人之间的关系予以梳理。

十六、沈曾植研究

2020年学界的沈曾植研究，主要围绕他的文学思想、史学思想、书法成就及理论等展开，兹择要综述。

汪春泓《终身不离悔吝咎，一日不废画书诗：从创伤记忆看沈曾植辛亥前后的诗歌写作》[《中山大学学报（社会科学版）》2020年第2期]一文认为，作为依附于清朝政治制度、文化学术的学人和官员，当清王朝崩塌之后，沈曾植痛彻心扉，因此其辛亥前后的诗作浓缩了这一特殊的心理历程。沈氏在书画诗歌文艺形式中寄托忧思排遣幽愤，其诗兼有融会庄禅的特点。借由沈诗，也可窥见同光体在诗学史上之成就。

裴荣《沈曾植"碑帖融合"书法观》（《艺海》2020年第5期）一文认为，沈曾植在学术和艺术等方面有着极高的成就，被当世人称为"中国第一大儒"。在清末帖学崩坏、碑学兴起的背景下，他又是将碑学与帖学真正结合起来的书家，不仅对当世有着极大的影响，也对后世的书坛有着深远的影响。碑与帖，是具有相对美感的；碑与帖的融合，就是将相对美感融合在一起，沈氏便是碑帖融合的最大实践者。

成联方《沈曾植所推崇的唐朝名家碑刻及其内在原因》（《中国书法》2020年第10期）一文认为，沈曾植的书法思想，除了"碑帖融合""南北会通"之外，"尊唐碑"也是其书法思想的一个重要方面。在沈曾植"尊唐碑"的书法思想中，"尊唐朝名家碑刻"是其中的一个重要维度，主要体现在推崇欧阳询、褚遂良以及颜真卿及其相关碑刻等三个方面。

逄淑美、杨刚《从〈海日楼题跋〉看沈曾植的碑帖收藏》（《嘉兴学院学报》2020年第4期）一文认为，清末民初收藏之风盛行，金石、碑帖、书札、图籍无不成为藏家的插架之物，嘉兴沈曾植便是这一时期较具代表性的碑帖藏家。通过对《海日楼题跋》等文献的梳理可知，沈曾植碑帖庋藏有三大来源：承袭家传、收罗购求和友人贻赠,他对金石碑帖的收藏并非简单的占有,对碑版、法帖、墨迹多有考证、校勘、辨伪、评骘。在收藏过程中,沈氏还与许多碑帖藏家交往过密,在这一过程中开拓了艺术眼界,提升了赏鉴能力,其藏品在文化、文献、艺术等方面都有重要价值。

十七、蔡元培研究

2020 年学界的蔡元培研究,主要围绕蔡元培的教育实践与教育思想,蔡元培的美学、美育思想,心理学、伦理学、宗教学、社会学思想,编辑学、新闻学、出版学思想,生平事迹、人物交游及佚文整理研究而展开。

(一)蔡元培的教育实践与教育思想研究

张礼永《蔡元培对北京大学的师资改造》(《北京教育学院学报》2020 年第 3 期)一文认为,蔡元培在北京大学校长任上,以师资为核心要素对学校进行系统的改革。一是破除自科举时代形成的以官阶大小为喜好的"拜座师"之风,鼓励学生们一心向学,改造了他们的求师之道。二是选择足以为人师表的新旧人物来做学生的模范,解聘不称职的教师,即便是对外国学者亦无所畏惧。三是重塑学生的尊师之道,告诫新旧交替之际,人才难得,不要求全责备。四是规定专任教师与兼任教师有别,在教师中间组织"进德会",注重个人修养,同时赋予权力,参与校务,构建了顺应时代的新的为师之道。由此,北京大学的面貌焕然一新,成为当时的典范。

秦建平《从美育到美校:蔡元培与北京美术学校的创立》(《美术研究》2020 年第 4 期)一文认为,中央美术学院的前身北京美术学校创立于 1918 年,这所始创于新文化运动大潮中的第一所国立美术学府,是蔡元培在其"以美育代宗教"学说主导、并身体力行力主美术教育办学实践而创立的。

冯建民、陈会玲《蔡元培高等教育思想的内涵解读及当代价值》(《山东高等教育》2020 年第 2 期)一文认为,蔡元培的高等教育思想与实践理论主要体现在改革北大的教育实践上。在新时代背景下重新审思和借鉴蔡元培高等教育思想，对新时代高等教育发展，尤其是高校培养德、智、体、美、劳全面发展的社会主义建设者和接班人，建设高等教育强国具有理论指导和实践意义。

刘怡妨《蔡元培教育救国思想浅述》(《大众文艺》2020 年第 3 期)一文认为，蔡元培以教育作为出发点试图改变近代中国的状态，倡导五育并举、开创现代教育制度、提倡女子教育、社会教育、职业教育等，他的"教育救国"思想不仅促进了中国教育事业的进步具有重要的历史意义，而且对现代高校的教育制度改革也有很大的借鉴作用。

刘伟、孙元涛《离合之辩：论蔡元培、郭秉文与中国现代大学治理体系的建立》[《扬州大学学报(高教研究版)》2020 年第 1 期]一文认为，作为创建中国现代大学的先驱，蔡元培与郭秉文于 20 世纪初分别变革和创建了北京大学和东南大学这两所学术重镇，形成了"学分南北"的独特格局。作为留学回国参与中国现代大学建设的典型代表，蔡、郭二人办学理念的差异，可以视为德国与美国两种不同的大学治理体系与中国传统文化在不同情境中碰撞会通的实践产物

赵国权、陈改君《蔡元培视域中的现代大学理念》(《长春大学学报》2020 年第 2 期)一文认为，蔡元培留学德国，回国后，将在西方获得的教育理念用于民国时期的教育改革中。在担任北京大学校长期间，遵循"思想自由、兼容并包"原则，将西方的大学制度渗透于对北京大学的一系列改革之中，提出大学应享有高度的自治权、学术自由权和教授治校权，为中国现代大学制度的建立作出了卓越贡献。

孔祥光《蔡元培早期的教育思想与实践研究》(《中国人民大学教育学刊》2020 年第 4 期)一文认为，从传统士人到近代民主革命家，从传统塾师到近代新式教育家，蔡元培早期的社会经历显示了其非同一般的思想进程。他早期的零星教育理论阐述及断续而挫折的教育实践也蕴含了其教育思想的辗转进步。从教育救国之宏伟理想作出发点，奋力于教育实践探索，并不断形成自己的教育主张，对其时代的教育思想启迪和近代教育发展历程都产生了积极意义。

李圣传《情感启蒙与"诗教"功能的审美重建：蔡元培"以美育代宗教说"再诠》

（《社会科学战线》2020 年第 6 期）一文认为，蔡元培"以美育代宗教说"是在"反愚痴""反宗教"和"收回教育权"的时代语境中立足于"国家主义"立场发出的思想主张和理论宣言。通过对康德美学思想的借鉴与改造，"以美育代宗教"具有审美无利害与情感启蒙的学术指向，以期通过"情感陶养"启蒙心智、调和情感以塑造艺术化的"人心"并实现艺术转向和人生美化，进而完成生活改良和社会改造。与此同时，这种人生艺术化转向之思想功能改造，既是一种现代性思想启蒙和建设"新文化"的民族拯救方案，又是蔡元培借助美感教育问题之"教育学模式"，试图重建儒家传统"诗教"功能、重建社会理想秩序和信仰体系以实现"治国平天下"的终极追求。这也是其身份、地位和角色所扮演的学术指向背后暗含的更为深层的意识形态症候。

（二）蔡元培的美学、美育思想研究

付蓉《蔡元培美学思想及其当代价值》（《安阳工学院学报》2020 年第 3 期）一文认为，蔡元培的美学思想主要包括：美育要培育健全人格、美育代宗教及美育的践行需家校社会协同。

王亚芹、王宇婷《实用主义与美育的"落地性"：兼论蔡元培"以美育代宗教"的当下省思》[《河北师范大学学报（教育科学版）》2020 年第 5 期]一文认为，百余年前，"以美育代宗教"说以其独特的原创性和启蒙性，在中西结合、古今融通的基础上开启了重建国民信仰的坐标系，成为当时社会文化运动的一部分，在一定程度上奠定了中国现代美学精神的实用主义致理思路。今天，美学思想的整体性滞后、美育实施过程中的功利主义倾向以及美育理论与实践的脱节等问题，向当代美育提出了新的挑战。从实用主义视角重新回望与反思蔡元培百年之前的美育命题，实现当代美育的生活论转向，不啻为美育未来发展的新路径。

席格《蔡元培美育观与传统礼乐的现代转进》[《郑州大学学报（哲学社会科学版）》2020 年第 3 期]一文认为，在中国现代美育史上，蔡元培虽然一直以倡导新学著称，但对中国传统的礼乐之教却不抱偏见。他的美育思想对传统礼乐的汲取和再造,为其向现代转进提供了通道。蔡元培基于"中学""西学"皆为我所用的原则,以心性论、进化论和西方哲学美学为基础,从现代教育及艺术维度重新阐发传统礼乐。他强调礼乐传承重在"领其精神",促使礼教与现代德育对接,并据此发掘礼的审美价值和"远鄙俗"的美育功能。他推动乐教向现代美育转进,提出乐为"美育""美感教育""美的教育"和"纯粹美育"。由此,传统礼乐的现代转进,在蔡元培"美育救国"的追求下,非但不是复古,反而被烙上了感性启蒙的印记。这不仅与"以美育代宗教说"之间形成了一种内在精神契合,同时为传统礼乐演进确立了现代价值原则,佐证了现代美学美育与传统礼乐美学的内在关联。

朱晏《以美育滋养公民道德建设:蔡元培公民道德教育思想的当代价值》(《江海学刊》2020 年第 6 期)一文认为,蔡元培"五育并举"教育思想以"道德教育为中坚",他把继承传统道德文化同广泛学习西方先进道德文化紧密结合起来,通过吸收和消化,创造出一种与时代相适应的道德文化。他主张以美育滋养公民道德建设,将"道德之善"与"个性之美"高度统一起来。蔡元培公民道德教育思想始终坚持价值引领,注重公私德协调发展,特别是充分重视和发挥美育的情感陶养及激发创造力的作用。

王确《蔡元培美育思想与现代国民人格理想乌托邦》(《天津社会科学》2020 年第 3 期)一文认为,以自觉理性建构超越西方和本土旧有传统的现代美育,是中国进入现代文明进程的一种诉求。近代以来,有许多教育家、美学家为此做出努力,蔡元培是其中的持续关注和贡献突出者。自上世纪初年开始关注美育,到 1917 年提出"以美育代宗教"说,直至离世前,蔡元培始终在思考并推动美育事业。蔡元培反复强调使国民"养成完全之人格"的重要性,他归纳的完整人格五个构成因素中,除生存需要之外,美育占比最高,美育虽无法担当国民教育的全部任务,但却是各种任务中相当重要的不可替代的一种。

(三)蔡元培的心理学、伦理学、宗教学、社会学思想研究

阎书昌《蔡元培与心理学:基于史料的考察》(《心理研究》2020 年第 5 期)一文

认为，蔡元培与心理学有着特殊关系，聆听过冯特的实验心理学课程，推动了北京大学心理学实验室以及中央研究院心理研究所的创建和发展。在其心理学思想的贡献之外，蔡元培在心理学领域内开展的各种心理学实践活动有力地推进了中国现代心理学的学科发展。

史焕翔《蔡元培家庭伦理思想及其当代价值》（《理论观察》2020 年第 3 期）一文认为，蔡元培家庭伦理思想强调一种义务关系，可以将其理解为一种角色伦理与责任伦理并存的"双重伦理"。在"双重伦理"的逻辑下，衍生出"三伦一体"的思想特点，即一个家庭体依托于亲子、夫妇、兄弟"三伦"之间的有序关系，这是对传统儒家伦理中以血缘关系和婚姻关系为伦理本原的传承。但在此基础上，蔡元培又强调家庭关系范畴中不同道德主体相对等的权利与义务，进而强调"双重伦理"的平等性，由此又超越了传统儒家家庭伦理的支配秩序之局限性。

郑慧敏《"代宗教"：蔡元培与冯友兰宗教观之比较》（《东莞理工学院学报》2020年第 6 期）一文指出，蔡元培与冯友兰都认为最终取代宗教的是哲学，但他们走出了两条截然相反的路径：一条是以哲学为基础的美育路径；一条是从诗歌走向哲学的宗教进程。然而，在信仰坐标的观照下，他们的宗教观亦存在着差异：就宗教思维方式而言，蔡元培偏重感性，冯友兰侧重理性；在自由层面上，境界自由高于美育自由；在塑造理想人格中，蔡元培力图培养"完整的人"，冯友兰主张追求天地境界，朝着"圣人"目标迈进。

马学军《自食其力与合群互助：蔡元培"劳工神圣"思想释义》（《社会学研究》2020 年第 3 期）一文认为，蔡元培 1918 年发表题为《劳工神圣》的讲演，推动了近代"劳动"观念的转变和实践。蔡元培主要受严复"群学"思想和无政府主义思想影响，指出凡出劳力有益于自己和他人的都是"劳工"，自食其力的"工"（劳动）对个体人格养成、群的强盛以及理想世界具有重要价值。蔡元培还以讲演、编写教科书的方式向民众普及劳动的价值。

（四）蔡元培的编辑学、新闻学、出版学思想研究

贺树《蔡元培编辑思想与现代高校学术使命》（《长春师范大学学报》2020 年第 3 期）一文认为，蔡元培在担任教育总长和北京大学校长时期进行了一系列改革，其中包括创办《北京大学月刊》。他的治学治校理念、救国救民情怀在《月刊》的编辑出版中得以充分体现。

乔贺霄《蔡元培出版实践特征研究》（河北大学硕士学位论文，2020 年 5 月）一文指出，蔡元培创造性地将出版与教育、革命相结合，紧随时代发展的脚步，真诚地为作者、读者服务，并参与各种出版实践活动，生产出众多优秀精神文化内容。从蔡元培的出版实践中，我们可以窥见其一方面在促进我国近代出版业的发展方面做出突出贡献；另一方面用实际行动揭示了出版的本质，即出版在构建国民性和民族精神，以及促进社会变革与进步中发挥着独特作用。

（五）蔡元培的生平事迹、人物交游研究

刘然《蔡元培评传》（中国工商联合出版社 2020 年 12 月版）一书，按照时间顺序记录了一代教育家蔡元培的一生，以及他在大学任职期间的成就和贡献等。

刘长伟《历史转折时期的蔡元培：洞明世事 倡导新风》（《广东石油化工学院学报》2020 年第 2 期）一文认为，蔡元培对一系列重大历史事件做出的准确判断，可谓洞明世事。在历史转折时期他审时度势或支持或反对或引导，以教育救国之心激浊扬清、倡导新风。在戊戌变法时期，维新人士极力拉拢他咸与维新，被他拒绝并预言维新变法必然失败。在辛亥革命时期，他揭露了袁世凯独裁专制、专权称帝的野心并旗帜鲜明地抵制复辟复古。在新文化运动发轫之初，他积极提倡新道德，主张科学、民主精神，当新文化与传统文化发生激烈交锋，他极力支持新文化新风尚。在五四运动时期，他同情并营救被捕学生，但是也反对采取罢课这种极端的方式爱国。

吴民祥《"悖论"中的统一：蔡元培与学生运动的离合及其困顿调适》（《教育文

化论坛》2020 年第 4 期）一文认为，近代中国特殊的历史环境造就了蓬勃的学生运动。融社会关切与民族救亡于一体的学生运动，常深陷于学业与政治的两难中，成为国家与校园均无法回避的矛盾运动。蔡元培独特的身份与人生经历，表现出在不同境遇中与学生运动离合的"悖论"现象。爱国情怀与学术救国是蔡元培面临学生运动困顿时取得人格统一的精神资源。

胡志金《蔡元培与章梫》（《教师博览》2020 年第 17 期）一文认为，蔡元培与章梫皆为浙地名士，在京沪两地曾为同事，并有过两段鲜为人知的交往。

（六）蔡元培佚文整理研究

周雷鸣、李晓芳《蔡元培史料拾遗续编》（《近代中国》辑刊，2020 年卷）一文从民国时期中央研究院史料中搜集出体裁不一的蔡元培文献若干种，均为浙江教育出版社版《蔡元培全集》18 卷所未收，并按"论著""发刊词""题词""歌词""人物小传""章程"和"函件"体例等整理出来，集为一编，供学界参考，以补《蔡元培全集》之不足。

金传胜、王璇《蔡元培四篇演讲考释》［《绍兴文理学院学报（人文社会科学）》2020 年第 5 期］一文认为，蔡元培关于学生自治问题的两篇演讲，在罗家伦、张维桢婚宴上的讲话，以及在江苏大学农学院樱花会上的演说，均未被浙江教育出版社版《蔡元培全集》收录。这些演讲记录不仅可以发挥"补遗"作用，而且对于了解与研究蔡元培的教育思想、婚恋观念及其社会活动，具有较高的文献价值与研究意义。

十八、王国维研究

2020 年学界的王国维研究，公开发表有 100 余篇学术论文，主要围绕王国维的哲学思想、《人间词话》"境界说"、文学思想、曲学思想、悲剧美学、美育教育、治学方法论、文献著作、学术影响、比较研究以及王国维的人物交游、生平事迹等方面展开。

（一）王国维的哲学思想研究

李淑敏《王国维的"中国哲学"观及其当代启示》（《哈尔滨师范大学社会科学学报》2020 年第 5 期）一文认为，王国维早期的"中国哲学"观及其相关研究，对于 20 世纪中国哲学的创建与发展起到重要的奠基性作用，其哲学研究理路对后世影响颇为深远。他的"中国哲学"观对当代中国特色哲学社会科学的建构，颇具启示价值。

（二）王国维《人间词话》"境界说"研究

黄健《从"真切"与"自然"双维度论王国维之意境说：以〈人间词话〉为例》[《河南理工大学学报（社会科学版）》2020 年第 2 期]一文认为，"真切"与"自然"是王国维意境说最基本也是最重要的两个概念，他们对应两个最基本的审美范畴"真"与"美"。通过对《人间词话》中所体现的"真切"与"自然"两个维度的演绎，王国维的意境说得到另一种解读。其中，意境最主要的"有我之境"与"无我之境"，在"真切"与"自然"的交织融合中，意图诞生"玄外之响"的审美再想象、再创造空间，其目的直指"天人合一"的圆融和谐胜境。

寇鹏程《论王国维〈人间词话〉的"人间性"》（《文艺研究》2020 年第 2 期）一文认为，王国维创作的词具有"人间性"，他哲学时期的文论则较少"人间性"。创作与理论之间价值取向的分裂是促使王国维从哲学的"天上"转向文学的"人间"的深层原因。《人间词话》是有意识的"人间性转向"，王国维从品鉴中国诗词具体作品出发，为了回答浙西词派、常州词派以来词学界提出的现实问题而构建自己的理论体系，同时也对时代社会思潮做出回应。《人间词话》"人间性"的内涵是血性真感情、人类意识、崇高美、启蒙意识与文学革命性。《人间词话》与当时"诗界革命""文界革命"的文学革命精神相通，是中国文论从古典转向现代的桥梁，具有阐释文学的有效性与生命力。这些使得《人间词话》成为接地气的、具有"中国性"的经典现代文论作品。

刘锋杰《王国维"境界说"的儒家思想面相》（《学习与探索》2020 年第 1 期）一文认为，在王国维的思想地图中，他虽然反对过政教化的文学观，却深受儒家人格主体论的影响；他倡导康德等人的审美无功利思想，却加以改造而激活了儒家思想中潜藏着的无功利说；他的身上体现出独立的"道问学"的科学精神，却保持着"尊德性"的儒家思想底色，而这种种恰恰提供了他继承儒家思想、创立新的诗学的可能性；其"境界说"本身也因此显现出"生命之敞亮"的儒家思想的丰富面相。

张新雪、项念东《论王国维"境界说"审美观的儒学内蕴》（《滁州学院学报》2020年第 4 期）一文认为，王国维"境界说"的提出离不开对德国美学的研究和吸收，但其理论仍熔铸着中国传统思想，其中的儒家思想也是闪烁可见的。这种转向中国传统思想的审视不是牵强附会，而是由王国维所接受和认同的儒家文化在"境界说"中的隐现，以及王国维将"境界说"运用于中国文学艺术的批评实践所决定的。王国维"境界说"中对审美主体之"内美"、审美观照之"忠实"、审美表达之"自然"以及审美思想之"忧生忧世"的要求，无不浸润着儒家学说的思想意蕴。

侣同壮《论王国维"境界"说的道家文化渊源》（《肇庆学院学报》2020 年第 3 期）一文认为，中国诗歌的审美经验又深受道家思想的影响，王国维"以物观物"的美学观照离不开道家审美视境的滋养，其"真景物""真感情"之说都与道家思想存在着深刻的渊源关系。

彭思越《美学视域下的王国维〈人间词话〉"境界"之意涵》（《青年文学家》2020年第 18 期）一文认为，王国维的《人间词话》，享誉中国文学、文艺学、传统美学等众多领域，其所提出的"境界"概念，自其于《国粹学报》发表时起，学界便争鸣未止。"境界说"是《人间词话》之核心，对"境界"的理解与把握，是深入研究《人间词话》意义与价值的前提。

杨柏岭《王国维接续词统与追求词境"高格"的新理据》[《中山大学学报（社会科学版）》2020 年第 6 期]一文认为，王国维标举"境界"说，汲取进化论等思想，承接清代以来由南宋上追北宋、晚唐五代词的学词门径，推尊五代、北宋词；倡导文学"游戏说"，吸收文学无功利观等西方思想，接续并改造"诗余"观念，确立了词体的美学价值；在悲观主义人生观的基础上，引入叔本华等人的"天才"观，深化了词体以悲为美的传统；标举"自然""真实"观，吸收海甫定等人心理学研究成果，重塑了清代以来日渐强化的"学人之词"的内涵。

（三）王国维的文学、曲学思想研究

耿庆伟《梁启超文学观趋向王国维的学术考察》（《社会科学动态》2020年第12期）一文认为，梁启超、王国维观点相左的文学观让他们分别成为20世纪初功利文学观和审美文学观的最大代表，他们的理论之争开启了中国现代文学批评的两个维度：一个以谋求民族现代化为目标，一个以追求审美现代化为旨归，共同为中国传统文学理论的现代转型作出了开拓性的贡献。而随着言说语境的变异，梁启超则努力调适审美与功利的冲突，将审美与民族精神改造联系在一起，学术态度的沉潜让他重新反思自身的文学理念，开始自觉地用"唯美的眼光"品文论诗，从而在某些重要的理论层面与王国维的思想取得深度融合。

李占鹏《王国维：近现代曲学的开山祖师》［《西华师范大学学报（哲学社会科学版）》2020年第3期］一文认为，在中国曲学史上，王国维是一位独辟蹊径、别开生面的杰出曲学家。他关注曲学虽只有六年，却对中国曲学整理研究做出了巨大推进和辉煌成就，这种推进和成就主要体现在以不同于传统曲学的姿态和方式开启了中国近现代曲学研究的门径。他不仅具有清理曲学文献的雄阔视野与恢弘气度，而且兼备勾勒戏曲历史的创体意识与拓荒精神，还在创构曲学体系的范畴建树与理论贡献方面发挥了率先垂范的嚆矢作用。毋庸置疑，王国维是近现代曲学当之无愧的开山祖师。

梁帅《王国维〈曲录〉稿本、钞本校读札记》（《文化遗产》2020年第5期）一文认为，王国维写于宣统元年三月的《曲录自序》是其重要佚文，与已刊两篇《曲录》序言不同，王氏在此序有意提振戏曲于中国文学中的地位。宣统元年十月沈宗畸《晨风阁丛书》首次出版六卷本《曲录》，至1921年陈乃乾《曲苑》又将两卷本《曲录》收录其中。两卷本《曲录》问世后受到各方指责，王国维、陈乃乾对此多缄默不言。今查

上海图书馆藏"玉海堂钞本"即为《曲苑》所收《曲录》的底本，刘世珩所撰跋语也证明罗振玉在《曲录》早期出版过程中起到关键作用。《传奇汇考》是《曲录》初稿本中"传奇类"编纂的重要征引书目，该书是王国维与陈士可在光绪三十四年中秋前后互相抄配而得；陈士可所得今藏于台北傅斯年图书馆，王国维所持《传奇汇考》在经过近一个世纪的辗转后归入北京大学图书馆，是为该馆所购"大仓文库"之一种。得益于王国维藏钞本《传奇汇考》的发现，既往的一些学术问题得以厘定：在《曲录》"初稿本"的编纂过程中，《传奇汇考标目》与《传奇汇考》起到同等重要作用；《曲录》初稿本中有部分剧目虽注明是引自《传奇汇考》，但却不见于王氏钞藏的《传奇汇考》；《传奇汇考标目》与《传奇汇考》形式关联紧密但内容又迥异，这使王国维在"初稿本"中产生有关《传奇备考》的错误记述。

（四）王国维的美学（悲剧美学）思想研究

白亭亭《王国维"生命美学"研究》（西北民族大学硕士学位论文，2020年5月）一文指出，王国维的"生命美学"思想既是对中国传统美学的继承，又是在传统美学基础上的创新。内忧外患的社会现实，与自身"体素羸弱，性复忧郁"的状态，使王国维逐渐认清了欲望、生活、苦痛三位一体的生命本质，体认了人的生存困境与精神问题。因此，在知识分子多强调经世致用的时代，王国维却独树一帜地反对功利主义，呼吁重视人的生命存在，将人的生命存在问题放在了美学的突出位置。

张婉荣《刍议王国维审美观之创新》（《菏泽学院学报》2020年第3期）一文认为，在中西文化交融的时代背景下，王国维在吸收老庄、邵雍等人为代表的中国美学思想的基础上，选择性地接受叔本华、康德等人为代表的西方美学思想，形成了具有中西结合色彩的、具有超越性意义的审美理论。王国维审美观的创新性不仅体现在对中国儒家美学的功利化进行了一定的矫正，还表现在对西方"美在形式"说的发展。

（五）王国维美育教育思想研究

郑伟《王国维的美育思想及其境界诉求》（《社会科学》辑刊，2020 年卷）一文指出，王国维的境界说是其美育视野下重新规划古典文学价值的一部分，"真理之不隔"即是境界。这个境界联系着世界真相与人生真谛两重真理层次，前者在认识论上启发世人"希求解脱之勇气"，后者在伦理意义上昭示着生命的超越和自由。从认识论走向伦理学，这是王国维的境界说通向美育之途的关键。同时，由于受到本体论思维的影响，境界说超越了文学经验层面的内涵，指向了真理的存在方式问题。境界说是由中国问题意识建构的生命学问，也是基于真理的自性诉求而来的艺术哲学，并非单纯的文学论域和认识论美学范畴。

陈晨《王国维美育思想简论》（《学语文》2020 年第 3 期）一文认为，中国美育思想早已有之，但是真正将西方先进美育思想引进中国的是王国维，他从审美心理和社会需要出发，研究了美育的目的、功能、途径、理想以及美育与智育、德育的关系等，独创性地建立了自己的美育思想体系。

凌晨、汪洋雪芬《日本学者对王国维美育观形成的影响》[《安徽农业大学学报（社会科学版）》2020 年第 6 期]一文认为，王国维的美育观体现了求真向美的文学宗旨和价值追求，德国古典哲学是它的思想来源之一，这已是学界公认的事实，而日本学者及相关日译西学著作同样对王国维美育观的建构发挥了很大作用。

（六）王国维的治学方法论研究

孙灵芝《王国维中西融汇的治学特点及现实意义》（《天津中德应用技术大学学报》2020 年第 6 期）一文认为，王国维的学术功绩离不开中西融汇。其治学初期运用西方理论解读中国的思想文学材料，开创了中国现代文学理论，但存在西风压倒东风的问题。治学中期不再理论先行，而是结合中国的语境和材料对西方的理论进行反思性关照。后期专事国学，坚持中国学术的根本，但也吸收了西方有益的科学方法。从王国维的治学历程看出，发展中国现代学术要处理好中西融汇问题，既要学习西方,但又不能全面西化;既要坚持中国本体,但也不能回归传统而沉迷其中。

(七)王国维的文献著作研究

丁红旗《再论王国维的〈五代两宋监本考〉〈两浙古刊本考〉》(《图书馆理论与实践》2020 年第 2 期)一文认为,王国维的《五代两宋监本考》《两浙古刊本考》是当下关于宋代刻版史料整理的两部经典著述。从其撰写时间、材料选择、客观限制、具体内容等看,这两部著述有明显的时代印记,或者说缺憾:对一些关键的典籍,如《宋会要》《南宋馆阁录》《宋朝事实类苑》等未能征引;因其时藏书秘不示人等原因,还有一些宋元刻本没能目验;引书不够规范,过于简略,还有一些记载错误,等等。而今,得力于交流便捷、图书开放等有利条件,得以在一个更高的层次上,从敬重前哲、尊重学术的角度,再一次审视这两部撰写于 20 世纪 20 年代、时隔 100 年的版本学专著,对于揭示当下如何全面、科学地整理宋代刻书史料,也是一件颇有意义和价值的事。

毕媛恒《论王国维〈宋元戏曲史〉的进化论文学史观》(《江科学术研究》2020 年第 1 期)一文认为,王国维受西方学术理论的影响,认为中国的戏曲应当是与诗词歌赋等在同一层次的新文体,遂作《宋元戏曲史》。此书逻辑清晰严谨,从横纵两条线分析论证了中国戏曲的发生、发展及成型,系统地阐释他对古代戏曲思想的研究,总结了戏曲理论,具有划时代的显著意义。

虞万里《王国维〈魏石经残石考〉撰作年月指实》(《文史》2020 年第 2 期)一文认为,王国维于 1916 年撰《魏石经考》,初步奠定了近代石经学基础。1922 年底洛阳新出《尚书》《春秋》巨碑及数百块残石,王国维在 1923 年春季闻此事,嗣后用心关注并开始撰作《魏石经残石考》。由于残石散在公私藏家之手,尽管马衡、罗振玉不断为王国维提供残石拓本,仍有不少未及经眼,以致截止其自沉谢世,《残石考》仍未完成。

王增宝《〈王乃誉日记〉手稿中的王国维:光绪二十四年戊戌(1898)》(《嘉兴学

院学报》2020 年第 4 期）一文认为,《王乃誉日记》中有大量关于王国维的记述,是今人了解王国维早年行实、丰富王国维年谱写作、推进王国维学术研究的珍贵史料。

（八）王国维学术影响、比较研究

刘颖《论王国维对顾颉刚学术思想的影响》[《苏州科技大学学报（社会科学版）》2020 年第 1 期]一文认为,顾颉刚最敬佩的当代学者是王国维,并把他视为真正的导师。王国维对顾颉刚的学术影响首先体现在"求真的精神,客观的态度"即学术科学性的追求上,具体表现在以民众为中心的历史观下关注民间学术取向和对史料的平等态度上。其次是"最博而又最富于创造性"即学术会通性与独创性的追求上。会通性强调学术眼界的广博以及材料的贯穿与互证;创造性即所谓"一空依傍,自创新体""力争第一",具体表现在开山之功上。最后是王国维作为"学术界惟一的重镇",在学术纯粹性与独立性的追求上对顾颉刚的影响。

冯庆《康德与王国维审美启蒙论的情性论分歧》（《浙江工商大学学报》2020 年第 6 期）一文认为,作为中西方现代审美启蒙观念的奠基人,康德和王国维关于人类情性教化的具体思路却未尝相同。在晚年康德笔下,"黏液质情性"的地位超过了"黑胆汁质"情性,其中体现出其以禁欲主义的无功利化审美方案疗治忧郁情性的动机。相比起康德的方案,王国维在相信"不可爱"的人性论现实的同时,更渴望保留"可爱"的人生理想和生命激情。出于这一动机,王国维借助叔本华的学说,提出关于"势力之欲"的生存本体论,从中发展出一套用良性嗜好取代恶性嗜好的务实的情性疗治方案。

（九）王国维的人物交游、生平事迹研究

苏浩《罗振玉、王国维与日本书法家山本竟山交游考:以新发现的信笺资料为中心》（《国际汉学》2020 年第 3 期）一文认为,罗振玉与王国维寓居日本京都时,与著名的文人书家山本竟山开展了一段文人交谊,特别是 1913 年罗振玉与王国维协助山本竟山举办了影响较大的和汉法书展览会。

傅玉娟《论狩野直喜对王国维中国戏曲研究的继承和补充》(《名作欣赏》2020年第33期)一文聚焦于王国维的中国戏曲研究代表作《宋元戏曲史》和日本京都学派中国学的代表人物狩野直喜在京都大学所做的讲义《中国戏曲史》，探讨了狩野直喜对王国维中国戏曲研究成果的继承和补充。

彭玉平《罗振玉伪造代奏王国维遗折考论》(《学术研究》2020年第10期)一文认为，1927年6月2日，王国维自沉昆明湖。其后关于其死因议论蜂起，而罗振玉即深陷于种种非议之中。先之以逼债说，继之以为王国维假造代奏遗折事，两事相连，而使罗振玉备受道义之谴责，而这些舆论背后的主事者则为其政敌郑孝胥。在这场精心策划的谋略中，罗振玉因为在当时政治上的弱势，也几乎失去了还手的能力。如今，时过境迁，逼债说之非已经成为定论，而对伪造遗折说之深层原因则尚乏分析。罗振玉伪造遗折，将王国维之死引向"尸谏"主题，一方面为平复自己与王国维晚年结怨的愧疚之情，另一方面也诚心希望为王国维博取更多哀荣。厘析关于假造遗折说之经过以及遗折之基本内容，可大致窥测一时期之政治氛围和心态。

陈慧《以王观陈：重审陈寅恪对王国维之死的双重解释》[《中山大学学报（社会科学版）》2020年第6期]一文认为，陈寅恪就王国维之死提出"殉文化"说与"殉真理"说，通过"以王观陈"的方法来重审二说，不但可能而且必要。陈寅恪赋予"纲纪"以制度与理想的双重维度，以之定义中国文化，切中王国维的关怀与认识，且抓住其与辛亥前后学界主流观点的关键区别；陈寅恪笔下的王国维与王国维笔下的苏格拉底存在多重呼应，二者都是在古典文明衰落、城邦道德堕落背景下知德合一的"理想人物"，关乎共通的学术理想；二说主题的转换还对应王国维的治学转向，隐含王、陈共所担忧的西方哲学与华夏固有道德政治学"不相化合"的问题，也暗示知识人在这其中的困境与使命。可见，陈寅恪由"死亡"这一根本问题，带出关乎"生存"的深切思考，所追问的乃是民族盛衰之由、学术兴废之途及知识人进退之道。

十九、马一浮研究

围绕马一浮研究,2020 年学界同仁发表论文 10 余篇,内容涉及马一浮的六艺论、经学、书法研究,教育思想与复性书院研究,以及马一浮文献整理。

刘梦溪《马一浮和"六艺之学"》(《中国民族博览》2020 年第 17 期)一文认为,马一浮是迄今最重视"六艺之学"的现代学者,当然也是将中华文化的最高典范"六艺"定为国学的现代学者。

张凡《马一浮六艺论及其现实意义》(《汉字文化》2020 年第 23 期)一文认为,六艺论是马一浮学术思想的重要观点,"六艺统摄东西一切学术"是其学术思想的出发点与落脚点。马一浮试图以"六艺"为基础,并结合人的性德,打破东西方学术的隔阂,建立起新的学术体系。六艺观的意义在于去除对民族文化的偏见,挖掘民族传统文化中的精华,增强民众对本民族文化的自信,同时能够兼容西方文化的内容,以儒学文化为人类文明前进的方向。由此,马一浮六艺论思想对我们今天探寻传统思想的价值具有重要意义。

王开元《马一浮〈咸〉〈恒〉卦义解》(《衡水学院学报》2020 年第 5 期)一文认为,在对《周易》《咸》《恒》二卦的解释上,历来学者以感释咸、以久释恒,对处下经之首的《咸》《恒》两卦具有较为一致的解释,而马一浮则另辟蹊径。他采用以卦象来阐释卦义的解释方式,其以《咸》卦统言、以《恒》卦统行,从而使《咸》《恒》两卦统言行、明人事,以与上经之旨相对应。马一浮的这种解释,与其观象达意的易学诠释思想相一致,亦能由此展开其六艺之教原统于《易》的理念。明白此意,方能对马一浮自身的哲学思想有真切的理解。

刘超《马一浮书法题跋中的"兰亭观":以现代新儒家为视角》(《中国美术研究》2020 年第 4 期)一文从马一浮的"兰亭"观切入研究,主要以他的自跋《兰亭》临本、《兰亭集诗》写本为材料依据,通过梳理概括出"百年难遇永和春""石刻流传推定武""不独书法妙绝千古"三个要点。总之,马一浮是把书法放置在文化哲学视野下来观照的，他的行书取法《兰亭序》，其书法实践（临摹与创作）和书法理论（书学）是"性功两见"体证内究式的学问。

黄俊杰《马一浮读书法》（《中国文化》2020 年第 2 期）一文认为，马一浮《读书法》是朱子读书法之后，研治传统中国学问最为重要的一篇方法论，也是进入马一浮的"文化典范"与"达道之学"，最为亲切有味的门径。

杨阳《马一浮：以"复性"为教育宗旨》（《中国教师报》2020 年 1 月 8 日）一文指出，马一浮创办复性书院的初衷首先是针对学校教育体制的弊端，希望为学生提供一个不被世俗功利所席卷的单纯的学习环境，能够让学生安顿心灵；其次，马一浮创办书院讲授中国文化；再次，他建书院是弟子的建议；最后，独立讲学一直是马一浮的心愿。因此，复性书院的创办与运作最能体现马一浮的教育理念。

徐宝敏《马一浮教育思想的现代意义》（《中国社会科学报》2020 年 7 月 6 日）一文指出，马一浮创办的复性书院在教学内容上以"六艺"为中心，不再分立诸科；培养的目标是造就"通儒"，而非专门人才。马一浮认为当时学术分歧，人心陷溺，原因即在于"执一而废他""局而不通"，书院的目的即在于会通百家，除弊兴利。现代大学发展规模越来越大、学科专业越分越细、融通越来越难，马一浮企图以"六艺"统摄古来、外来一切学问的思想固然有失偏颇且过于理想，但对于今日大学之学科建设、学科交叉仍然具有重要的启示意义。

何俊编著《马一浮论学书信选读》（四川人民出版社 2020 年 9 月版）一书，为马一浮的论学书信集。全书共三卷，分"致亲戚师友"（上、下）与"致学生晚辈"两部分，选读《马一浮全集·书札》中论学部分，按年序札记，以期呈现马一浮儒学思想乃至生命的丰富性。事实上，研读论学书信，不仅是为了理解马一浮，而且也诚如马一浮在一封信中所讲，"晦翁与友朋论学书最多，其言为学功夫、次第、品节、条目，最深切详尽"，实乃进学之门径。当然，马一浮的"论学"，并非今人熟知的一味骛外的知识、理论，抑或思想，而是切于自身的儒家义理之学。

二十、蒋伯潜研究

2020 年,学界不见有研究蒋伯潜的论文。

二十一、宋慈抱研究

2020 年,学界不见研究宋慈抱的论文。

通览上述 2020 年学界关于"近现代浙学"的最新研究成果,可知 2020 年"近现代浙学"研究的聚焦点是章太炎的政治思想、蔡元培的美育思想、王国维的境界说、马一浮的复性教育思想,有大批高质量的学术论著发表、出版,尤以章太炎研究、蔡元培研究、王国维研究的论著数量为最多,其中原因值得关注。不妨以学界的章太炎研究为例:由章门弟子后学为主体整理的《章太炎全集》的出版,为学界同仁研究"章学"提供了便利;以章念驰、章念翔先生为代表的章氏后裔,以及作为章太炎故乡的杭州市余杭区委区政府对宣传、弘扬、研究"章学"也是不遗余力,前者无偿捐献章太炎文献、遗物,支持在杭州、苏州等地筹建章太炎(故居)纪念馆,后者(余杭区)资助出版《章太炎全集》;再就是上海人民出版社不仅出版《章太炎全集》,还出版"章太炎研究丛书",为高水平"章学"研究学术专著的问世提供出版平台;《杭州师范大学学报(社会科学版)》更是开辟"章太炎研究"专栏,提供研究"章学"论文刊载的平台。这种"地方政府＋出版社＋学术刊物＋章氏后裔＋章门后学、学者"相结合的"五位一体"的学术合作研究范式值得借鉴。

章太炎、蔡元培、王国维的学术研究成果大批量推出,也反衬出马一浮研究的"冷清"。尽管有《马一浮全集》《马一浮书法全集》以及《复性书院丛刊》《群经统类》《儒林典要》《宋五子书》的整理(包括影印)出版,但是近年来尤其是 2020 年学界同仁撰著的有关马一浮研究的学术成果则略显"单薄",我们特别期待浙江省文史研究馆、浙江省社会科学院哲学所、杭州师范大学马一浮研究所、浙江大学马一浮书院等浙江省内专业从事马一浮研究的学术科研机构贡献更多的学术成果，佳惠学林。

2020 年，近现代"浙学"文献整理也有新进展，《陆心源全集》《俞樾书信集》以及《俞樾全集》的修订再版就是最好的说明，所以我们有理由期待更多研究陆心源、俞樾学术思想的高水平论著问世。另外，关于蔡元培的文献，1997 年至 1998 年，浙江教育出版社出版了《蔡元培全集》（全 18 卷，中国蔡元培研究会编）；二十多年来，关于蔡元培佚文的发现与整理披露，几乎年年都有新进展，故而《蔡元培全集》实有增（修）订、重版之必要。

第八章　现当代浙学研究

现当代的"浙学"研究，主要集中在历史、哲学这两大学科门类中，而一大批浙江籍的历史学家（诸如陈黻宸、何炳松、范文澜、周予同、黄云眉、吴晗）、哲学与哲学史家（诸如林损、范寿康、张东荪、金岳霖、冯契）通过著书立说的方式，在建构"新史学""马克思主义史学""中国哲学史"学科的过程中，也在自觉传承着传统"浙学"中"尊经重史""史学经世""学以致用"的优良学统，在一定意义上促成并推动了学科化的浙江思想学术的研究。这为"浙学"学科化的现代发展，也提供了宝贵的借鉴意义。

特别需要说明的是，除去历史学家、哲学与哲学史家，现当代浙江籍的文学家、政治家、教育家、法学家、经济学家、人类学家也是灿若星河、大家辈出，诸如鲁迅、朱自清、茅盾、巴金、徐志摩、周作人、艾青、梁实秋、郁达夫、夏衍、马寅初、蒋梦麟、丰子恺、沈尹默、沈钧儒、沈兼士、夏丏尊、张元济、张宗祥、蒋介石、钱玄同、戴季陶、戴望舒、柔石、俞平伯、吴世昌、南怀瑾、金庸、冯骥才、余秋雨等，如以"大浙学"的内涵与外延界定之，他们当然属于"广义上的浙学家"；但限于体量，2020年学界同仁围绕他们而展开的学术研究成果，暂不在本书关注的范围内。

第一节　现当代浙江籍的史学家研究

现当代中国史学界，活跃着一大批浙江籍的历史学家，像陈黻宸（严格意义上说，陈黻宸系近代历史人物）、陈汉章、何炳松、范文澜、周予同、黄云眉、吴晗，他们为中国历史学科的建设与历史教育的开展作出了巨大的贡献。这里，对 2020 年学界同仁围绕他们的史学理论与学术贡献而展开的研究予以梳理。

一、陈黻宸、陈汉章研究

2020 年，未见研究陈黻宸、陈汉章的论文。

二、何炳松研究

2020 年，研究何炳松的论文有若干篇，主要涉及他的教育、新史学思想研究。

杨阳《何炳松：忠信笃敬　学以救国》（《中国教师报》2020 年 5 月 13 日）一文认为，何炳松的许多教育思想和教育观念超越了当时的普遍观念。他紧密结合时代背景和社会现状，对教育的重要地位给予极大重视，并进行了大量卓有成效的实践。他的教育历程体现了一位优秀教育家的卓越眼光，令后人深思与借鉴。

徐国利《何炳松新史学理论对传统史学理论的传承和发展》（《贵州社会科学》2020 年第 5 期）一文认为，何炳松创建的新史学理论，是传承中国传统史学理论，特别是清代史家章学诚的史学理论，以之阐释兰克学派史学理论和美国史家鲁滨逊的新史学理论等西方史学理论的产物。其"以中释西"创建的新史学理论主要包括史学方法论和新通史理论两大方面。他之所以重视传统史学理论的传承和现代阐释，根本原因在于其秉持的"中国本位的文化"论。这种文化观在新文化的创建上主张以包括中国传统文化在内的中国现代文化为本位，既反对全盘西化论，又反对文化守旧论。何炳松的新史学理论独树一帜，为 20 世纪二三十年代中国新史学理论的发展做出了重要贡献。然而，他以传统史学理论来阐释和建构新史学理论时，因以西方科学化史学为标准，忽视中国传统史学的人文理性精神，致使其融合传统与现代的新史学理论存在内在矛盾。

陈峰《错位的"新史学"：何炳松学术路向辨析》(《文史哲》2020 年第 4 期)一文认为，何炳松虽以译介鲁滨逊的《新史学》闻名，但与美国"新史学派"却存在相当程度的疏离。何氏对"新史学"的译述以偏概全，不得要领，有负"新史学"代言人之名。更重要的是，其本人的学术立场倾向于兰克派实证史学，继承伯伦汉、朗格诺瓦和瑟诺博司的衣钵，强调史料工作的重要。就本质而言，何炳松归属于以胡适、傅斯年为代表的史料学派。与"新史学"貌合神离的何氏在"新史学"的传播者中竟能独占鳌头，既反衬出 20 世纪二三十年代实证学风在中国史学界的强劲势头，又折射出"新史学"进入中国时所遭遇的尴尬与无奈。

三、范文澜研究

2020 年，学界同仁围绕范文澜史学思想、《文心雕龙注》而撰写的论文主要有 6 篇。

叶毅均《早年范文澜的学术与思想新探》(《安徽史学》2020 年第 3 期)一文认为，今日被誉为"马克思主义史学大师"的范文澜，在转向拥抱唯物史观，并实际运用于其个人之学术研究之前，有一个漫长而曲折的演变过程。范文澜对于《文心雕龙》的研究实为其前半生著述之枢纽。与此同时，外在现实政治的刺激，导致他深受无政府主义理想之影响，他的思想亦在急遽转向激进化的道路上前进。大学授课讲义《诸子略义》与范文澜将近三十年后出版之《中国通史简编(修订本)》第一编相比，其中被重新阐述的孔子经过了一种"博物馆化"的历程，反映出新中国初期马克思主义者对待儒家文化遗产的态度。

王兆辉、傅晓岚、李廷勇《烽火年代的〈中国通史简编〉》(《炎黄春秋》2020 年第

6 期）一文认为,范文澜在抗战时期编写的《中国通史简编》,论述了中国远古社会到鸦片战争以前的历史,是中国第一部用马克思主义观点写成的中国通史专著,代表了抗战时期中共中央关于中国历史的学术观点,被视为共产党对中国历史进行解读的文本标志。

张越《范文澜与"汉民族形成问题争论"》（《中国社会科学》2020 年第 7 期）一文认为,"汉民族形成问题争论"是 20 世纪 50 年代中国马克思主义史学语境中的一个独特案例。范文澜《试论中国自秦汉时成为统一国家的原因》一文引发这一争论,但该文的最初目的并非与苏联学者叶菲莫夫展开论辩,而是旨在纠正旧版《中国通史简编》的"缺点和错误"。范文澜所说学习马克思主义要求"神似"而不是"貌似"、"历史的具体事实正是有和无的根据",不仅是他在争论中所持的基本观点,更是他致力于纠正中国马克思主义史学中存在的教条主义问题时所提示的基本原则。范文澜慎重考察斯大林民族定义和苏联史家观点对解决中国历史问题的适用性,基于他对汉民族是在"独特的社会条件下形成的独特的民族"的历史认识。回顾"汉民族形成问题争论"始末,对当前的中国民族史等相关问题研究具有启发意义。

路则权《范文澜及其〈中国经学史的演变〉的理论启示》[《云南大学学报（社会科学版）》2020 年第 5 期]一文认为,范文澜先生既是马克思主义史家,也是马克思主义经学家,他在延安时期通过《中国通史简编》所形成的史学理论不仅指导了后来的马克思主义史学的发展,还在实践上回答了马克思主义者应如何进行经学史研究,即要坚持世界物质统一性原理、坚持斗争是经学发展的动力、坚持实事求是原则、坚持辩证思维方法等。这些史学理论指导经学研究的理论意义,对我们今天实现经学史的创造性转化、创新性发展仍有着重要的启迪意义。

张海明《范文澜〈文心雕龙讲疏〉发覆》[《清华大学学报（哲学社会科学版）》2020 年第 4 期]一文认为,对于《文心雕龙》研究者来说,范文澜的《文心雕龙注》无疑是必读之书,但范氏早年之作《文心雕龙讲疏》却鲜为人知。而所以如此,根源乃在范氏讲疏大量抄录黄侃《文心雕龙札记》,致使黄、范二人失和。此后,范氏另起炉灶,完成《文心雕龙注》一书的写作,而绝口不提此书与《文心雕龙讲疏》之关系;黄侃则悄然中断了《文心雕龙札记》的写作,且终其一生不再讲授《文心雕龙》。事实上,范氏与黄侃虽有师生之谊,却不是黄侃入门弟子,难称"黄门侍郎";而范文澜《文心雕龙讲疏》抄录黄侃《文心雕龙札记》处固多有说明,然直接袭用或稍加变化以为己意者亦不在少数。揭橥这段往事,不仅有助于更好地认识黄、范二人及相关著述之真实关系,而且可为《文心雕龙》之现代研究提供新的理解。

李平《世纪补正百年修订:范文澜〈文心雕龙注〉订补综论》[《暨南学报(哲学社会科学版)2020 年第 12 期》]一文认为,范注是 20 世纪中国学界重要的学术经典,被誉为《文心雕龙》研究史上的一座里程碑。范注取代黄注而成为《文心雕龙》校注的新范型,这一地位是在学界同仁不断地补正和作者本人持续地修订过程中逐渐建立起来的。自范注问世后,各类订补举正绵延不绝,且贯穿整个 20 世纪,形成了一道亮丽的学术风景线。

四、周予同研究

2020 年,学界研究周予同的论文有 1 篇。

曹景年《周予同孔子观新探:兼论孔子形象的现代转型》(《济宁学院学报》2020年第 6 期)一文认为,周予同虽以批判经学著称,但对于与经学关系密切的孔子则完全是另一种态度。周予同致力于塑造一个真实的孔子新形象,他努力将孔子与经学区分开来,认为传统经学中的孔子是假孔子,批判经学不等于批判孔子。他通过一系列学术工作批判了假孔子,重塑了真孔子。在周予同笔下,孔子既是一个真实的、活生生的普通人,又是一位有理想、有抱负的思想家、教育家、哲学家,其人格让人景仰,某些思想具有相当的进步意义。

五、黄云眉研究

2020 年,不见有研究黄云眉的论文发表。

六、吴晗研究

2020 年,研究吴晗史学思想的论文主要有两篇。

王维佳《吴晗历史教育思想探究》(《北京教育学院学报》2020 年第 1 期)一文认为,20 世纪 30 年代,因民族危机日渐深重的现实刺激和自身教、学身份的变化,吴晗提出撰写历史教材、培养学生历史兴趣、提高历史师资力量、编纂历史课外读物等历史教育原则与手段,标志着其历史教育思想的初步形成。40 年代以后,随着对历史教科书编纂的意义、历史教育与时代之关系认识的深化,其历史教育思想进一步发展。新中国成立后,在史学普及实践中,其历史教育思想臻于成熟。他从教、学两方面着手,本着广泛性与针对性相结合的原则,力求发挥全社会的力量,采取多种手段,将历史教育和历史研究相结合,在强调历史教育社会功能之时,不忘其学术价值,推动了历史教育事业的发展。

王维佳《20 世纪三四十年代明末农民战争问题的争论与吴晗治学之转变》(《理论月刊》2020 年第 9 期)一文认为,20 世纪三四十年代明末历史因受到国共两党共同关注而兼具政治与学术双重属性,有关明末农民战争问题的争论此起彼伏,吴晗积极参加。20 世纪 30 年代初,在胡适的指导下,吴晗立志做"整理明代史料的学者"。随着民族危机的加深,他从考证古书深入到史实本身,由考察明末社会背景,认识到明廷腐败乃明亡的主要原因。由此,他以史为鉴,希望国民党政府励精图治。20 世纪 40 年代,抗战接近尾声,国民党政府消极抗战,积极反共,并将明亡归因于农民起义,吴晗极为不满。他参加革命,盛赞农民战争,借历史批判国民党政府。争论中,吴晗认识到人民群众的历史作用和马克思主义理论的科学性与实践性,自我认知与史学思想发生了改变。

第二节　现当代浙江籍的哲学家研究

在现当代哲学界有一大批浙江籍的哲学(史)家,主要通过著书立说的方式,推动了"哲学"(中国哲学、美学、逻辑学)从传统学术(经学、理学、儒学、玄学)中的剥离与重构工作,还有对西方哲学、马克思主义哲学的研究阐释与创新发展。而这其中的佼佼者有陈黻宸(详见上文)、林损、张东荪、范寿康、金岳霖、冯契等。

一、林损研究

2020 年,学界不见研究林损的论文。

二、张东荪研究

2020 年,学界不见张东荪研究的论著。

三、范寿康研究

2020 年,研究范寿康的论文有 1 篇。

于玲玲《范寿康公民教育思想研究》(《西部学刊》2020 年第 7 期)一文认为,范寿康是民国时期倡导公民教育的主要人物之一,其代表作为《日本公民教育》。他以历史唯物主义为指导,主张公民教育的产生是社会发展的必然要求;倡导国家主义公民教育观,指出公民教育的意义在于为国家服务,培养良好的国家公民;在公民教育的方法上,提出公民科是公民教育的主阵地。

四、金岳霖研究

2020 年 10 月 17 日至 18 日，由金岳霖学术基金会主办，华东师范大学哲学系、华东师范大学中国智慧研究院和上海社会科学院哲学研究所《哲学分析》编辑部承办的"纪念金岳霖先生诞辰 125 周年学术研讨会"在华东师范大学召开。本次会议以线上线下相结合的方式举行，来自中国社会科学院、清华大学、北京大学、法国里昂高师等 50 家高校科研机构的近百名专家学者与会。本次会议的召开，通过研究金岳霖思想而纪念金岳霖，同时无疑也必将激发学界对于逻辑、知识论等哲学思想的研究。①

2020 年，学界同仁围绕金岳霖的哲学、逻辑学思想发表论文 30 余篇，兹择要概述。

辛红娟、刘园晨《金岳霖"译意""译味"观再解读》[《宁波大学学报（人文科学版）》2020 年第 1 期]一文认为，金岳霖在其哲学代表作《知识论》中，设专题讨论了语言和翻译问题，从哲学家的视角开创性提出了译意和译味的概念，为后人提供了一种全新的翻译思维范式。

方用《道与时间：以金岳霖〈论道〉为中心》（《现代哲学》2020 年第 1 期）一文认为，金岳霖将"道"视作"时间"的根基与归宿，视"时间"为道演过程中出现的一种特定现象。他注重"时间"的"秩序"义，以个体的变动作为时间的实质，并以"运"与"命"作为个体"时间"的具体表现形态，同时考察了"时间"与"意味"之间的关系。金岳霖将"时间"概念主题化，对"时间"的理解与规定逻辑严密，又兼具中国情怀，这丰富与深化了 20 世纪中国哲学对"时间"问题的研究。

林陈桐、吴国清《金岳霖〈论道〉中的非理性主义思想》（《山西青年职业学院学

---

① 《纪念金岳霖先生诞辰 125 周年学术研讨会在沪召开》，中国社会科学网，2020 年 11 月 4 日。

报》2020 年第 2 期）一文认为，金岳霖是我国首位借以西方哲学之方法，融会中国哲学之精神的哲学家，其哲学体系独树一帜。其著作《论道》讲求逻辑严密和理性思维，亦具有神秘主义、重情主义和悲观主义等非理性主义思想。

何松旭《"性情"别解：从金岳霖和穆尔的观点看》（《学术月刊》2020 年第 12 期）一文认为，"性"和"情"是传统儒家哲学的两个重要范畴。金岳霖在《论道》中分别用西方哲学中的"共相"和"殊相"概念来诠释"性"和"情"，并且通过对"性情"问题的解答形成了一套自己的理论体系。这套体系包含元学和认识论两个层面。我们可以在传统儒家的经典文本中区分出这两个层面的内容：第一个层面是心和物，第二个层面是性和情。金岳霖的诠释方式为我们解答传统儒家中的"性情"问题提供了另外一种可能性，而穆尔关于共相是存在的但又是一种否定性活动的观点，更是为"性情"问题提供了一种别具一格的诠释。

刘新文《逻辑基础问题：一个金岳霖式的回答》（《文史哲》2020 年第 6 期）一文指出，王浩在评价金岳霖学术生涯时，曾经设想过一个研究计划但是没有实行，该计划实以"逻辑基础问题"为主线。金岳霖把自己庞大哲学体系的出发点归结为逻辑，但是在为逻辑建立基础的时候，遇到了"逻辑中心困境"。在晚年的哲学工作中，他接续自己早期关于逻辑基础问题的研究，认为这个问题对整个的逻辑来说太大，从而集中讨论了推论的基础问题，把推论建基在"思维的可能"和"历史的事实"之中。如果推论是逻辑的核心，那么，他的这个论题可以视为对逻辑基础问题的一个"金岳霖式"的回答。这个回答走出了他早期工作中遇到的困境，既体现出逻辑与历史的统一和分别，也体现出"以哲学作为一项思想上的武器，为当前国家的需要直接服务"和"以哲学作为一项专门的学问来研究，直接间接为中国在国际哲学领域内争取较高的地位"的结合。

姜丰、樊志辉《论牟宗三对金岳霖〈逻辑〉的批判与超越》（《学术交流》2020 年第 11 期）一文认为，在金岳霖的《逻辑》一书刚刚面世时，牟宗三就发表了《略评金著〈逻辑〉》等一系列相关文章，主要在传统逻辑直言命题主词所涉存在、逻辑对象与工具、二分法与思想律等方面提出了与《逻辑》中所阐释观点不同的看法。深入分析可以发现，在这些具体的批评背后，是牟宗三在逻辑哲学上一种自觉的超越性追求。在早期的逻辑研究过程中，牟宗三就试图超越金岳霖基于逻辑系统的元逻辑层面的研究，进行"即用显体"式的超越性追问，以逻辑为理则，将逻辑的普遍公共性建立在纯粹理性的先验必然性基础上。这种追问方式既是牟宗三逻辑研究的基本进路，也是其哲学思考的一个重要特征。

颜中军《金岳霖论"必然"》（《社会科学论坛》2020 年第 1 期）一文指出，金岳霖仔细辨析了"必然"的日常用法与多重涵义，认为"必然"是逻辑的专属用语，逻辑的实质就是必然之理，逻辑系统是刻画必然之理的形式工具。必然之理具有绝对性和唯一性，而表达必然的工具则是相对的和多样的。与固然之理、本然之理分别遵循"归纳原则""势至原则"不同，必然之理在于"穷尽可能"。准确把握逻辑的"必然"特性，严格区分逻辑的对象与内容，不仅有利于避免领域之混淆，澄清逻辑的一与多等哲学争论，而且对于深入理解金岳霖的哲学思想体系具有重要意义。

五、冯契研究

2020 年 11 月 1 日，由诸暨市委宣传部、华东师范大学哲学系主办，诸暨市社科联承办的"纪念冯契诞辰 105 周年座谈会"在诸暨市举行。来自华东师范大学哲学系的陈卫平教授、晋荣东教授、郁振华教授等专家学者和暨阳学院、诸暨哲学社科界人士、冯契家乡代表等近 40 人参加座谈会。座谈会上，晋荣东教授作了冯契生平研究方面的专题演讲；郁振华教授对华师大在传承研究冯契主要成果等方面做了相关介绍。专家们充分肯定了冯契对于中国哲学和哲学史做出的重大贡献，同时认为诸暨是名副其实的"中国哲学之乡"，除冯契外，还涌现出了金岳霖、吴江、周抗、姚伯茂、杨国荣、俞可平等近当代著名的哲学家。诸暨籍哲学教授郦全民认为，这一现象与诸暨的历史人文传统密切相关，值得深入研究，如何发掘这座哲学富矿，并使之为诸暨文化、经济、社会发展服务，也应成为一个新的课题，诸暨应该打响"中国哲学之乡"这一品牌。当天，华师大哲学系还向诸暨市委宣传部、市社科联赠送了《冯契文集》。华师大专家教授一行还赴诸暨市东和乡冯蔡村参观冯契故居,并前往大唐街道柱山村寻访冯契老师金岳霖的祖居。①

2020 年,学界关于冯契的中国哲学史研究、智慧说及其哲学思想研究的论文有十余篇。

林孝暸《论冯契的概念结构理论》[《江南大学学报(人文社会科学版)》2020 年第 6 期]一文认为,冯契的概念结构理论是一种概念整体论,其思想源自金岳霖。但与金岳霖主要从形式逻辑来理解概念结构不同,冯契则强调概念结构既遵循形式逻辑,也遵循辩证逻辑。冯契不仅将概念结构理论应用于广义认识论的建构,以解决"普遍有效的规律性知识何以可能"的问题,还将概念结构理论应用于中国哲学的研究,肯定了中国哲学有自身的逻辑范畴体系与逻辑发展进程。

柴文华、张灵馨《论冯契中国哲学史书写的特色》(《学术交流》2020 年第 3 期)一文认为,冯契是中国当代著名的哲学家和哲学史家,他独立完成了从孔夫子到毛泽东的中国哲学史书写,代表作包括《中国古代哲学的逻辑发展》和《中国近代哲学的革命进程》,是中国哲学史学科马克思主义化阶段的重要代表。冯契的中国哲学史书写有着自身的特色,他在厘定哲学和哲学史及其关系的基础上,坚持逻辑和历史相统一的基本方法,提出完整的圆圈说,并把智慧说贯穿于中国哲学史的研究和书写,彰显了中国哲学在世界哲学中的地位。

李维武《冯契中国哲学史研究的思想路径与内涵拓展》[《华东师范大学学报(哲学社会科学版)》2020 年第 2 期]一文认为,20 世纪 80 年代是中国哲学史研究范式的转换时期,冯契与李泽厚从各自对马克思主义哲学的不同理解出发,形成了中国哲学史研究的两个代表性个案。李泽厚主张"回到历史唯物论",而冯契则建构了"智慧说"。正是从"智慧说"出发,冯契的中国哲学史研究形成了独特的思想路径与内涵拓展,首先以"逻辑发展"阐明中国古代哲学史,继而以"革命进程"阐明中国近代哲学史,最后走向中国近代社会思潮史研究。

① 《纪念冯契诞辰 105 周年座谈会在诸暨召开》,《诸暨日报》2020 年 11 月 4 日。

刘梁剑《成性存存，自由之门：试论冯契对王夫之的哲学书写》[《华东师范大学学报（哲学社会科学版）》2020年第2期]一文认为，通过对冯契关于王夫之的哲学书写的考察，我们可以看出冯契的哲学史研究与哲学理论建构之间的史思互动的过程性：《中国古代哲学的逻辑发展》从初稿到刊行本的加工完善与《逻辑思维的辩证法》的撰写同步，二者之间存在复杂微妙的互动关系；冯契对王夫之成性说等方面的独到阐发逐渐从哲学史意义上的研究对象转变为"智慧说"内部的有机构成部分。与此同时，我们可以看到另一种史思互动：哲学之为哲学史的展开。冯契越来越自觉地通过自己的哲学运思接续中国近现代哲学的未济事业，参与到整个中国哲学传统第三个"圆圈"（荀子—王夫之—马克思主义中国化）的展开过程，拷问独断论如何克服，人的自由如何获得。就中国古代哲学传统而言，"智慧说"表彰荀子、张载、王夫之一系的气一元论，同时吸收陆王心学关于心体的因素，可以视为一种当代新气学。"智慧说"以开放的心态参与世界性的百家争鸣，其世界哲学的视域仍是当代中国学人需要消化的重要精神遗产。

戴兆国《论冯契智慧说的德性形而上学之维》[《江南大学学报（人文社会科学版）》2020年第6期]一文认为，探寻冯契智慧说的理论根基，离不开形而上学的反思。从德性形而上学角度可以揭示智慧说内蕴的丰富的理论面向。智慧说中性与天道关系的展开，以及广义认识论对成人指向的德性自觉的阐发，广义实践论对成人指向的德性自证的阐述，均显示了智慧说的德性形而上学维度。在一定意义上说，立足智慧说的德性形而上学维度，可以指明德性主体趋向自由的成人之路。

李洪卫《世界的逻辑构造与超越：冯契早期"智慧说"的思想进路初探》[《杭州师范大学学报（社会科学版）》2020年第3期]一文认为，冯契是中国现代思想史上最早直接提出"智慧说"并致力于此研究的哲学家。他把世界看成人们认识和理论构造的结果，现实世界中个体意见的纷纭对立是人们对世界进行逻辑结构化所造成的。他提出种类概念和元学概念、个体观念和元学观念，试图将概念的规范性转向观念的直觉和体验，尤其是通过元学观念的建构来实现既不脱离感觉的同时对整个器界把握的理解，实现从有量到无量到无限的把握。冯契除了借助逻辑的方式力图实现观念的自我转变,同时也阐释了运用去私涵养的方式来解除个人的偏私私利等对认识过程的干扰,这是他的"智慧说"会通中西的重要特征,并可见他与梁漱溟、冯友兰、牟宗三理性观念上的某些共性。

宋丽艳《论冯契的美学思想:从可能之域到智慧之境》[《江南大学学报(人文社会科学版)》2020 年第 6 期]一文认为,冯契的美学思想是中国 20 世纪下半叶以来重要的理论成果,其涵盖了认识论、伦理学和价值论等领域,呈现了冯契哲学的智慧之思。通过对冯契著作的全面研究,可以从三个逻辑层面把握他的美学思想:一是美的自由如何可能?对这一问题的回答可从"得"与"达"两个层面展开,分别体现在冯契的意境理论和意蕴理论中;二是美的价值如何澄明?这可从美的意义和自由两个存在之维予以思考;三是美的自由何以智慧?则需要探讨美与真善、美与智慧的内在关系。冯契的美学思想具有独特的理论品质和学术价值,展现了从可能之域到智慧之境的理论探索。

晋荣东《化理论为方法,化理论为德性:论冯契对课程思政的探索与实践》(《思想政治课研究》2020 年第 5 期)一文认为,冯契是当代中国著名哲学家,也是上海高校马克思主义理论教育的开拓者之一。他早在 1950 年代就提出课程思政的设想并进行了长期的探索与实践。他强调"通过各科教学来进行政治思想教育是全体教师的共同任务";主张"化理论为方法,化理论为德性",用以贯彻"理论联系实际"的方针,探索课程思政的实践路径;提出培养平民化的自由人格的基本途径并积极付诸课程思政的育人实践。这些探索与实践对于全面推进课程思政建设具有重要的理论指导意义和实践示范价值。

蔡志栋《儒学:思想资源抑或研究对象?——冯契与儒学关系新论》[《杭州师范大学学报(社会科学版)》2020 年第 3 期]一文认为,在新文化运动中被打的"孔家店"(儒学),在后"五四"时期的非儒家那里究竟只是下降为研究对象,还是仍然在一定程度上具有思想资源的意义?创造了"智慧说"哲学体系的冯契的探索可以给我们一定的启示。冯契早年在《智慧》一文中以庄论儒,儒家是其研究对象,而没有上升到思想资源的高度。晚年冯契虽然对正统派儒学颇多批评,但还是在两个紧要之处受到儒家的深刻影响：一个影响是王阳明、黄宗羲的"心无本体，功夫所至，即其本体"的本体功夫之辨对冯契强调天人积极互动关系的塑造；另一个影响是自由的道德行为的四要素（道德规范、理性自觉、意志自愿和情感自然）深深浸染于原始儒家的仁智统一原则，虽然冯契也承认道家也提供了自然原则，但儒家更加完备地提供了四要素。严格地说，在冯契那里，儒家作为研究对象和思想资源有的时候颇难区分，但以上两点大概主要是以思想资源的面貌发挥作用。这从一个角度显示了儒学中的优秀成分对于新的哲学构建的积极作用。

刘明诗《冯契对"中国向何处去"问题的哲学回应》（《马克思主义哲学研究》辑刊，2020 年卷）一文指出，冯契构建的智慧说哲学体系，以实践唯物主义为理论指导，从历史观、认识论、方法论三大哲学层面系统地表达了自己对于"中国向何处去"问题的深沉思考，被学术界称为改革开放后出现的中国马克思主义哲学体系的新形态。在历史观方面，冯契回答了哲学史的含义、中国传统哲学和近代哲学的发展、中国传统哲学的现代化等问题；在认识论方面，冯契提出四大认识论基本问题，在中西对比中阐明了中国哲学的独特价值；在方法论方面，冯契提出"化理论为方法"，阐明了富有民族特色的辩证逻辑。

韩旭《中国传统"成人"视域下冯契"平民化的自由人格"思想形成》[《齐齐哈尔大学学报（哲学社会科学版）》2020 年第 4 期]一文认为，中国古代从"成人之道"对理想人格进行了考察，而近代则从"新人"学说来探讨之。这些学说既存在其合理之处，同时也不免有许多糟粕的内容。冯契通过对中国传统人学思想的宏观把握，经由对"复性说"和"成性说"的会通、从传统"成人之道"中探寻自由人格的真谛、从近代"新人"中汲取自由个性力量的阐释，在实践唯物主义指导下运用科学分析的方法对这些理想人格学说进行了系统的审视和研究，通过现代性转换，提出了独具特色的"平民化的自由人格"思想。

六、王蘧常研究

2020 年 6 月 26 日，是著名文史学家、书法家王蘧常先生 120 周年诞辰之日。由复旦大学哲学学院、王蘧常研究会、复旦大学上海儒学院、复旦大学书法篆刻研究会联合主办的"纪念王蘧常先生诞辰 120 周年座谈会"在复旦求是进修学院召开。来自学术界、艺术界、媒体界 30 余人相聚一堂，共同缅怀王蘧常先生的道德文章和音容行止。王蘧常研究会理事长、复旦大学哲学学院院长孙向晨在致辞中指出，王蘧常先生是国学界的一代巨儒，也是复旦哲学学院中国哲学学科的创始人。他认为，要从中国思想文化传统的脉络中把握王蘧常先生的学术地位。创办于 1920 年底的无锡国专曾是国学研究重镇，以唐文治、王蘧常先生为代表的南派国学强调"修道立教"，为传承和复兴国学传统作出巨大贡献。继承和推进王蘧常先生国学复兴的事业，在新时代中国传统文化复兴的背景下具有重要意义。座谈会上还举行了"《王蘧常文集》和《蘧草法帖》新书发布仪式"。①

2020 年 12 月 6 日，由嘉兴市文化广电旅游局主办的"王蘧常先生 120 周年诞辰纪念座谈会"在王蘧常先生的家乡——浙江嘉兴举行。王蘧常先生的一生，不仅留下了丰硕的学问和艺术成果，更以其高尚的气节和品格为后人作出垂范。座谈会上，王蘧常后人同来自北京、上海等地的专家学者，以及嘉兴本地的文化人士，一起深入探讨了王蘧常先生在经史、诗学和书学等方面的精深造诣和学术成就。与会学者认为，现在人们纪念王蘧常先生，不仅仅是纪念他一个人，而是追忆缅怀他所在的那个时代的文人学者。他们的学问、人格、师道、才艺都是中国传统文化的宝贵遗产。现在的纪念，就是为了传承，为了弘扬。②

2020 年，学界研究王蘧常生平事迹及其书法的论文主要有：

---

① 《纪念王蘧常先生诞辰 120 周年座谈会》，《美术报》2020 年 7 月 4 日。
② 《"书迹心迹，山高水长"：王蘧常诞辰 120 周年纪念座谈》，澎湃新闻，2020 年 12 月 9 日。

韩立平的《王蘧常致王国维信札琐谈》（《大学书法》2020 年第 6 期），王培南的《笔走龙蛇 气吞山河：王蘧常先生琐忆》（《大学书法》2020 年第 6 期），林砚的《浅谈王蘧常"章草"书法的艺术审美特性》（《中国文艺家》2020 年第 6 期），王兴孙的《真迹力久 毋走常蹊：关于我父亲王蘧常尺牍集〈蘧草法帖〉》（《书与画》2020 年第 8 期），王运天的《不求一时誉当期千载知：我所知道的王蘧常老师》（《书与画》2020 年第 8 期），刘彦湖的《海水倒激浙江潮：王蘧常书学散论》（《中国书法》2020 年第 9 期），郭建中、王运天的《王蘧常书学分期和晚期书法》（《中国书法》2020 年第 9 期），李一的《书法史上的王蘧常》（《中国书法》2020 年第 9 期），朱涛的《沈曾植与王蘧常门风承传的同与异》（《书法》2020 年第 10 期）。

通览 2020 年学界关于现当代"浙学"研究的最新成果，可以发现何炳松、范文澜的史学，金岳霖、冯契的哲学研究是史学界、哲学界关注的热点。2020 年是金岳霖先生诞辰 125 周年、王蘧常先生诞辰 120 周年、冯契先生诞辰 105 周年，为纪念这三位浙籍哲学家，上海、浙江的哲学社科界通过举办学术研讨、专家座谈、考察故居的形式，缅怀并纪念这三位先生的哲学成就。这也启示我们，在"长三角一体化"的新时代，浙江学术界应主动与上海学术界加强联系互动，尤其是"浙学"研究的深度开展与当代"浙学学派"的建构，有必要也需要借助上海社科界（尤其是浙籍学者）的学术资源，围绕相关专题开展联合研究。

第九章　浙江名山名水与地域文化研究

　　我们所倡导的"大浙学"理念,不仅包括"浙学"创生的主体——"浙人、浙事、浙著(文)",以及由此衍生的"浙派、浙史、浙学",还应包括"浙学"赖以创生的物质载体诸如"浙山、浙水、浙地(两浙地区)"孕育而生的地域文化。浙江的山是历史文化名山,比如天台山(和合)文化、雁荡山(历史)文化、天目山(历史)文化、四明山(历史)文化、天姥山(唐诗)文化等;浙江境内以江河湖泊为代表的水文化,也是有历史底蕴与文化渊源的,比如钱塘江文化、西湖文化、湘湖文化、日湖文化、月湖文化、楠溪江文化、京杭大运河文化、西溪湿地文化、南湖文化等;浙江还拥有数量不少的历史源远流长、古城格局完整、文化遗存丰富、人文底蕴深厚的国家级历史文化名城(包括名镇古村落),诸如杭州、绍兴、宁波、衢州、临海、金华、嘉兴、湖州、温州、龙泉,由此而衍生出"杭州学""温州学""越学""婺学""湖学"等富有地域特色的历史文化。简言之,浙江的山、水、地域文化,也是"大浙学"的重要组成部分。

　　兹把 2020 年学界关于浙水、浙山、两浙地域文化的学术研究成果总结如下。

第一节　浙江水文化研究

　　浙江境内以江河湖泊为主的水文化的学术研究主要集中体现为:杭州的西湖文化、湘湖文化、钱塘江文化、富春江文化、京杭大运河文化、西溪湿地文化,以及宁波的日湖文化、月湖文化,温州的楠溪江文化等。

一、杭州西湖文化研究

2020 年,杭州西湖文化研究的论文有 10 余篇。

王欣、何嘉丽《杭州西湖"公园化"历史及文化变迁研究》（《中国名城》2020 年第 3 期）一文简述西湖随着杭州城市发展,从城郊风景游览地到城市公共园林的发展过程。考虑地域自然人文历史背景,综合文献记载和地图资料,还原近代以来杭州西湖的三次"公园化"历史进程,即民国时期的湖城融合,1949 年以后的人民公园化改造和 21 世纪初的公园城市建设。

何嘉丽《20 世纪 50 年代杭州西湖风景园林建设历史研究》（浙江农林大学硕士学位论文,2020 年 5 月）一文认为,杭州西湖园林生发于深厚的中国传统文化,在近现代的建设中,经历了从城郊公共园林到"公园城市"的转变,尤其在 20 世纪 50 年代,受到"系统学习苏联经验"和"积极探索民族形式"一对矛盾意识形态的深刻影响,从而产生了一套全新的、以"实用性与艺术性"相结合的实践方法论。

张昱朔《"八景"山水文化景观研究:以"西湖十景"为例》（《建筑与文化》2020 年第 3 期）一文介绍了"八景"的文化缘起,进而分析"西湖十景"的景观特性、景观文化内涵及其影响价值。

舒乙、赵洋《论明清"西湖小说"的文化渊源及对后世同类题材的影响》（《明清小说研究》2020 年第 3 期）一文认为,时空书写的流变是明清西湖小说形成的重要文化渊源。西湖小说从宋元肇始,于明代达到鼎盛后至清衰落,其时空书写的流变从侧面昭示了西湖小说的演变轨迹。明清以来,西湖小说空间书写日渐僵化,空间视点慢慢移位,历史时间书写逐渐增多,民俗时间书写日益减少,艺术价值逐渐降低。这种变化与杭州历史地位下降、西湖地理景观变迁和小说创作风格的变化有关。同时,明清西湖小说以其独特的题材类型一直被沿用和因袭,随时间推移,其文体形式也得到丰富和拓展。

杨嫣燕、陈立《基于碑刻艺术的杭州文化传承与发展：以西湖景区内的碑刻为例》（《文化创新比较研究》2020 年第 29 期）一文认为，杭州的碑刻记录了杭州悠久而灿烂的历史，是记史叙实的重要载体，是反映一个城市的变迁和文明的传播的主要媒介，蕴藏着丰富的文化内涵和卓越的审美价值，在当下仍有重要意义。

叶丹《杭州西湖虎跑"虎跑十景"考证研究》（《浙江园林》2019 年第 3 期）一文认为，虎跑是杭州西湖文化景观遗产的重要组成部分，历史上有"天下第三泉"的美誉。清末民初时，虎跑形成"一山双寺"的景观格局，随后，时人又从不同视角分别品题编纂了"虎跑佛祖藏殿十景"和"虎跑定慧寺十景"。这部分史料高度概括了虎跑的林泉资源和风景文化特色。

何嘉丽、王欣《钱塘苏小小墓与杭州西湖女性风景》（《园林》2020 年第 3 期）一文认为，南朝名伎苏小小之墓是杭州西湖女性风景的典型代表，历代文人追思拜谒苏小小墓，共同构建了"西泠桥畔苏小小"这一形象。苏小小文学形象依托西泠风景空间的演进而不断丰满，形成了"创作—解读—重构"的风景欣赏模式，成为人们寄情于景、借景抒情的最好例证，同时形成了具有集体认同的风景空间，所谓"景物因人成胜概"。

二、萧山湘湖文化研究

2020 年的湘湖文化研究，主要围绕"湘湖学"命题之成立及湘湖开发史展开。

陈志根《论湘湖学的研究及其发展》（《浙江水利水电学院学报》2020 年第 3 期）一文指出，20 世纪 90 年代以来，特别是 21 世纪初"湘湖学"概念提出后，湘湖学的研究队伍日益扩大，研究成果丰硕，研究学派初显雏形，研究特点日益显明。湘湖学构建的进一步合理和更为迅速的发展，需要营造更为良好的学术氛围；继续强化学术团体、专家、学者的文化自觉；培养年轻的湘湖学人才，扩大研究队伍；拓宽研究湘湖学的思路、理论和方法；同时通过信息系统的介入加强对湘湖学研究的支持。

李金佳《民国时期湘湖"再造"之路及其社会的演变》（上海师范大学硕士学位

论文,2020 年 5 月)一文认为,湘湖自北宋政和年间被人工"制造"以来,其相关的史料记载与研究论著层出不穷,北宋至民国都保留了一系列资料,这也为今天研究湘湖提供了支持。传统的湘湖研究多在于湘湖自然地理、利益纷争、水利建设、社会关系等方面,时段上主要集中在民国以前,而民国时期的湘湖研究并不多见,也尚不深入。事实上,由于民国的时代特殊性,导致湘湖在这一时期的发展也具有鲜明的时代印记。

三、钱塘江文化研究

徐若楠《钱塘江诗路上的江潮文化》(《今古文创》2020 年第 43 期)一文认为,钱塘江不仅是浙江的"母亲河",更是"历史之江""诗意之江"。"钱塘江诗路"是以"新安江—富春江—钱塘江"为主线的一条文化旅游路线,它以"诗"为灵魂,以"路"为载体,自然景观与人文底蕴相交织。

李飞孟《杭州钱塘江文化保护发展路径与效应研究》(《中国集体经济》2020 年第 17 期)一文认为,钱塘江是浙江和杭州的"母亲河",进入新时代以来,钱塘江流域发生着日新月异的变化,已成为"中国样板、浙江实践、杭州经验"的标志性区域。推进钱塘江文化的保护与发展,是杭州全面落实拥江发展行动、文化兴盛行动的有力抓手,也是杭州加快文旅融合、推进文化产业持续快速发展的重要举措。

章垠《钱塘江流域文化治理路径与建议:以杭州市江干区为例》(《浙江水利水电学院学报》2020 年第 4 期)一文认为,目前钱塘江流域文化治理主要存在条块各自为政、缺乏特色文化产品和产业等问题。钱塘江流域文化建设核心应该放在江干区,建议成立钱塘江文化建设专家委员会,打造钱塘江文化长廊露天博物馆,借势起飞,通河达海,建设钱塘江围垦和"堡"文化公园等。

四、富春江文化研究

2020年，不见有研究富春江文化的专论。

五、京杭大运河文化研究

本报告关注的"京杭大运河文化"主要侧重浙江境内杭州、绍兴、宁波段的大运河文化。

2020年，与浙江境内大运河有关联的研究论文主要有：丘萍、张鹏的《地方认同与世界遗产保护意愿研究：以京杭大运河杭州段为例》[《首都师范大学学报（自然科学版）》2020年第2期]，赵豫云的《论陆游乡居诗与宋代戏剧：以浙东运河、鉴湖流域为中心》[《绍兴文理学院学报（人文社会科学）》2020年第6期]，李维松的《浙东运河萧山段沿岸宗谱资源人文价值及其开发利用》（《创意城市学刊》辑刊，2020年卷），丘勤的《从西兴到柯桥浙东运河古纤道》（《旅游》2020年第9期），林若枫的《京杭大运河与古代杭州城市的发展关系》（《炎黄地理》2020年第4期），蓝杰的《中国大运河（杭州段）文化带文史档案利用思考》（《中国档案》2020年第7期）。

六、杭州西溪湿地文化研究

2020年，研究西溪湿地文化的专论有：张德强的《烟锁雾迷西溪湿地：令人迷醉的人间天堂》[《决策探索（上）》2020年第5期]，谢宏的《亦诗亦画十五载，烟雨西溪金玉碧：浅谈杭州西溪湿地的生态保护和利用之路》（《浙江国土资源》2020年第7期），余君的《差异化和可持续：新时代美丽杭州建设的实践思考——以杭州西溪湿地为例》（《杭州》2020年第11期）。

七、宁波月湖文化研究

2020 年的月湖文化研究论文有 1 篇：张忠汉的《打造天一阁·月湖著名景区的对策与建议》（《宁波通讯》2020 年第 15 期）。

八、温州楠溪江文化研究

2020 年学界同仁围绕楠溪江文化撰写的论文主要有：赵晓梦的《谢灵运的楠溪江》（《环球人文地理》2020 年第 11 期），朱佳丽的《楠溪江传统村落的景观格局探析：以温州市永嘉县岩头镇苍坡村为例》（《大众科学》2020 年第 6 期），朱芷璇、胡剑忠的《楠溪江苍坡村文化景观优化设计研究》（《设计艺术研究》2020 年第 5 期），阿丽的《楠溪江：陶渊明笔下的"古朴天堂"》（《中国地名》2020 年第 9 期）。

九、嘉兴南湖文化研究

2020 年的嘉兴南湖文化研究论文有：吕建华的《南湖烟雨情：从上海石库门到嘉兴南湖红船》（《党建》2020 年第 7 期），刘鹏林的《基于嘉兴南湖文化特征的丝巾产品设计研究》（《设计》2020 年第 24 期），金婷的《新媒体视域下红色旅游资源的开发与推广：以嘉兴南湖为例》（《现代商业》2020 年第 16 期）。

第二节　浙江名山文化研究

浙江境内的文化名山主要有宁波四明山、雪窦山，绍兴会稽山、天姥山，台州天台山，临安天目山，温州雁荡山，舟山普陀山等，其历史文化底蕴多为儒、释、道三教文化，以及历代文化名人对这些文化名山的吟咏歌颂。兹把 2020 年学界同仁围绕上述名山文化而撰写的论著梳理如下。

何方形《浙江山水文化史》（浙江大学出版社 2020 年 5 月版）一书，以史为线索，以作家作品为基点，全面展开时代审美思潮、作家生平、诗文创作的精神蕴涵、艺术拓展与旅游文化资源的综合论述，突出在中国山水文学史上有重要地位的谢灵运、陆游、王士性、齐周华、袁枚等浙籍作家的创作成就，展现"唐诗之路"的特有魅力，揭示出历史与时代对山水文学的客观限定等状况，在不同层面的对比中凸显浙江作为全国旅游资源大省和拥有悠久灿烂的山水文学的历史地位，努力构建起浙江山水审美文化的立体格局。

一、会稽山历史文化研究

2020 年学界发表的与会稽山历史文化有关的论文有：罗莎的《大禹与会稽山》（《中国会计报》2020 年 12 月 4 日），向雨柔、沈世伟的《全球重要农业文化遗产绍兴会稽山古香榧群的旅游开发研究》（《现代化农业》2020 年第 1 期），孙小红等人的《基于会稽山古香榧林和新香榧林土壤环境的香榧籽品质分析》［《武汉大学学报（理学版）》2020 年第 1 期］。

二、天姥山唐诗文化研究

2020 年学界发表的与天姥山唐诗文化有关的论文有：孙卫峰的《一座天姥山，半部全唐诗：天姥山唐诗之路》（《炎黄地理》2020 年第 2 期），李玲洁的《大花园建设背景下天姥山旅游文化挖掘及开发路径：基于文本语义分析》［《浙江树人大学学报（人文社会科学）》2020 年第 3 期］。

三、天台山和合文化研究

2020年学界关于天台山文化研究的论著有十余种。

"天台山和合文化研究丛书"（浙江人民出版社2020年11月版），由《天台山和合文化研究文献索引》《天台山和合文化概论》《天台山和合文化史》《天台山和合文化的"跨域"传播》《天台山和合文化当代价值研究》五部书组成。

杨供法《天台山和合文化研究文献索引》一书，以目录学信息展现了天台山文化的和合属性，为"和合圣地"提供了文献学证据。另外，该书还以较完整的外文目录，展现了天台山文化与东亚文化尤其是日本文化的密切联系。

何善蒙、陈锐钢《天台山和合文化概论》一书，对近三十年来天台山文化研究进行了整体梳理，并围绕天台山文化的本质特征及天台山和合文化的文化渊源、内涵、地位和当代价值问题，进行了有价值的讨论。

张燕《天台山和合文化史》一书，以时间为经，以儒、释、道和合为纬，考察天台山和合文化的形成、发展、兴盛、转型与复兴之历程。将天台山和合文化置于区域文化的发展地位，结合天台山地理形胜、历史发展两个维度去挖掘与阐释和合文化产生和发展的机理。同时，该书考察了天台山和合文化转型的表现、过程与结果，试图还原天台山和合文化发展演变的历程与规律，为全面、深刻地认识天台山和合文化的历史价值，中华和合文化的创造性转化、创新性发展提供了一个参考。

屈啸宇、郝金广、孙明辉《天台山和合文化的"跨域"传播》一书指出，天台山绝不仅仅是"和合"作为一个具体文化象征的关键生发地。从自身联合山海，连通共融的人文地理特质与区域历史发展脉络，到多元一体、融会一体的区域文化生态特征，再到天台山"和合"文化形象结合多样化文化要素的创生方式，直到不拘一地，跨越具体民族、文化与国家界限，在西太平洋文化圈中形成的多渠道、多面向的传播方式，天台山既在中华和合文化的创生、发展与传播过程中具有独特地位，又是以一隅之地出发，从不同层面观察和研究中华和合文化"多元一体"特性的历史发展脉络、文化生态内涵与区域传播影响的绝好案例。

杨供法、王廷婷《天台山和合文化当代价值研究》一书,从文化生态、宗教思想、经济创新、协商民主、司法实践、城市精神等各个方面,阐释天台山和合文化的当代价值。

梁立新《天台山与文化的交响》(《文化交流》2020 年第 12 期)一文认为,天台山已经超越了地理意义上的一座山,成为山水与文化紧密相连的一个文化符号,成为一座内涵丰富的文化圣山。

李伟强《"和合"文化的传承与应用:天台山风景名胜区旅游集散中心区景观规划设计实践》(《中国园林》2020 年第 2 期)一文以天台山旅游集散中心区为例,提出"和合而生"的理念,通过"和合"的空间布局与结构、"和合"的环境保护与开发、"和合"的文化融合与再现、"和合"的人地关系与效益四方面的建设策略,进而塑造天台山旅游新门户形象。

郑青青等《道在山林,周弥六合:浙东天台山"洞天福地"的山岳景观流变及文化意象研究》(《中国园林》2020 年第 12 期)一文从天台山"神仙之乡"的文化背景出发,从"想象与实践"的视角切入,梳理了天台山洞天福地的景观流变:分析其"不死之福庭"地域性景观的形成经历了"赤城→桐柏"的信仰转移过程;以天台山为坐标,洞天福地格局打破了区域"层级"分布特征,而呈现大范围"州郡"空间格局。

张天星《近现代浙江天台山游记的主要特点及价值》(《台州学院学报》2020 年第 4 期)一文认为,从载体上看,近现代浙江天台山游记主要刊载于报刊;从作者身份上看,以民国文化界名流居多;从时间分布上看,以 1934 年至 1937 年较集中。报刊浩繁、查阅不便,这是近现代天台山游记未能较多地进入当今研究者和读者视域的根本原因。近现代天台山游记在审美特征上表现出较强的时代性和现代性,既是了解和研究近现代台州、浙江自然人文景观和社会历史的珍贵资料,也是天台山厚重历史文化和丰富文化旅游资源的重要组成部分。

四、天目山历史文化研究

2020 年,不见与天目山历史文化有关的论文。

五、雁荡山历史文化研究

2020 年,学界发表的与雁荡山历史文化有关的论文有:瞿乐夫的《十大名山公园:雁荡山海上名山天下奇秀》(《浙江画报》2020 年第 11 期),叶君奋的《雁荡山》(《中国摄影家》2020 年第 6 期),沈妍的《"东南第一山":雁荡山》(《百科知识》2020 年第 13 期)。

第三节　浙江地域文化研究

本报告所言"浙江地域文化"主要指"杭州学""温州学""越学""婺学""湖学"等富有浙江省内地域文化标识的思想学术。此外,浙江境内也有数量众多的古镇古村落,也由此衍生出文化内涵丰富、历史底蕴深厚的古镇古村落文化。

一、"杭州学"与杭州历史文化研究

2020 年的"杭州学"研究主要围绕杭州历史文化的内涵而展开。

《杭州优秀传统文化丛书》(共 100 种,杭州出版社 2020 年 9 月版),首批发行了 20 种:姜青青《从京城走向天城》、高梁《众里寻他千百度》、汪泉《闲云出岫望黄公》、简墨《文心锦绣照湖山》、指尖《一色千年》、梁易《老底子逸事》、毕晓燕《启明之路》、姜青青《山水之间帝王家》、陈华胜《一座城市的精神传记》、罗鸿《此地有名》、刘晓伟《走遍街巷》、王海侠《一梦归去向天堂》、陈博君《一曲溪流一曲烟》、李郁葱

《江南忆，最忆白乐天》、朱睦卿《山高水长严州府》、王姝《千年市集声》、庞惊涛《青山流水读书声》、王益庸《梦回钱塘的孙权》、祝雪梅《灯谜猜不透》、沈荣《良臣别传》。2020 年 9 月 25 日，"《杭州优秀传统文化丛书》首发仪式"举行。

周膺、吴晶《杭州文化史》（中国社会科学出版社 2020 年 12 月版）系《杭州历史文化研究丛书》之一种，以扎实的文献史料，对杭州历史文化、思想学术发展史予以宏观描述，可谓填补学术空白之作。该书以观念为主轴和路标、以异在文化与原在文化的融合冲突为基本线索为杭州文化史构形，全书分"地缘文化集成与中国文明的起源""先宋思想文化交织与地缘文化主体再造""宋代新社会主体确立与思想文化近世化""元明清思想文化次近世化""晚清民国思想文化现代性转换"等五大部分。著者在研究杭州历史后有一种基本感受，杭州之所以有今天，千百年以前已经种下了"根"，这个"根"或"因"最恰当的表达是综合性概念"杭州历史文化"。

2020 年，与杭州历史文化研究相关的论文有：王羽佳的《丝绸产品的视觉符号对杭州南宋文化资源传播的应用研究》（《艺术教育》2020 年第 1 期），元小佩的《杭州城市文化现状的调查与分析》（《温州职业技术学院学报》2020 年第 1 期），梧桐的《最杭州的街巷记忆》（《浙江人大》2020 年第 7 期），夏凯、孙以栋的《生态博物馆视角下南宋皇城大遗址保护发展研究》（《文化学刊》2020 年第 5 期），韦金宏的《杭州人文纪录片的文化基因与影像表达》（浙江师范大学硕士学位论文，2020 年 5 月）。

二、宁波历史文化研究

2020 年，与宁波历史文化研究有关的论文有：包小云的《浙东文化传承与宁波文化标识建设的若干思考》（《边疆经济与文化》2020 年第 10 期），许广通等人的《历史文化名村的非整体性问题与整体应对逻辑：基于宁波地区规划实践的启示》（《建筑学报》2020 年第 2 期），李海雅等人的《浙东文化影响下宁波历史文化空间建设的探究》（《建筑与文化》2020 年第 10 期），朱友君的《以王阳明 IP 集群构建宁波历史文化新地标》（《宁波通讯》2020 年第 21 期），黄小华、邵月云的《阳明文化符号介入城市可持续发展的价值研究：以宁波文化可持续发展为例》[《美与时代（城市版）》2020 年第 4 期]，陈依元的《多途径增强宁波文化影响力》（《宁波日报》2020 年 5 月 21 日）。

三、"温州学"与温州历史文化研究

潘忠强主编《"我与温州学研究"学术自传》（厦门大学出版社 2020 年 11 月版）一书，是三十位有关"温州学研究"的学者的学术自传合集。他们中有从事乡邦文献整理研究、民俗文化、温州历史研究和党史研究、温州人与温州人文精神研究、乐清地域文化、华侨史研究与侨乡研究等。学术自传是他们与自己所在研究领域的一个学术回顾，具有一定的史料意义。

温州市图书馆编、卢礼阳主编《温州历史文献集刊（第五辑）》（黄山书社 2020 年 8 月版）一书，按照收录文献资料的题材分为专题、日记、书札、年谱、考述、文集、专著、拾遗、目录等九项，如专题，以玉海楼三代主人孙衣言、孙诒让、孙孟晋的著述或生平资料为主线，集中发表五组文章，即《永嘉学案》《孙衣言致陆心源书四通》《我所认识的孙仲容先生》《孙孟晋遗作七篇》《孙孟晋档案一组》，尤饶有深意的是，晚清学者孙衣言所撰《永嘉学案》，可窥见宋明以来的永嘉思想在晚清经世致用呼声中的余响。

胡珠生著《温州古代史》（辽宁人民出版社 2020 年 6 月版）一书，共 82 万字，分为先秦时期的温州、建郡以前的温州、南宋时期的温州等九个篇章。2000 年，胡珠生《温州近代史》一书的出版填补了温州近代无"史"的空白，该书也是浙江省第一部近代地方史专著。2020 年 7 月 17 日，"《温州古代史》发行式暨研讨会"在温州博物馆举行，近 50 位温州文史名家对该著进行研讨，认为《温州古代史》是大家盼望已久的书，将温州历史脉络整理得非常清晰，内容丰富，扎实厚重，填补了温州古代史书的空白，也为今后文史研究树立了榜样。

陈增杰著《宋元明温州诗话》(厦门大学出版社 2020 年 7 月版)一书,为"温州学研究丛书"之一种。这是继他的《永嘉四灵诗集》《林景熙集校注》《唐人律诗笺注集评》《李孝光集校注》《唐诗志疑录》《豁蒙楼散稿》之后的又一力作。该书采用锺嵘与欧阳修开创的"诗话"体裁,以随笔的手法,对自宋代周行己至明初卓敬等温籍三十多位诗家的创作及代表作进行系统的深入浅出的评介与探讨。

孙良好、吴红涛等著《文学的温州:温籍现当代作家作品研究(增订本)》(浙江大学出版社 2020 年 6 月版)一书为 2012 年版增订本,整合已有研究成果,深入开掘未被重视的作家作品,使温州现当代文学景观得以充分凸显。在此基础上,探究每个作家对中国现当代文学的独特贡献及其创作与温州文化千丝万缕的关系,让温州本地人对自己脚下的土地有更形象生动的理解,让外地人对温州有不同于商业热土的崭新认识。

2020 年,温州历史文化综合研究的论文有:洪振宁的《温州文化血脉与人文特色的再认识》(《温州职业技术学院学报》2020 年第 4 期),章会的《城市历史文化遗产保护的路径:以温州市鹿城区历史文化街区建设为例》(《温州职业技术学院学报》2020 年第 4 期),高启新的《历史文化名城价值与特色的植入和兼容:以温州为例》(《温州职业技术学院学报》2020 年第 4 期)。

四、绍兴历史文化研究

2020 年,绍兴历史文化综合研究的论文有:马卫光的《流淌着的历史文化与人文情怀》(《绍兴日报》2020 年 1 月 7 日),周能兵的《东亚文化之都绍兴:登上世界文化的高峰》(《文化月刊》2020 年第 12 期),严皎婕的《绍兴老字号品牌文化发展研究》(《合作经济与科技》2020 年第 3 期),虞挺的《文化产业背景下的兰亭历史文化资源优势探究》(《文化产业》2020 年第 6 期),彭俊等人的《古城功能疏解及实施对策研究:以绍兴古城为例》(《城市观察》2020 年第 2 期),何俊杰的《绍兴:文化遗产的荣光与梦想》(《绍兴日报》2020 年 6 月 7 日),钱入深的《绍兴名人文化资源保护利用研究》（《江南论坛》2020 年第 10 期），杨舟等人的《长三角一体化背景下绍兴历史文化街区的转型升级研究》（《今古文创》2020 年第 29 期）。

五、湖州历史文化研究

沈晓艳《地方高校学报特色栏目建设的三个维度：以"湖州研究"栏目为例》[盐城工学院学报（社会科学版）》2020 年第 2 期]一文指出，《湖州职业技术学院学报》自创刊以来，筚路蓝缕，不忘初心，始终关注湖州地方研究，坚持办好每一期的"湖州研究"特色栏目。17 年来，"湖州研究"栏目坚持依托学校学科特色，突出湖州地方经济特点和时代特征，传承弘扬湖州地方历史文化，积淀了 234 篇（截至 2019 年 12 月）直接研究湖州地方经济文化的文献资料，成为《湖职学报》的核心栏目，得到学报广大作者、读者和专家认可，受到当地政府、社会各界和学报同仁好评，为湖州经济社会发展贡献了地方学术的社会价值。

六、嘉兴历史文化研究

2020 年 10 月 10 日，重大地方文化研究工程"《嘉兴文献丛书》编纂出版项目发布会"在嘉兴学院召开，该项目工程计划用 5 年时间，出版嘉兴文献典籍 300 册，建构起生动丰富、蔚为大观的"文化嘉兴"。《嘉兴文献丛书》是嘉兴迄今规模最大、学术体系最完备、嘉兴文化元素最全的大型地方文献总集。《嘉兴文献丛书》的编纂旨趣首先在于保存地方文献，传承文脉。其收录范围主要有：现存现行行政区域内，嘉兴籍人士所撰、编、辑佚之著作；虽非嘉兴籍，但寓居嘉兴人士所撰、编、辑佚之著作；现存虽非嘉兴籍人士所著，但主要内容反映嘉兴之著述等。所收文献以 1912 年前出版或形成者为主，酌收其后文献中具特别价值者，内容涵盖政治、经济、历史、地理、文化、教育、社会风俗等诸方面。①

　　岳钦韬主编《嘉兴近现代丛书》(35 册,国家图书馆出版社 2020 年 7 月版),是嘉兴市一部大型历史文献汇编,汇集了我国、美国、日本、英国等档案馆、图书馆、博物馆以及私人手中反映近现代嘉兴政治、经济、文化、教育、社会、生态等各领域情况的重要且稀见的革命进步刊物和图书。丛书共计收录 200 余种文献,大多数文献系首次影印出版,具有较高的史料价值和学术价值。这些资料记录了近现代嘉兴的革命历程和社会变迁,可为党史、社会史、地方史研究提供参考和借鉴。

　　《桐乡历史文化丛书》(第 4 辑,华文出版社出版 2020 年 6 月版),由《张琴秋传》《孔另境传》《严独鹤传》《徐自华传》《吴之振传》五种组成,向社会各界完整、真实地展现了张琴秋、孔另境、严独鹤、徐自华、吴之振这五位具有重要影响和突出贡献的革命前辈和文化名人的风采。据悉,《桐乡历史文化丛书》是桐乡市近年来一项重要的文化工程,启动于 2010 年,至 2020 年已完成了 4 辑 20 册的编纂和出版,取得了良好反响和丰硕成果。

　　2020 年嘉兴历史文化综合研究的论文有:朱烁谕的《嘉兴打造国际化品质江南水乡文化名城路径研究》(《农村经济与科技》2020 年第 4 期),杨琳琳的《大运河文化带建设的实践与思考:以嘉兴市秀洲区为例》(《江南论坛》2020 年第 4 期),王滢、罗兰的《嘉兴古城风貌与传统建筑文化资源整合提升研究》(《建筑与文化》2020 年第 5 期),章瑾、司舵的《双魁巷的历史文化传承与区域更新保护研究》(《中国房地产》2020 年第 21 期)。

七、“婺学”“婺文化”与金华历史文化研究

　　义乌市人民政府、浙江大学文献集成编纂中心主编《义乌文史读本系列丛书》

_____

　　① 《〈嘉兴文献丛书〉编纂出版项目发布会在嘉兴召开》,嘉兴学院新闻网,2020 年 10 月 12 日。

（浙江文艺出版社 2020 年 12 月版），包括《义乌文史读本》普及版、拓展版及《义乌名家名篇导读》三种，发掘提炼义乌优秀历史文化中最精华、最经典的部分，让历史文化经典、史乘、文集、笔记走到最广大的人民群众中间，打造各年龄段市民喜爱的乡土文化教材。

2020 年，"婺学"与金华历史文化综合研究的论文有数篇。

熊恺妮《从学派到文派：婺学与婺州文派的形成》[《湖北理工学院学报（人文社会科学版）》2020 年第 3 期]一文认为，南宋时期，婺州学派主要包括以朱熹为代表的朱学、以吕祖谦为代表的吕学、以陈亮为代表的事功学。婺学的发展瓶颈与婺人的崇文倾向催生了婺州文派，主要成员黄溍、柳贯、吴莱、宋濂、王祎、戴良、胡翰、苏伯衡、方孝孺、王绅等交游密切，继承了婺学传统，形成了相同的散文理论与相近的创作风格，并在散文创作上取得了突出的成就。

施晴《南宋婺州士人潘良贵研究》（浙江师范大学硕士学位论文，2020 年 5 月）一文认为，南宋士人潘良贵历仕徽、钦、高宗三朝，他秉直上谏，不避权贵，清苦贫约，志节刚毅，上承正统儒学，下启乡邦的理学文化，在"婺学"草昧期贡献了自己的力量。

詹科《金华古塔的历史渊源及审美文化研究》（《山西建筑》2020 年第 23 期）一文认为，金华万佛塔传承了千年的文化底蕴，承载了老一辈金华人的精神信仰，其文化价值非同凡响。该文从万佛塔的历史渊源着手，分析了古塔的前世今生，并从审美文化的角度阐述了万佛塔的神秘性、实用性以及艺术性。

八、衢州历史文化研究

衢州紧紧围绕习近平总书记在浙江工作期间提出的"让南孔文化重重落地"的重要嘱托，做到"三个打通"：南孔古城复兴与南孔文化复兴两者打通，全国文明城市创建与城市品牌打造两者打通，文化事业与文化产业两者打通，留住城市的根和魂。通过"三个打通"，南孔文化开始潜移默化影响衢州人的自我修为与处世标准，并在不断的探索与实践中历久弥新、焕发新机，让衢州这座千年古城真正成为一个令人心生向往的最温暖的地方。

2020 年，衢州历史文化综合研究的论文有：马丽敏的《历史文化要素在城市品牌建构中的联想与转换：以城市品牌"南孔圣地·衢州有礼"为例》(《社科纵横》2020 年第 1 期)，邓颖迪、孙以栋的《历史文化街区活力营造研究：以衢州水亭门历史文化街区为例》(《建筑与文化》2020 年第 6 期)，莫皓然、郑攀的《传播学视角下忠孝历史文化外宣的困境与对策研究：以衢州周宣灵王庙与赵抃祠为例》(《新闻传播》2020 年第 22 期)，盛春艳的《衢州地域文化融入高职院校校园文化的实践研究》(《科技视界》2020 年第 4 期)，孙郑轲、杨子奇的《南孔文化元素在公共设施设计中的运用：以衢州市图书馆为例》(《设计艺术研究》2020 年第 2 期)。

九、舟山历史文化研究

2020 年舟山历史文化研究主要围绕海洋文化、民俗文化展开，相关研究论文有：陈璇的《〈英华仙尼华四杂字文〉中近代舟山地域文化研究》[《浙江海洋大学学报(人文科学版)》2020 年第 1 期]，章靖、孙峰的《舟山民间信仰活动场所文化提升的路径选择》(《浙江国际海运职业技术学院学报》2020 年第 1 期)，季双禹的《舟山海洋民俗文化传播研究》(浙江海洋大学硕士学位论文，2020 年 5 月)，张信国的《舟山台湾民间信仰交流发展研究：基于文化融合的视角》[《浙江海洋大学学报(人文科学版)》2020 年第 4 期]，朱秀华的《舟山沿海的海神信仰及文化价值》(《文艺报》2020 年 9 月 30 日)。

十、台州历史文化研究

2020 年 9 月 1 日，"《品读台州丛书》首发式暨研讨会"在台州召开。《品读台州丛书》由台州市委宣传部、台州市社科联联合主编，上海教育出版社出版发行。共有《台州风流》《台州风云》《台州风景》《台州风味》《台州风雅》《台州风韵》6 册,全方位反映了台州的悠久历史、深厚文化、秀美山水和独特风情,突出展示了现当代台州经济、社会发展的活力与风采,是充分展示台州的一个重要窗口。

2020 年,台州历史文化综合研究的论文有:王含之的《和合之花遍地开,文明台州美如画:国家的文化自信对台州和合文化的影响》(《艺术家》2020 年第 5 期),张燕的《论台州家族文化的和合特质》(《台州学院学报》2020 年第 5 期),吴世渊的《这里藏着台州的璀璨历史与文化》(《台州日报》2020 年 5 月 18 日),王洁、吕清海的《"浙东唐诗之路":历史渊源下的本土文化景观分析——以台州市天台县为例》[《艺术与设计(理论)》2020 年第 6 期],孙畅、古杰的《保护·传承·复兴:历史文化街区的城市设计思路——以台州市十里长街为例》(《城市学刊》2020 年第 5 期)。

十一、丽水(处州)历史文化研究

2020 年丽水历史文化综合研究的论文有:袁菲、葛亮的《浙江省丽水市青田县考坑村:国家历史文化名城研究中心历史街区调研》(《城市规划》2020 年第 5 期)、《浙江省丽水市青田县阜山乡:国家历史文化名城研究中心历史街区调研》(《城市规划》2020 年第 6 期)、《浙江省丽水市青田县陈宅村:国家历史文化名城研究中心历史街区调研》(《城市规划》2020 年第 7 期)。

十二、浙江古镇古村落文化研究

2020 年关于浙江古镇古村落文化研究的论文有:胡炜方的《地方美术资源的整合开发利用:浙江诸暨市草塔古镇人文、自然资源探索》(《学苑教育》2020 年第 19 期),曾逸文的《传统村落文化特征调查及研究:以浙江金华山头下村为例》(《安徽建筑》2020 年第 2 期),龚慧兰的《古村落家庭教育思想研究:以浙江江山古村落为例》(《名作欣赏》2020 年第 26 期),戴美纳等人的《绍兴山地古村落的环境适应性分析：以上虞丁山村为例》（《小城镇建设》2020 年第 2 期），陈杨、张贤都的《回归本源的传统古村落活化设计研究：以浙江武义山下鲍村为例》（《城市建筑》2020 年第 20 期）。

　　通览 2020 年学界关于"浙山、浙水、浙地（两浙地区）"的地域文化研究成果，整体感觉是乏善可陈。尽管如此，温州的历史文化（包括前文已经总结的永嘉学派研究）研究、台州的和合文化研究、嘉兴的古文献整理在 2020 年还是推出了不少有分量的研究成果。

　　2021 年 1 月 30 日，浙江省十三届人大五次会议通过的《浙江省国民经济和社会发展第十四个五年规划和二〇三五年远景目标纲要》中，明确指出："实施新时代文化浙江工程，加快推动文化大发展大繁荣"，"擦亮优秀传统文化活化利用金名片。解码浙江文化基因，深入研究和挖掘南宋文化、南孔文化、永嘉学派、永康学派、阳明心学、和合文化等丰富内涵。高水准打造宋韵文化传承展示中心。"这也启示我们，浙江省内的地域文化研究，将是省内外社科理论工作者在未来一个时期需要用心用力关注的学术研究领域。

第十章　红船精神、浙江精神、浙商精神研究

浙江有着丰富的优秀传统文化、革命文化和社会主义先进文化资源。新时代倡导、研究"大浙学",就需要把传统文化和当代文化的精神标识提炼出来,展示出来,而本书依据的广义"浙学"即"大浙学"概念,指的是"渊源于古越、兴盛于宋元明清而绵延于当代的浙江学术思想传统与人文精神传统"①。详而言之,"大浙学"的外延,一方面可"上溯"至浙江传统文化之源的古越文化、史前文化;另一方面可"下延"至现代以"红船精神"为标识的革命文化,和以"浙江精神""浙商精神"为标识的社会主义先进文化。我们可以说,"红船精神""浙江精神""浙商精神"就是"大浙学"所指的"绵延于当代的""人文精神传统"的主体内容。

第一节　红船精神研究

浙江嘉兴因中国共产党第一次全国代表大会在这里胜利闭幕而备受世人瞩目。2005 年 6 月 21 日,时任浙江省委书记习近平同志在《光明日报》上刊发署名文章《弘扬"红船精神"　走在时代前列》,首次提出并完整阐释了"红船精神"的深刻内涵,认为"红船精神"是中国革命精神之源,并将"红船精神"的内涵高度提炼为

---

① 吴光:《简论"浙学"的内涵及其基本精神》,《浙江社会科学》2004 年第 6 期。

"开天辟地、敢为人先的首创精神,坚定理想、百折不挠的奋斗精神,立党为公、忠诚为民的奉献精神"。2017 年 10 月 31 日,党的十九大闭幕仅一周,习近平总书记就带领新一届中共中央政治局常委集体瞻仰上海中共一大会址和嘉兴南湖红船,回顾建党历史,重温入党誓词,宣示新一届党中央领导集体的坚定政治信念,并再次阐述"红船精神"的深刻内涵,强调要结合时代特点大力弘扬"红船精神",不忘初心,牢记使命,永远奋斗。

2020 年 6 月 21 日,是习近平同志在《光明日报》发表署名文章《弘扬"红船精神" 走在时代前列》15 周年。《光明日报》特约评论员在《光明日报》头版头条发文——《弘扬"红船精神" 践行初心使命:写在习近平同志在光明日报发表署名文章〈弘扬"红船精神" 走在时代前列〉十五周年之际》(《光明日报》2020 年 6 月 21 日),指出:在由中国共产党革命精神构成的长河中,"红船精神"所代表的中国共产党建党精神,无疑是它的源头。"红船精神"同井冈山精神、长征精神、延安精神、西柏坡精神等一道,伴随中国革命的光辉历程,共同构成我们党在前进道路上战胜各种困难和风险、不断夺取新胜利的强大精神力量和宝贵精神财富。习近平总书记在重要讲话中把"红船精神"同"不忘初心、牢记使命"紧密结合起来,为"红船精神"注入了新时代的丰富内涵与时代新坐标。特别是习近平总书记向全党发出"要结合时代特点大力弘扬'红船精神'"的号召,这在新时代开启新长征的背景下,具有特别重要的意义。

2020 年 6 月 20 日,由浙江省委党史和文献研究室、省社会科学界联合会、嘉兴学院联合举办的"习近平提出'红船精神'15 周年学术研讨会"在嘉兴学院举行。与会专家们认为,要始终结合时代特点大力弘扬红船精神,不忘初心,牢记使命,永远奋斗,讲好中国共产党的故事,传承好红色基因,为把浙江建设成为新时代全面展示中国特色社会主义制度优越性的重要窗口,把我国建设成为富强、民主、文明、和谐、美丽的社会主义现代化国家,为实现中华民族伟大复兴中国梦提供强大的精神动力。

为深入贯彻落实习近平总书记南湖重要讲话精神,大力弘扬红船精神,光明日报社、浙江省委宣传部和嘉兴市委三家联合,于 2018 年 6 月 21 日召开了首届"红船论坛",2019 年 6 月 21 日举办了"2019 红船论坛（第二届）"。2020 年 8 月 4 日,"2020 红船论坛（第三届）"在嘉兴召开,来自全国各地的专家学者齐聚一堂,以"弘扬红船精神,建设重要窗口"为主题,深入探讨研究红船精神的时代内涵和实践价值,为浙江建设"重要窗口"凝聚精神力量。2020 年 8 月 6 日,《光明日报》专版（第六版）刊登了与会学者的发言摘要:车俊的《当好"红船精神"的忠实守护者、坚定传承者和自觉践行者》,张政的《把弘扬"红船精神"当作重要政治任务》,朱国贤的《以更高标准弘扬、践行"红船精神"》,李忠杰的《弘扬"红船精神",敢于斗争敢于胜利》,邵维正的《发挥"红船精神"在思想建党中的作用》,张兵的《奋力打造"重要窗口"中最精彩板块》,金民卿的《践行"红船精神",奋进复兴伟业》,何显明的《凝聚强大动能,建设"重要窗口"》,周锦尉的《疫情下弘扬"红船精神"的意义》,胡坚的《坚守共产党人价值观》,刘宝东的《讲好浙江故事,彰显制度优势》,王国华的《以"浙江之窗"展示"中国之治"》,杨峻岭的《变"生态资本"为"富民资本"》,王友明的《依靠人民建,建设为人民》,彭冰冰的《"红船精神"与浙江精神的内在一致性》,卢文华的《融通认识实践,推进省域治理》,金更兴的《以苦干实干推进治理现代化》。

2020 年 11 月 20 日,由中宣部宣教局、光明日报社共同主办的"核心价值观百场讲坛"第 103 场举办"云宣讲"。中共党史学会副会长李忠杰作题为《弘扬"红船精神"牢记初心使命》的演讲。在他看来,"红船精神"承载着我党"原生态的初心和使命",集中概括为"四心":责任之心,肩负救国救民的历史责任;信念之心,经过分析比较最终找到了马克思主义;奋斗之心,为实现理想和目标不懈努力;为民之心,我党所有的奋斗都是为了人民。在中国共产党成立 100 周年之际,面对百年未有之大变局,学习研究"红船精神",不仅要研究这艘"红船"行进的历程,还要研究应对风险挑战的经验,交出圆满的答卷。①

---

① 《"核心价值观百场讲坛"举办第 103 场阐释解读"红船精神"》,新华网,2020 年 11 月 20 日。

2020 年,学术界、社科界围绕"红船精神",撰写专题论文 150 余篇,研究主题则集中在"红船精神"的科学内涵、思想逻辑、哲学阐释、比较研究、文化基础、时代价值、浙江实践、传承路径等 8 个方面,兹择要梳理。

一、"红船精神"的科学内涵研究

王英伟、孙新《把握"红船精神"内涵的四个维度》[《沈阳大学学报(社会科学版)》2020 年第 2 期]一文认为,从历史维度看,"红船精神"是对中华优秀传统文化的历史传承;从时代维度看,"红船精神"具有鲜明的时代品格与特性;从理论维度看,"红船精神"是党思想理论建设的重大理论创新;从实践维度看,"红船精神"是有着明确实践指向的方法论。"红船精神"是中国共产党人初心和使命的理论表达,是中国革命整个历程的精神支撑,深入把握"红船精神"具有重要的时代意义。

赵金飞《论结合新时代特点大力弘扬红船精神:纪念〈弘扬"红船精神"　走在时代前列〉发表 15 周年》(《嘉兴学院学报》2020 年第 4 期)一文认为,结合新时代特点大力弘扬红船精神,是不忘建党初心和使命、应对精神懈怠首要危险、统筹推进"四个伟大"的必然要求。结合新时代特点大力弘扬红船精神,要着力于创新、实干和以人民为中心,勇做新时代的开拓者、奋进者和奉献者。

二、"红船精神"的思想逻辑研究

彭冰冰《从文化自觉角度把握"红船精神"的内在逻辑》(《中国社会科学报》2020 年 6 月 30 日)一文指出,"红船精神"的产生是近代中国历史文化发展的必然逻辑,从此,中国人民就从精神上由被动转为主动,马克思主义为中国社会文化的发展指明了新的方向。文化自觉影响一个政党的前途和命运,"红船精神"的理论概括,充分反映了中国共产党构建自身精神体系的文化自觉。在新时代,我们每个共产党员都要从"红船精神"中汲取思想力量,坚持以"红船精神"为价值引领,做共产主义远大理想和中国特色社会主义共同理想的坚定信仰者和忠实践行者。

任媛《红船精神话语表达的生成逻辑及实践路径》（《红色文化学刊》2020 年第 3 期）一文认为，红船精神作为一种精神现象，其提出、阐释、传播的过程就是话语表达的过程。红船精神话语表达有着特定的历史逻辑、现实逻辑和理论逻辑，通过话语解释和话语认同起到在全党范围内教育党员、凝聚力量和激励精神的作用。在实践中，红船精神话语表达通过构筑话语资源、挖掘话语渠道、丰富话语形式解决了说什么、在哪说、怎么说，从而推动了红船精神的有效传播。

于洪波《红船精神与国家治理现代化的契合逻辑》（《人民论坛》2020 年第 35 期）一文认为，国家治理现代化是对党的初心使命的积极践行，是实现"两个一百年"奋斗目标的实践进路。国家治理现代化的总体目标是中国共产党建党伊始的奋斗目标的继承和发展，是红船精神的发扬光大。红船精神的生命在于实践，红船精神的永续发展需要不断在新的实践载体中滋养丰富，国家治理现代化是承载红船精神的实践载体，是红船精神从抽象到具象可感的形象化存在的介质，二者相得益彰。中国特色社会主义进入新时代，百年红船精神历久弥新，与推进国家治理现代化实践道同契合，并以其精神之基的新姿态焕发勃勃生机。

三、"红船精神"的哲学阐释研究

薛克诚《深入学习和研究红船精神的哲学思考》（《嘉兴学院学报》2020 年第 1 期）一文认为，红船精神体现了建党精神与革命精神的统一；红船启航于浙江，既有历史的偶然性，也有历史的必然性；红船精神与其他革命精神的关系体现了源与流的统一，红船精神是中国革命精神之源，其他的革命精神则是由红船精神衍生而来的流；红船精神是历史的，其在特定的具体历史条件下产生，也是具体的，新时代弘扬红船精神必须与具体载体结合起来。

张宏敏《红船精神的"浙学"阐释》（《观察与思考》2020 年第 7 期）一文认为，从哲学本质上讲，"红船精神"既是一种"文化哲学"，也是一种"精神哲学"，它内在契合于中华优秀传统文化中的"修身哲学"。以浙江优秀传统文化（"浙学"）中的阳明学、戟山学、梨洲学为切入点，来解读"红船精神"与中华优秀传统文化中的"知行合一""万物同体""慎独慎微""明德亲民""以民为本"等思想观念、传统美德和人文精神之间的内在关联，进而论证中国共产党从成立之日起，既是中国先进文化的积极引领者和践行者，又是中华优秀传统文化的忠实传承者和弘扬者。

张骞骞《红船精神的哲学基础和时代价值探析》[《党史博采（下）》2020 年第 8 期]一文认为，从历史、理论和现实三重角度来看，马克思主义是红船精神形成的哲学基础。红船精神蕴含着丰富的马克思主义哲学理念，其主要体现为所贯彻的一切从客观实际出发、量变质变规律、否定之否定规律、人民群众主体性的经验及哲学基础。新时代继承与发扬红船精神，需要继续以马克思主义哲学为引领，走好历史与现实相结合的中国特色社会主义道路。

四、"红船精神"的比较研究

杨燕玲《论红船精神与铁军精神的内在联系》（《佳木斯职业学院学报》2020 年第 2 期）一文认为，红船精神和铁军精神作为中国共产党革命精神的重要组成部分，充分体现出我党坚定的政治信仰和政治立场，彰显了中国共产党人的奋斗目标和爱民宗旨，表现出了中国共产党人优秀的政治品质。探究两者的内在联系，有利于更好地传承红色资源和红色基因，为当代中国建设寻找精神支撑，推进中国共产党革命精神文化研究向纵深发展。

蒋建农《大力弘扬红船精神与井冈山精神》（《中国井冈山干部学院学报》2020 年第 1 期）一文认为，红船精神是中国共产党的精神之源，井冈山精神是马克思主义中国化的开端和中国共产党人接续奋斗的源头活水。红船精神与井冈山精神实现了中国共产党的创建史与奋斗史的高度统一，反映了中国共产党在构建自身革命精神过程中的历史自觉。

杨春、杨扬《论唐山抗震精神对"红船精神"的继承和弘扬》（《今传媒》2020 年第 3 期）一文认为，虽然"红船精神"与唐山抗震精神的产生相隔了半个多世纪，但二者却是密不可分的，"红船精神"是唐山抗震精神产生的基础和资源，唐山抗震精神是"红船精神"的继承和弘扬。

段治文、姜雪芳《红船精神、大陈岛垦荒精神和浙江精神的整体性逻辑分析》（《观察与思考》2020 年第 7 期）一文认为，浙江作为中国革命红船启航地、改革开放先行地和习近平新时代中国特色社会主义思想重要萌发地，为中国共产党革命精神谱系贡献了三大精神，即红船精神、大陈岛垦荒精神和与时俱进的浙江精神。这三大精神都是习近平同志担任浙江省委书记时概括和总结出来的，展现了习近平同志深厚的红色情怀，凝结了习近平同志治国理政的经验和智慧。三大精神分别对应着中国革命、建设和改革三个时代的伟大实践，体现着深刻的纵向与横向的逻辑关系，蕴含着开天辟地、艰苦创业和与时俱进的理论逻辑要求，是激励我们推进新时代中国特色社会主义现代化建设和实现中华民族伟大复兴中国梦的强大精神动力。

彭冰冰《理论概括、历史生成与现实意义：论红船精神与浙江精神的内在一致性》（《嘉兴学院学报》2020 年第 5 期）一文认为，习近平对红船精神和浙江精神的提炼与概括体现了一种高度的文化自觉与自信。这种文化自觉与自信是与马克思主义文化观一脉相承的，是与党的优秀传统一致的，也是在习近平的执政理念中一以贯之的。作为一种以精神形态存在的文化形式，红船精神和浙江精神的历史生成都具有鲜明的地域性特征，它们的产生离不开浙江的历史文化传统、生产方式变迁和人民群众的伟大实践。在中国特色社会主义新时代，红船精神与浙江精神仍然是推动浙江改革发展的伟大精神力量。

五、"红船精神"的文化基础研究

肖纯柏《红船精神对中国文化的价值贡献》（《观察与思考》2020 年第 7 期）一文认为，红船精神继承了中华优秀传统文化，名实文化、符号文化、舟水文化，成为红船精神的重要文化源头。红船精神也继承了近代以来的辛亥革命精神和五四精神，民主与科学、爱国与进步的精神传统，为红船精神提供了文化土壤。从象征文化、革命文化和党内政治文化三个维度，考察红船精神的价值贡献。红船精神承载的党内民主文化、自我革命精神、人民本位的宗旨意识和共产党人的公道正派等核心价值观，丰富和发展了中华文明。其蕴含的首创、奋斗、奉献精神，是实现民族复兴的强大精神力量。

丁坡《红船精神是中华优秀传统文化的升华》(《长江丛刊》2020 年第 24 期)一文认为，中华文明历经五千年辉煌与磨难而不衰，关键在于华夏子孙骨子里流淌着民族精神。在近代民族危亡的时刻，中国共产党升华了传统的家国情怀、民本思想和人生追求，凝铸成使中华民族焕然一新的红船精神，汇聚起民族复兴的磅礴能量。我们要继承中华民族的根与魂，弘扬好革命精神，构建党的精神家园。

侯文莉《红船精神与中华优秀传统文化研究》(《文化学刊》2020 年第 9 期)一文以中华优秀传统文化为切入点，围绕革故鼎新的精神气概、自强不息的意志品质、精忠报国的情怀担当和以民为本的宗旨信念等四个方面，重点探讨红船精神的中华优秀传统文化渊源。

王燕、刘友女《红船精神传承中的当代话语转换》(《中国发展》2020 年第 6 期)一文认为，红船精神是中国红色文化的重要组成部分，但在新的时代背景下，有效传承红船精神面临着复杂的社会环境，迫切需要对红船精神进行当代话语转换。具体来说，就是通过转换红船精神的话语主题、话语主体和话语模式，实现话语主体借助新的话语模式深入解读话语主题的系统升华。转换话语主题有助于保持红船精神的独特性与延展性，转换话语主体有助于扩大红船精神的覆盖面和影响力，转换话语模式有助于彰显红船精神的时代性和创新性。

六、"红船精神"的时代价值研究

肖纯柏《彰显"红船精神"的时代意义》(《光明日报》2020 年 6 月 21 日)一文指

出："红船精神"体现了中共领航、依水行舟的中流砥柱形象，激励我们坚持党的领导地位与尊重人民主体地位相统一，维护领导核心，坚持以人民为中心。"红船精神"展现了我们党坚定航向、风雨同舟的自信豪迈形象，激励我们勇立潮头与顺应潮流相统一，走适合自己并造福人类的路。"红船精神"体现了乘风破浪、防范覆舟的砥砺奋进形象，激励我们自信与自省相统一，增强忧患意识，勇于自我革命。

张骞骞《红船精神对中国共产党先进性建设的引领作用》（《领导科学论坛》2020 年第 1 期）一文认为，红船精神是中国革命精神的源头，贯穿于整个党的先进性建设的历史过程，对革命、建设、改革各个历史时期各项事业的发展起了正确的引领性作用。从内涵上看，红船精神是中国共产党先进性的历史起点和逻辑起点；从指导意义上看，红船精神是中国共产党走在时代前列的精神源头；从实践层面上看，红船精神是中国共产党干事立业的精神发端。

李成萍《"红船精神"的当代价值研究》（《现代交际》2020 年第 23 期）一文认为，"红船精神"所蕴含的首创精神、奋斗精神、奉献精神具有永恒的时代价值，在新时代要充分挖掘红船精神的时代价值，使其焕发出新的时代魅力，激励和引领中国特色社会主义伟大事业蓬勃发展。

庄兴忠《"红船精神"对新时代党的革命性锻造的理论价值》[《温州大学学报（社会科学版）》2020 年第 3 期]一文认为，革命性锻造是无产阶级政党的鲜明特质，是党不断进行自我革命和领导推进伟大社会革命的政治前提和基本经验。"红船精神"是中国革命精神的旗帜，是中国共产党革命精神谱系的根脉。在中国特色社会主义新时代，弘扬"红船精神"，从理想信念、实践品格、根本宗旨三个维度增强党的革命性锻造，是全面从严治党战略的重要内涵，是新时代"伟大工程"的重要内容。

谢方意《"红船精神"：建设百年大党的精神动力》（《宁波日报》2020 年 7 月 9 日）一文指出，站在"两个一百年"奋斗目标的交汇点，面对世界百年未有之大变局，认识和理解这一重要论述的现实意义和时代价值，须以历史和现实相贯通、国际和国内相关联、理论和实际相结合的宽广视角，深刻把握"红船精神"的历史逻辑、理论逻辑和实践逻辑。

王友明《红船精神:民族复兴伟业的强大精神力量》(《人民论坛》2020年第32期)一文认为,红船精神无论是过去、现在还是将来,都是中国共产党领导亿万人民承担起民族复兴责任、履行好自己肩负的历史使命的精神力量之源。具体而言,开天辟地、敢为人先的首创精神使党始终担当起解答时代课题的历史重任;坚定理想、百折不挠的奋斗精神使党始终保持旺盛的革命斗志;立党为公、忠诚为民的奉献精神使党始终凝聚起实现民族复兴的磅礴力量。

郑志强《以红船精神涵养新时代共产党人价值观》(《中学政治教学参考》2020年第37期)一文认为,作为中国共产党人建党精神的集中体现,红船精神是打造新时代共产党人价值观的逻辑起点。用红船精神涵养新时代共产党人价值观,必须以"不忘初心、牢记使命"为根本遵循,形成学理共识,确立红船精神提升新时代共产党人价值观的引领地位;勇于自我革命,寻找红船精神培育新时代共产党人价值观的现实差距;开展主题教育,把握红船精神塑造新时代共产党人价值观的重要契机。

七、"红船精神"的浙江实践研究

高敏霞、胡笛丽《"红船精神"传承与实践的路径探析:以浙江省嘉兴市为例》(《领导科学论坛》2020年第5期)一文认为,浙江省嘉兴市作为中国共产党的诞生地、"红船"的启航地,多年来大力打造"红船"特色文化,不忘初心,努力承担起传承与弘扬"红船精神"的重要使命。

杨燕群《红船精神融入大学生党员全程化培养体系研究:以浙江省高校为例》(《嘉兴学院学报》2020年第2期)一文基于红船精神融入大学生党员全程化培养体系的现实需要和理论逻辑,研析依据思想政治教育过程"四要素"理论,从主体、客体、介体和环体四要素对红船精神融入大学生党员全程化培养体系进行维度建构,并提出具体实施方案。

八、"红船精神"的传承路径研究

许海莹《"红船精神"德育价值践行与弘扬路径研究》（《中小学德育》2020 年第 1 期）一文认为，新时代弘扬与传承"红船精神"具有重要的德育价值。通过构建"红船精神"地方课程、校本课程和拓展课程体系，以及第二课堂活动等，加强基于"红船精神"内涵的校园文化建设，借助家长会和专题宣讲等积极争取家庭、社会共同参与和支持，基于"红船精神"进校园线上线下共育等路径，推进"红船精神"进校园落实落细，落地生根。

艾兵有、谭劲松《思想政治理论课教学要重视红船精神的教育与宣传》（《思想理论教育导刊》2020 年第 2 期）一文认为，红船精神与高校思想政治理论课在理论上具有同源性、在内容上具有融合性、在价值引领上具有契合性。新时代新使命召唤高校思想政治理论课教学要重视红船精神的教育与宣传，用红船精神为思想政治理论课铸魂育人提供价值引领。推动红船精神系统进教材、生动进课堂、扎实进头脑，把红船精神全方位融入思想政治理论课教学，对增强大学生的政治定力、坚定大学生的理想信念、培养大学生的担当意识和历史使命感具有重要意义。

王凯利《新时代大学生红船精神的科学内涵、当代价值及教育路径》[《赤峰学院学报（汉文哲学社会科学版）》2020 年第 4 期]一文在探究红船精神的科学内涵的基础上分析了加强新时代大学生红船精神教育的重要性，从教育教学、校园文化、社会志愿活动、网络思想政治教育等路径提出创新性融入，切实增强大学生思想政治教育的针对性和实效性，为党和国家培养出具有创新思维、奋斗意识、奉献精神的大学生，为实现中华民族伟大复兴的中国梦贡献青春力量和智慧。

张赛玉《"红船精神"融入高校思政课的辩证思考》（《闽江学院学报》2020 年第 3 期）一文认为，新时代"红船精神"融入高校思想政治理论课，必须坚持辩证的思想方法，实现"四个结合"：一是把政治引领与情怀培育结合起来，二是把学理分析与实践引导结合起来，三是把教师主导与学生主体结合起来，四是把媒体融合与路径创新结合起来,推动高校思想政治理论课教学守正创新。

徐东《"红船精神"在中国近现代史纲要教学中的地位和作用》[《重庆科技学院学报(社会科学版)》2020 年第 2 期]一文认为,在中国近现代史纲要课程教学中,"红船精神"是近现代中国社会发展的一条红线,是提高思想政治理论教学质量的一个法宝,是大学生掌握近现代中国社会发展基本规律的一把钥匙。传承"红船精神",思想政治理论课教师要做改革探索、素养精进、负责担当的模范。

王光敏《"红船精神"融入高校思想政治教育的现实考量》(《现代交际》2020 年第 24 期)一文认为,以"首创、奋斗、奉献"为内核的"红船精神"与新时代大学生思想政治教育存在内容共通与价值融合,将其融入高校思想政治教育的全过程,可以培养大学生的历史认知与情感认同、强化大学生的理想信念与责任担当、推动大学生的爱国行动与精神传承。进一步探寻"红船精神"融入高校大学生思想政治教育的合理路径,对于发挥"红船精神"的当代价值、培养担当时代责任和使命的时代新人具有重要意义。

第二节　浙江精神研究

长期以来,浙江省委、省政府和浙江社科界一直高度重视经济社会发展与文化研究、文化建设之间内在关系的研究与结合。2005 年 1 月,习近平作出了关于"深入研究浙江现象、充实完善浙江经验、丰富发展浙江精神"和"浙江精神的调研应从浙江文化的历史传承、社会精神文明、文化综合实力的作用等诸角度进行"的批示,亲自确定了"与时俱进的浙江精神"研究的方向和基本框架。在充分调研与广泛深入讨论、总结、提炼的基础上,习近平亲自修改和审定的"十二字"的"与时俱进的浙江精神"正式出炉。2006 年 2 月 5 日,《浙江日报》刊发习近平同志的署名文章《与时俱进的浙江精神》。2016 年 9 月,习近平总书记在 G20 杭州峰会期间,对浙江提出了"秉持浙江精神,干在实处、走在前列、勇立潮头"的新要求。2018 年 7 月 8 日,习近平总书记在浙江省委关于"八八战略"实施 15 年情况报告上作出重要指示,特别强调，干在实处永无止境，走在前列要谋新篇，勇立潮头方显担当。希望浙江深入学习贯彻新时代中国特色社会主义思想和党的十九大精神，以改革开放40周年、"八八战略"实施15周年为新起点，保持战略定力，秉持浙江精神，开拓创新、砥砺奋进，努力在决胜全面建成小康社会、夺取新时代中国特色社会主义伟大胜利的征程中继续走在前列。

围绕"浙江精神"的研究阐释与弘扬宣传，2020年浙江理论界、社科界、学术界，通过编写教材读本、撰写学术论文等多种形式，进一步深化了对"浙江精神"科学内涵、时代价值的理论研究。

段治文主编《浙江精神与浙江发展（第4版）》（浙江大学出版社2020年7月版）一书，是根据浙江省委、省政府的要求，由浙江省委教育工委、浙江省教育厅组织省内思政理论教育专家编写的省统编教材，是与高校"中国近现代史纲要"课程配套的辅助教材。本教材贯彻理论联系实际的方针，内容涵盖三部分：一是浙江精神的提出及内涵、特征；二是浙江地域环境、文化传统和浙江人的品格与浙江精神的形成；三是浙江精神推动浙江经济发展、政治建设、文化繁荣、社会和谐、生态文明建设等。

谭劲松、喻婷婷《浙江精神融入大学生思想政治教育路径研究》[《浙江理工大学学报（社会科学版）》2020年第2期]一文认为，作为一种地域性的精神理念，浙江精神对推进浙江经济社会的快速发展起了积极推动作用，同时对加强当代大学生的思想政治教育也产生了重大的理论意义与实践意义。作为浙江高校应在大学生中弘扬浙江精神，把浙江精神融入大学生思想政治工作、融入大学教材和课堂教学、融入大学社会实践教学、融入大学生创业就业教育、融入大学校园文化建设，让新时代青年大学生熟知浙江精神、认同浙江精神、坚守浙江精神，成为浙江精神的践行者和传承人。

王亮、王艳娟《浙江精神融入中国近现代史纲要课程教学研究》（《湖州师范学院学报》2020年第6期）一文认为，浙江精神拥有丰富内涵概念、典型外在特征，形成一套完整而系统的理论体系，是浙江人民提炼浓缩、代代相传的精神宝藏。将浙江精神融入中国近现代史纲要课程，因时空重叠、内容深化、精神弘扬存在交集而具有可能性，因融合本土性特色、全局性指导而具有必要性。这一融入需要内容与形式的本土化变革，以增强思政类课程教学工作的区域性特点，从而达到提升课堂教学效果的目的，满足传承浙江精神时代性的要求。

陈立旭《弘扬与时俱进的浙江精神》（《学习时报》2020年5月13日）一文指出，努力建设新时代全面展示中国特色社会主义制度优越性的重要窗口，必须大力弘扬与时俱进的浙江精神。弘扬求真精神，就是要追求客观真理、遵循规律干事创业、尊重实际谋划发展。弘扬务实精神，就是要尊重实际、注重实干、讲求实效，争当新时代中国特色社会主义的先行实践者，为全国大局探索更多新路子、贡献更多新经验，为党和国家形成一个比较成熟、比较定型、比较系统的制度体系提供更多的浙江素材和元素。弘扬诚信精神，就是要重规则、守契约、讲信用、言必信、行必果，推动诚实守信成为浙江最美的风景线、最好的竞争力，成为展示国家制度优越性的窗口。弘扬和谐精神，就是要培育和美与共的情怀、和谐创业的氛围、和悦自适的情操，共同创造和睦相处的美好家园。弘扬开放精神，就是要有全球意识、世界胸襟，要海纳百川、兼容并蓄。弘扬图强精神，就是要着眼新征程，对照建设"重要窗口"的新目标新定位，敢于啃硬骨头、敢于涉险滩、敢于走前人没有走过的路，越是艰险越向前、越是负重越担当。

王一胜《浙江精神与文化自信：兼论以人民为中心的价值观》（《观察与思考》2020年第2期）一文认为，从浙江改革开放40多年来的发展与浙江精神的实践看，习近平文化自信论的生成是基于文化对社会发展所具有的重要推动作用，文化自信的实质就是以人民为中心的价值观的自信，当代中国文化在以人民为中心的价值观影响下具有包容性、持续性与创新性三大特征，文化自信也表现出三重特性：人民团结奋斗迸发的生命力、民族优秀传统积淀的凝聚力、时代变革创新蕴育的创造力。

杨超《论如何在历史潮流中延续浙江精神》（《农村经济与科技》2020年第4期）一文从浙江精神出发，结合浙江从古至今的优秀人才，用历史名人身上显现的各类精神，讲述浙江精神的主旨，对这些精神进行深刻解读，总结出当下需要落实的行动，以便迎来浙江更美好的明天。

张青青《传承浙江精神，焕发浙商新生》（《教育教学论坛》2020年第11期）一文认为，新时代下浙江精神以"干在实处、走在前列、勇立潮头"指引着浙江快速健康发展。浙江精神中的"勇立潮头"精神深刻地体现在温州的经济发展中，如快速启动"两个健康"先行区、深入推动"八八战略"、实施改革开放等。不仅如此，各大高校纷纷响应，积极培养优秀人才并输送到企业中去，同时大力激发"企业家"精神，旨在给浙江发展带来更好的推动力。

第三节　浙商精神研究

应该指出，"浙江精神"的提炼与总结与"浙商精神"的提出与总结是同步进行的，并且"浙江精神"是"浙商精神"的基础。改革开放初期，面对短缺经济的时代背景，浙江人发扬"走遍千山万水、说尽千言万语、想尽千方百计、吃尽千辛万苦"的"四千精神"，锐意改革不断进取，创造了浙江经济社会跨越式发展的辉煌成就。"新时代浙商精神"的提炼和概括，是对经典的浙商"走遍千山万水、说尽千言万语、想尽千方百计、吃尽千辛万苦"的"四千精神"，以及"千方百计提升品牌，千方百计保持市场，千方百计自主创新，千方百计改善管理"的"新四千精神"的一次改版提升。"创业、创新、担当、合作、法治、奋斗"，以这6个关键词为核心的新时代浙商精神，既是对"四千精神"的传承与超越，也是中国优秀企业家精神的代表。

2020年关于"浙商精神"研究的论文有若干篇。

何扬鸣、郝文琦《从"财富浙商"到"文化浙商"：浙江文化的作用和方向》[《山东大学学报（哲学社会科学版）》2020年第3期]一文认为，浙商在中国是极具代表性的企业家群体，对中国经济发展和社会发展有着特殊的贡献。文化是社会实践者的向导，研究浙商与浙江文化的关系，是深入研究浙商前世今生的一个良好角度。从历史的角度看，浙商的出现和一代代的延续，是因为浙商有其浙江文化的强大基因。从现实的角度说,"财富浙商"在改革开放后的崛起,是因为受惠于浙江文化。从未来的角度讲,正如习近平同志所说的那样,浙商要在新高度实现"新飞跃",从"财富浙商"迈向"文化浙商",仍然需要借力于浙江文化。

李新华《新时代需要弘扬浙商精神》(《新余日报》2020 年 9 月 30 日)一文认为,在百年未有之大变局下,越是特殊时期,企业家越要有特殊作为。此时此刻,弘扬"企业家精神",特别是浙商精神,要义正在于此。

黄文夫《浙商本色和企业家精神的生动诠释》(《中华工商时报》2020 年 10 月 15 日)一文指出,浙江商人是充满传奇色彩的,从古到今这群人给后代除了留下巨富之外,留下的东西可以化作 16 字真言——"守志笃行、诚信为怀、开天掘地、有容乃大"。浙商精神是勤奋务实的创业精神、勇于开拓的开放精神、敢于自我纠正的包容精神、捕捉市场优势的思变精神和恪守承诺的诚信精神。

郑卫荣《近代南浔绅商的伦理精神及其时代价值》[《宁波大学学报(人文科学版)》2020 年第 2 期]一文认为,近代南浔绅商在承袭中国传统商业文化价值取向的同时,也展现出了其在构成要素以及内涵意蕴上的近代化趋向,形成了自身的伦理精神特质,构成了近代浙商精神的重要组成部分。无论是秉持创家立业、济世利民的价值取向及其实践主题,还是恪守仁和、诚信、道义、勤俭、中庸等系列伦理准则,南浔绅商的伦理精神为传统儒商文化和近代浙商精神注入了新活力。扬弃其伦理精神内核并加以继承和发展,对于促进当代商人精神世界的筑造、维系现实商业世界的运转具有不可或缺的时代价值。

吴旻《浙商的企业家精神助推浙江乡村振兴》(《中国集体经济》2020 年第 16 期)一文,首先基于浙江传统文化和浙商成功经验提出浙商的企业家精神的内涵包括精益求精的工匠精神、敢为人先的创新精神、诚信和谐的信义精神、善治善行的济世精神、奋发图强的进取精神。其次,从乡村产业、生态、生活、文化、治理、改革等六个方面总结浙江乡村振兴的创新实践。最后,依据"产业兴旺、生态宜居、乡风文明、治理有效、生活富裕"的总要求,提出以浙商的企业家精神助推浙江乡村振兴的对策建议。

李金明《平民"创业史"的赞歌：评浙商题材电视剧三部曲》（《当代电视》2020年第 3 期）一文认为，在我国改革开放四十年的风雨征程中，浙江商人以兼收并蓄的胸怀和敢为天下先的胆识勇立时代潮头。在这片海陆文化、吴越文化相互激荡的土地上，浙商精神随着时代的发展历久弥新，他们开拓创新的精神品质和各具特色的创业道路，诠释了时代先锋者们的道义担当。近年来，以浙江商人为蓝本的影视佳作层出不穷，它们将奋进一代置于真实可溯的叙事时空，再现了浙商的发展史、创造史和精神铸就史，其中《向东是大海》《温州一家人》《鸡毛飞上天》最具代表性。从个人得失到家国大义、从随波逐流到主宰时代，浙江商人在时代洪流中大步前进。

通览本章所涉"红船精神""浙江精神""浙商精神"命题提出的时代背景、理论内涵以及 2020 年关于这三种"精神"研究的新进展，我们完全有理由把这三种精神视为传统浙学基本精神在现当代的延续，也足以说明本书倡导的"大浙学"理念是"逻辑的东西与历史的东西相统一"。

附　录

浙江省哲学社会科学重点研究基地
（浙学研究类）2020年度工作报告

浙江大学宋学研究中心

　　2020年,浙江省哲学社会科学重点研究基地浙江大学宋学研究中心(下文简称"中心")围绕宋代职官科举制度、宋明理学、经学史及思想史、宋代文学、佛教与道教文化等五大核心研究领域,强化宋学研究"精品"意识,在"做精做深"上下功夫,努力扩大中心在业界学术影响力和知名度。中心研究人员共出版《宋朝简史》《寻宋》《宋学研究》《阳明大传:"心"的救赎之路》等学术著作7部,在权威、核心期刊发表论文30余篇,立项省部级研究课题4项。

　　龚延明主持的浙江文化研究工程(第二期)重大项目《浙江历代进士录》于8月中旬召开结题评审会,这是迄今为止关于浙江历代进士最大规模的科学普查成果,为浙江省提供了一份最完整的进士名录,有助于了解某府某县的科举历史文化资源,给了解、检阅浙江进士人物生平事迹提供了方便,亦将有助于推动"浙学"研究的深入发展。龚延明《宋代登科总录》一书,获教育部第八届高等学校科学研究优秀成果奖(人文社会科学)二等奖;束景南《王阳明年谱长编》获第四届全球华人国学成果大奖。

中心大力加强学术研究的内外交流合作。6 月 29 日，联合浙江大学哲学系、浙江大学语言与认知研究中心、浙江大学道教文化研究中心举办了"当代心智科学与道家心学国际学术研讨会"。中心通过"线上＋线下"结合方式，邀请日本学习院大学、中山大学等海内外国际知名院校专家讲学，同时，中心科研人员亦"走出去"，积极广泛参与国内外的学术交流，提升了中心及其学科带头人的研究水平及在国际国内的影响力。

中心持续主办专业学术辑刊《宋学研究》（龚延明主编），构建新宋学的学术交流平台，吸引海内外最前沿、最新的宋学学术成果，奉献于学界，从而有力地推动新宋学的长足发展。中心科研人员还在《人民日报》《中国社会科学报》《人民论坛》《解放日报》《中国青年报》等"三报一刊"和其他重要媒体报刊上发表宋学相关的理论文章，介绍浙江大学宋学研究的学科特色与学术简况。

2021 年，中心将继续积极开展学术交流，主办"'佛教经典、文字社群与江南社会'国际学术研讨会"与"宋史青年学者学术研讨会"；加强"中国历代进士人物数据库"等数据库平台建设工作，与中华书局合作持续办好《宋学研究》学术辑刊；加强与地方政府合作，积极投入"诗画浙江"和"四条诗路"文化建设；积极投入"浙江文化研究工程"第三期的课题设计与项目研究。

浙江师范大学江南文化研究中心

2020 年，浙江省哲学社会科学重点研究基地浙江师范大学江南文化研究中心（下文简称"中心"）围绕江南学术文献研究、江南文学艺术研究、江南经济社会研究三个重点研究方向开展学术研究，"古代舟山群岛海洋史研究""《北山四先生全书》整理与研究"等 12 项课题立项为省部级、国家社科基金项目，出版《屈原赋说·楚辞玦》《王韬日记新编》《刘宗周思想研究》等 11 部学术专著，在各类核心期刊发表论文 20 余篇。

中心成功入选"长三角江南文化研究联盟首批成员单位""浙江省诗路首批智库联盟";邱江宁的学术专著《元代文人群体的地理分布与元代文学格局研究》入选"2019年国家哲学社会科学成果文库";张法、刘彦顺入选"2019年度复印报刊资料重要转载来源作者名单";陈玉兰在《钱江晚报》发表多篇"江南文化"系列报道,助力长三角一体化视野下的"江南文化"的学术科普。

中心多次举办学术研讨会以扩大业界影响,11月3日,举办"《楚辞要籍丛刊》出版发行座谈会",共同见证黄灵庚主编的《楚辞要籍丛刊》的出版;10月19日,"浙江文化研究工程新成果发布暨出版座谈会"在北京召开,其中,《浙学未刊稿丛编·第二辑》由中心负责人李圣华担任主编;10月23日,举行"徐谓礼文书与南宋社会研究"课题研讨会。

2021年,中心将继续开展"中国传统音乐表演体系研究""13—14世纪'丝路'纪行文学文献整理与研究""浙江鱼鳞册的搜集、整理、研究与数据库建设""中国礼乐美学对传统制度文明的创构研究"等国家社科基金重大招标项目的研究;举办《北山四先生全书》《明文海》《吕祖谦全书》首发式,召开"王韬与近代社会"学术研讨会;资助出版《浙南方言谚语文化研究:以温州、台州和丽水为考察对象》《吴越文化与现代江南诗歌的审美传承》等学术专著;向本科生开设专业课《明清江南女性的文学生活》,普及江南文化。

温州大学浙江传统戏曲研究与传承中心

2020年,浙江省哲学社会科学重点研究基地温州大学浙江传统戏曲研究与传承中心(下文简称"中心")围绕戏曲表演学、戏曲社会学、戏曲民俗学、戏曲传播学、戏曲文献学、戏曲文物学、浙江地方剧种发展与传承研究、浙江传统戏曲数据库建设与研究等八大方向展开研究。

王汉民主持编校整理的《吴震生全集》,由安徽大学出版社出版,该书对吴震生的生平思想和文学成就进行综合考察与研究。张真独译的《日本汉学史》(日本汉学家牧野谦次郎原著），由学苑出版社出版。张真的专著《陆游小品文》，由中州古籍出版社出版。俞为民在核心期刊发表论文《经学家俞樾的戏曲创作与戏曲理论》《南戏〈千金记〉的流传和衍变考论》《南戏〈金印记〉的流传和变异》，继续以戏曲学家和戏曲文献作为研究对象，关注戏曲学家的创作与理论，发掘戏曲文献的流传与演变。

中心积极组织申报各类科研项目，"新时代高校传统戏曲文化传承方式与传播路径研究""南戏不同版本语言比勘辨释研究：兼论南戏用词变化与南戏出版传播的交互影响"获得浙江省哲学社会科学重点研究基地课题立项；同时，"曲韵研究""日本丝路学文献整理与研究"等国家社科基金"绝学"和国别史等研究专项进展顺利。

2021年，中心将继续举办"第二届中国南戏青年学者论坛"、"第十届南戏国际学术研讨会"；继续推动温州大学古典文学、戏曲学、语言学等学科的发展，提高相关学科评估及学科排名；同时继续为温州的地方文化建设出谋划策。

浙江工业大学浙江学术文化研究中心

2020年，浙江省哲学社会科学重点研究基地浙江工业大学浙江学术文化研究中心（下文简称"中心"）围绕浙江学术史研究、浙江文化精神研究、浙江文学演变研究等三个研究方向，中心各项科研工作进展顺利。重要亮点是梅新林的《文学地理学原理（上下编）》、肖瑞峰的《刘禹锡诗研究》，皆获教育部第八届全国高等学校科研成果奖（人文社会科学）二等奖；张勐的国家社科基金课题"中国当代小说中的知识分子叙事研究（1949—1979）"，结项鉴定评为"优秀"。

中心着力推进的一项重要研究工程是浙江学者学术年谱的整理撰写，李剑亮的《吴熊和学术年谱》由浙江大学出版社出版，并产生了良好的学术反响；中心科研人员积极申报各类课题，5人获省部级课题、国家社科基金项目；在中华书局、浙江大学出版社、复旦大学出版社出版专著12部，在《文学评论》《外国文学评论》等权威、核心期刊发表论文 40 篇。

中心强化科研学术交流，鼓励并支持科研人员参与高规格学术活动、主办高规格的学术会议，共组织举办了 6 场学术讲座；举办了"浙江工业大学'西湖文学周'系列活动"，包括"《西湖》杂志创刊 60 年庆暨西湖·中国新锐文学奖颁奖大会"、作家面对面和主编面对面；与浙江工业大学之江学院共同承办了"浙江诗路文化带的发掘与重构"学术研讨会。中心还成功加入"长三角江南文化研究联盟"，成为首批 23 家成员单位之一。

2021 年，中心将继续推进浙江学者年谱的撰写工作；做好中心科研项目立项和科研推进，进一步推进浙江学术文化研究的发展；紧密联系浙江地方社会经济文化的发展来开展学术研究，继续围绕浙江诗路文化带的建设做工作；以加入"长三角江南文化研究联盟"为契机，继续推动对外学术合作与交流。

宁波大学浙东文化研究院

2020 年，浙江省哲学社会科学重点研究基地宁波大学浙东文化研究院（下文简称"研究院"）持续以浙东文化研究为工作抓手，站在全球化、现代化的高度，把浙东文化置于世界学术背景中进行考察，通过梳理浙东学术脉络、广搜海外珍稀文献、回应国外学术热点、填补学术空白，借助新型研究机制，朝着把研究院建设成浙东文化研究的文献资料中心、信息交流中心、学术研究中心、知识普及中心、咨询服务中心，在省内稳居学术前列、在国内富有浙江地域特色、在海外产生一定学术影响的学术研究平台而不懈努力。

研究院的科研亮点是权威期刊的论文发表，尚永琪《国马资源谱系演进与汉唐气象的生成》一文在《中国社会科学》2020 年第 8 期发表；尚永琪《汉唐时代的动物传播与文明交流》（原载《社会科学战线》2020 年第 2 期）一文被《新华文摘》2020 年第 9 期全文转载。研究院科研人员还在《浙江大学学报（人文社会科学版）》《中国经济史研究》等核心期刊发表论文 20 余篇。

　　研究院有 5 项科研项目获批立项为国家社科基金项目，刘恒武主持完成的国家社科基金项目"宋代海上丝绸之路输日佛教石刻研究"结题鉴定结果为"优秀"等级。研究院在浙江大学出版社、黑龙江人民出版社等出版社出版《宁波区域文化资源概览》《浙学文萃》《浙学纵论》《浙学新探》等著作 11 部。以研究院青年科研骨干为主体组建的"浙东历史文化研究基地"入选宁波市哲学社会科学研究基地。

　　研究院通过举办学术合作、在新闻媒体发声等途径扩大学术交流。4 月 1 日，研究院首席专家龚缨晏与日本静冈县立大学全球研究中心主任滨下武志，签署"宁波大学浙东文化研究院与静冈县立大学全球研究中心学术交流协议书"；6 月 6 日，龚缨晏受央视"百家讲坛"栏目邀请，作题为"丝路上的古城·明州望月话宁波"的电视访谈节目；9 月 12 日，龚缨晏与中国社会科学院古代史研究所所长卜宪群，代表双方正式签署"中国社会科学院古代史研究所与宁波大学浙东文化研究院关于深化学术交流的协议"。

　　在全球致力于抗击新冠肺炎疫情之际，研究院专门组织了研究人员从学术角度撰写文章，讨论中外历史上的疫情及其防控举措。其中，童杰《明清时期鼠疫的防治及时人认知》、唐燮军《1940 年宁波鼠疫与官方救治》、周丽萍《传染病与美国印第安人的命运》，作为系列论文刊发于 2020 年 8 月 24 日的《中国社会科学报》第 6 版。

　　2021 年，研究院将积极组织推进哲学社会科学研究工作，争取在权威期刊（含三报一刊）发表更多高水平论文，争取获批更多项的国家社科基金课题；同时，密切关注"浙学"研究，持续推进"浙学"学科化，推出《浙东方志名家研究》《晚清浙东基督教史》《浙学与中国传统文化》《浙东学术文献阅读》等专著、教材；在现有国际学术对话的基础上，继续夯实与美国新英格兰地区海娃汉学研究机构与汉学家群体的联系。

浙江省委党校文化发展创新与文化浙江建设研究中心

2020年,浙江省哲学社会科学重点研究基地浙江省委党校文化发展创新与文化浙江建设研究中心(下文简称"中心")围绕文化发展理论研究、浙江文化传承研究、浙江当代文化发展研究,开展科研、教学工作。中心组织科研人员围绕大陈岛垦荒精神、文化自信等主题,在《光明日报》《经济日报》发表理论宣传文章4篇;围绕浙江精神等主题,在中央党校《学习时报》《中国社会科学报》发表理论宣传文章13篇;围绕和合文化、文化产业、文化遗产保护在核心期刊发表论文16篇。资助出版两项文化研究成果外译项目,分别是《红船精神问答》和《红船精神领航中国梦》,提高文化研究成果对外传播力度。

中心通过国家级课题和省级重点课题申报带动人才培养和学术方向锻造。李涛申报并获批国家社科基金重点项目"中国共产党海外形象传播史研究",旨在创新讲述中国故事和中国形象传播的新路径;彭玉峰申报并获批国家社科基金青年项目"金融危机后西方左翼民粹主义兴起演变和发展趋势研究"。与此同时,通过中心(基地)课题和基地自设课题立项的形式,引导浙江传媒大学、浙大城市学院青年教师积极从事文化研究,发挥中心在全省文化研究领域的带动作用。

中心继续围绕省委省政府中心工作开展教学、科研、咨政等各项工作。基地首席专家陈立旭参加了浙江文化研究工程实施15周年座谈会暨省文化研究工程指导委员会会议,并在会议上作了题为《坚定文化自信,交出高分报表》的主题发言。围绕瓯江山水诗路建设,中心组建课题组,撰写并呈报决策件《应加大瓯江山水诗之路建设力度》,获省政府主要领导肯定性批示。8月15日,中心在策划举办了"《乡村振兴看浙江》新书发布会暨纪念'两山'理论诞生15周年学术研讨会",邀请省内外知名学者、地方党政干部、基层村书记共同参与研讨。

2021年,中心将以"建党百年以来的文化中国与文化浙江"为主题,组织撰写相关学术著作,召开全国性学术研讨会暨新书发布会;持续打造中央"三报一刊"、

《学习时报》《浙江日报》理论宣传精品成果,提升青年教师理论宣传能力水平;围绕省委省政府中心工作,以"文化强省"建设为中心议题,形成系列决策咨询成果;通过基地各类课题形式引导全省党校系统科研人员关注浙江创新文化、革命文化、地方文化、区域文化研究,形成立体型成果,打造文化研究"浙江队"。

绍兴文理学院浙江省越文化传承与创新研究中心

2020年,浙江省哲学社会科学重点研究基地绍兴文理学院浙江省越文化传承与创新研究中心(下文简称"中心")围绕越文献整理与研究、越文学艺术研究、越历史文化研究,致力多渠道推进学术研究,多层次开展学术交流,多种方式实现越文化价值当代化。在绍兴市第四批重点文化创新团队考核中获得"优秀",并获批绍兴市第五批重点文化创新团队。成立绍兴文理学院王阳明研究中心、东亚文化之都研究中心、文化创新与城市发展研究中心。

中心多层次组织课题,稳步推进现有课题研究。9月27日,举行国家社科基金重大项目"《国语》文献集成与研究""南明文学作品全编整理与研究"的开题报告会。中心科研人员获批两项国家社科基金项目,获批4项浙江省哲社重点研究基地项目立项。继续推进中心(基地)自设课题评审工作,自设课题培育功能凸显,其中,"'透底之底'与鲁迅生命哲学的系统建构研究"获批国家社科基金重点项目;"近代绍兴地区水域开发与生态环境变迁研究"获批教育部人文社会科学青年项目;"杜亚泉编译《动物学大辞典》汉字训诂研究"获批浙江省哲学社会科学规划课题。

中心继续组织学术成果出版及论文发表,出版《上下阳明:绍兴思想信仰史》《绍兴碑刻文化研究》《越地方志发展史》等3部专著,联系组织了《矜式百世:绍兴史学史》《文献相望:绍兴世家文化史》《乾坤清气:绍兴美术文化史》《绍兴戏曲全编·明传奇卷》《商景兰评传》《平步青集》《越地文化与阳明学》等19部专著的出版工作;在《浙江社会科学》等核心期刊发表论文《越王句践世子的名谓及音读》等。

中心多渠道开展学术交流,举办高水平大型学术会议。9月25日,主办"2020年越地历史文化研究暨绍兴文理学院越文化研究院首届兼职研究员学术交流会";10月24日,主办"多元与一体:地域文化的特色与融合"高层学术论坛,会议得到光明网、凤凰网等国家级媒体关注;11月13日,共同承办了"2020爱国诗人陆游与浙江诗路文化"国际学术研讨会。同时,中心科研人员积极参加了"浙学论坛2020:浙学及其周边·区域学术与共同价值研讨会""2020中国(曲阜)国际孔子文化节""第六届尼山世界文明论坛""南宋文化与宋陵研究论坛"等学术论坛,扩大了越文化的在学界的影响力。

2021年,中心将进一步推动孔子研究院绍兴研究基地、浙东唐诗之路研究中心、绍兴文理学院王阳明研究中心、东亚文化之都研究中心、文化创新与城市发展研究中心等平台的建设;出版中心(基地)课题成果论著20部,征集资助出版越文化学术研究优秀专著3—4部;争取与《浙江社会科学》合作,推出"越文化研究专栏";每半年正式出版一辑《中国越学》,完成《绍兴文理学院报》越文化专版10期,组织出版《走进越文化》第二辑。

浙江省社会科学院浙学研究中心

2020年,浙江省哲学社会科学重点研究基地浙江省社会科学院浙学研究中心(下文简称"中心")积极研判省内外浙学研究现状,分析浙学研究可拓展空间,围绕"古典浙学研究""综合浙学研究""专题浙学研究""近现代浙学研究"等四大浙学专题研究,开展学术科研工作。

(1)"古典浙学研究"系列,扎实推进国家社科基金重大招标课题"阳明后学文献整理与研究"的结项,浙江省文化工程第二期重大科研项目"浙江儒学通史""清代浙东经史学派文献丛书"的结题。(2)"综合浙学研究"系列,着眼于浙学研究宏观层面,着力打造奠基性、综合性浙学研究成果,已立项开展《浙学通论》《浙学通史》《浙学研究报告》《阳明学研究报告》等课题研究。2020年,已出版《浙学研究综合报告》《阳明学研究综合报告》两部综合性介绍书籍。（3）"近现代浙学研究"系列，为本中心着力打造的研究新领域，旨在立足近现代中国社会转型、文化重构之历史场景，探索古典浙学萦回迂曲的现代化路径，研究其当代重光的内在逻辑和现实可能，构建以近现代为中心的浙学研究框架，本系列即将出版《近现代浙江学术文化转型研究》《近现代浙江社会文化变迁研究》《近现代浙江中西文化交流研究》《近现代浙江史学史研究》《近现代浙江学人古典诗学研究》《近现代浙江新文学家文学评论研究》《近现代浙籍知识分子与近代中国社会主义思潮研究》等8部专著。（4）"专题浙学研究"系列，整合本中心已有文史哲研究资源，以专题性的深入探讨深化浙学相关分支领域的研究，即将出版《永嘉学派思想研究》《浙江词学研究》《国际视野下的浙学：阳明文化海外传播研究》《钱塘江文化研究》等多部专著。2020年，已有《浙学与佛教论稿》《徒法与徒善的张力：宋元明浙学研究》两部专著交付出版社。

中心通过联合有关学术单位主办（承办）了"浙学论坛2020""湖州和江南书画鉴藏史与中外文化交流"等全国性学术会议，扩大了中心的学术影响。7月31月至8月2日，以"浙学及其周边·区域学术与共同价值研讨会"为主题的"浙学论坛2020"在杭州举办，围绕"浙学的思想周边""浙学的文化周边""浙学的地域周边"以及"学术期刊与地域文化研究品牌的打造"等分主题，来自省内外高校、科研机构、学术期刊、文博系统的专家学者近百人与会。在"学术期刊与地域文化研究品牌的打造"专场，《浙江学刊》《浙江社会科学》杂志社合作邀请《江海学刊》《福建论坛》《江西社会科学》《江苏社会科学》《求索》《贵州社会科学》《学术界》《社会科学研究》《东南学术》杂志社的各位社长、主编，围绕各期刊所在省域的地域学术（闽学、赣学、吴学、徽学、黔学）的研究现状，就学术期刊所开设的地域文化特色专栏展开研讨。

中心科研人员获批国家、省部级课题立项8项，其中"清代阳明学文献整理与思想演变研究""清中叶以来书画鉴藏研究"立项为2020年度国家社会科学基金项目，"英国职业技术教育及其社会治理功能研究（1850—1914）""求索'道'与'法'的统一:永嘉学派思想研究""杭州通史·南宋卷""浙学研究年度报告(2019)""'绿水青山就是金山银山'理念的浙学渊源""浙学的创造性转化与创新发展研究"立项为浙江省社科规划课题。中心科研人员出版《江南·绘影·画理:地域美术史研究论文集(第三辑)》《梅花开未落,不欲别山阴:地域美术史研究论文集(第四辑)》《钱塘江文献集成》《严州文献集成》《六艺论:马一浮六艺学研究》《浙学经典丛书·郁离子》《百年刘基研究》等专著、译著、论集 20 部,还在《文艺研究》《浙江社会科学》《光明日报》等权威、核心期刊发表论文 27 篇。中心科研人员撰写的决策咨询研究成果《以文化软实力深化长三角高质量一体化发展》《营建田园诗意美丽乡村,打造新时代乡村振兴"重要窗口"》《以杭州城北运河为龙头建立中国大运河浙江段文化旅游开发统合机制研究》等获得省级领导批示 5 次。

2021 年,中心将进一步发挥浙江省社会科学院的多学科特色优势,努力搭建浙学研究立体架构,丰富浙学研究学术成果;将继续举办"2021 年地域美术史研讨会"等学术会议,不断扩大会议影响力,打造"浙江地域美术"学术品牌;编辑出版《地域美术史论文集(第五辑)》,收录 2020 年"地域美术史论坛"中有关浙江地域美术史研究的相关论文;同时,将继续推进出版"古典浙学研究""综合浙学研究""专题浙学研究""近现代浙学研究"等四大研究系列丛书。